Harriet Gandlau

Wie Religion unterrichten?

Grundlagen und Bausteine für einen qualifizierten Unterricht

Ein Werkbuch für Ausbildungslehrer/innen und Berufsanfänger/innen

dkv – Fachverband für religiöse Bildung und Erziehung

Impressum

Beigelegt ist eine CD-ROM mit Arbeitsblättern und einer Lernkartei zu Kapitel 10: Nachbesprechung des Unterrichts.

Preysingstraße 97, 81667 München

E-Mail: info@katecheten-verein.de
Internet: www.katecheten-verein.de

Umschlag & Satz: Bruno Verdino, München

2. überarbeitete Auflage 2014
ISBN: 978-3-88207-404-8

Inhaltsverzeichnis

Vorwort 4

1. Von der Jahresplanung zur Unterrichtsstunde 5

2. Lehrerfrage – Impuls – Unterrichtsgespräch – Nachdenken und fragen im RU 47

3. Methoden der Ergebnissicherung: Tafel – Heft – Portfolio – Legebild 67

4. Umgang mit Störungen im Religionsunterricht 93

5. Bibel im Religionsunterricht 111

6. Arbeit mit Texten 129

7. Methoden der Arbeit mit Bildern 159

8. Umgang mit Symbolen 177

9. Leistungsbeurteilung im Religionsunterricht 193

10. Nachbesprechung des Unterrichts 211

Literaturverzeichnis 227

Vorwort

Das Werkbuch „**Wie Religion unterrichten?**" hat sich aus der theoretischen und unterrichtspraktischen Arbeit im Religionspädagogischen Seminar für kirchliche Berufsgruppen und staatliche Lehramtsanwärter/innen an Grund-, Haupt-/Mittel- und Förderschulen entwickelt. Ziel der jeweils zweijährigen Ausbildungsabschnitte ist es, Religionslehrer/innen durch Hospitation, Unterrichten in Begleitung eines Mentors/einer Mentorin sowie durch die Teilnahme an religionspädagogischen Seminar- bzw. Ausbildungstagen auf eigenständiges Unterrichten vorzubereiten.

Ausgehend von grundsätzlichen didaktischen Fragestellungen stellt das Werkbuch in zehn Kapiteln unterrichtliche Handlungsfelder vor, die für den Einstieg in die religionspädagogische Berufspraxis relevant sind. Allgemein-pädagogische Themen zu Beginn der Ausbildungsphase schaffen die Voraussetzungen für einen strukturierten Unterricht, die durch aktuelle religionsdidaktisch-methodische Prinzipien und Standards gezielt weitergeführt und differenziert werden.

„**Wie Religion unterrichten?**" ist sowohl gedacht für Religionslehrer/innen, die Student/inn/en der Religionspädagogik bzw. Pastoralpraktikant/innen/en oder Lehramtsanwärter/innen für die Primar- und Sekundarstufe I betreuen, aber auch zur fachwissenschaftlichen Information und qualifizierten Auseinandersetzung der Berufsanfänger/innen selbst. Die Arbeitsmaterialien sind bewusst so dargestellt, dass wesentliche religionspädagogische Aspekte bereits im Überblick erfasst werden können.

Die vorgestellten Elemente möchten zu einem Religionsunterricht anregen, der Schüler/innen als Subjekte ihrer religiösen Identitätsentwicklung ernst nimmt und religiöse Lernprozesse im Sinne aneignenden Lernens anstößt. Dabei sollen die Lehrkräfte darin unterstützt werden, die religiöse Wahrnehmungs-, Gestaltungs- und Sprachfähigkeit ihrer Schüler/innen zu fördern. Sie finden Übungen, Kopiervorlagen, Unterrichtsmodelle, Fragebögen, Arbeitsblätter etc., die den Weg des „Lehrenlernens" anschaulich begleiten und fördern.

Ein besonderer Dank gilt meinen Kolleginnen Frau Elisabeth Heislbetz und Frau Elisabeth Stork für die konstruktive Hilfe bei den Beobachtungskriterien in Kapitel 10 sowie der Arbeitsgruppe mit Andreas Büchl, Rebecca M. Fuchs und Christian Sigl, in der der Beitrag zum Umgang mit einem Sachtext in Kapitel 6 erarbeitet wurde.

München, im Januar 2014

Harriet Gandlau

KAPITEL 1

Von der Jahresplanung zur Unterrichtsstunde

» **Umgang mit dem klassenbezogenen Lehrplan (Stoffverteilungsplan)**

» **Von der Jahresplanung zur Planung einer Unterrichtssequenz**

» **Vorüberlegungen zu einer Unterrichtsstunde: Die didaktische Elementarisierung**

» **Von den Vorüberlegungen zum Unterricht**

» **Kompetenzen**

» **Unterrichtsphasen/Inhalte**

» **Aufbau einer Unterrichtsstunde**

» **Checkliste**
Vergleich: Verlaufsplanung – Elementarisierungsmodell

1. Von der Jahresplanung zur Unterrichtsstunde

Zu Beginn eines Schuljahres erstellt jede/r Lehrer/in einen klassenbezogenen Lehrplan. Im Rahmen einer Grobübersicht werden in das entsprechende Schema die Kompetenzerwartungen und Themen eines Schuljahres eingetragen, wobei Ferienzeiten, Absprachen für fächerübergreifendes Unterrichten, Wochen für Fortbildungen, Schullandheimaufenthalte, Berufspraktika etc. mit zu berücksichtigen sind.

Im Anschluss an die Jahresplanung beginnt die „Planung einer Unterrichtssequenz" – die einzelnen Punkte dienen als Anregung, das Schema der Tabelle entsprechend auszufüllen. Werden die Schüler/innen als Subjekte ihres Lernens ernst genommen, so sind sie an der Themenkonstitution zu beteiligen (*Punkt 5*). D. h. der/die Lehrer/in stellt erste Planungsüberlegungen vor, zu denen die Lerngruppe Assoziationen äußert, sie in Frage stellt oder ergänzt. Dabei soll den Schüler/inne/n deutlich werden, in welchem Bezug das Thema zu ihrer Lebenswelt steht.

Bevor die konkrete Unterrichtstunde bzw. -einheit geplant wird, ist es erforderlich, Vorüberlegungen im Sinne einer elementarisierenden, didaktischen Analyse anzustellen. F. Schweitzer u. a. machen im Anschluss an K. E. Nipkow darauf aufmerksam, dass die Dimensionen der didaktischen Elementarisierung die „wechselseitige Erschließung" von Sache und Person, also von Inhalt und Schüler/in zum Thema haben. Das anschließende Formular zum Elementarisierungsmodell dient als Vorlage, die Lernintentionen sowie die angestrebten Lernprozesse bewusst werden zu lassen.

Die Vorschläge für eine Verlaufsplanung einer Unterrichtsstunde bzw. Unterrichtseinheit führen eine Anzahl von didaktischen und methodischen Begriffen sowie Vorgehensweisen auf, die als Möglichkeiten verstanden werden sollen, wie ein Stundenverlauf in seinem Spannungsbogen schriftlich formuliert werden kann. Das Verlaufsschema weist absichtlich keine Spalte für die Minuteneinteilung einer Unterrichtsstunde auf, um nicht den pünktlichen Ablauf einer Unterrichtsphase in den Vordergrund zu stellen, sondern im Sinne eines schülerorientierten Unterrichts Raum zu geben für eventuelle thematische Umwege, Fragen und verweilende Momente bei wesentlichen Aspekten. Die „Checkliste zum Vergleich Verlaufsplanung – Elementarisierungsmodell" soll eine Hilfe sein, nach Erstellen des Artikulationsschemas zur Unterrichtsstunde noch einmal rückblickend zu überprüfen, ob die relevanten Aspekte der Elementarisierung auch wirklich konkret im Unterrichtsverlauf eingeplant wurden.

Einige praktische Vorschläge zum Beginn in einer neuen Religionsklasse sowie Vorschläge für Materialien im schüler- und handlungsorientierten Unterricht schließen das Kapitel ab.

Umgang mit dem klassenbezogenen Lehrplan (Stoffverteilungsplan)*

1. Fertigen Sie von dem klassenbezogenen Lehrplan für jede Klasse bzw. Lerngruppe, die Sie unterrichten, eine Kopie im DIN-A3-Format an.

2. Tragen Sie Ferien und Feiertage ein, soweit sie einen Unterrichtstag in Ihrer Klasse betreffen.

3. Berücksichtigen Sie eine eventuelle Abwesenheit Ihrer Klasse durch Schullandheimaufenthalte, Sportfest, Wandertage, Projekttage etc.

4. Tragen Sie vorhersehbare Ausfälle Ihrerseits ein, z. B. Fortbildungen, Unterrichtsbefreiung etc.

5. Stellen Sie die Anzahl der zu verteilenden Lernbereiche im Lehrplan fest und überlegen Sie sich eine sinnvolle Reihenfolge. Ein Lernbereich, wie er im Lehrplan angelegt ist, sollte in einem Zeitraum von etwa 8 bis 10 Unterrichtsstunden, bezogen auf einen zweistündigen RU in der Woche, durchgeführt werden.

6. Behalten Sie den eventuellen fächerübergreifenden Aspekt im Auge, der mit anderen Kolleg/inn/en abgesprochen und zeitlich koordiniert werden muss.

7. Lassen Sie genügend Raum für unvorhersehbare Zwischenfälle sowie für Wiederholung, Sicherung und Reflexion des Lernfortschritts.
   Welche Lernbereiche bieten sich für eine Leistungsfeststellung an?

---

am Beginn eines Schuljahres zu erstellen

Klassenbezogener Lehrplan Kath. Religionslehre **Jahrgangsstufe ___** **Schuljahr 20 ___/___**

September	Oktober	November	Dezember	Januar	Februar	März	April	Mai	Juni	Juli
35. Woche	40. Woche			1. Woche			14. Woche			27. Woche
36. Woche	41. Woche	45. Woche	49. Woche	2. Woche	6. Woche	10. Woche	15. Woche	19. Woche	23. Woche	28. Woche
37. Woche	42. Woche	46. Woche	50. Woche	3. Woche	7. Woche	11. Woche	16. Woche	20. Woche	24. Woche	29. Woche
38. Woche	43. Woche	47. Woche	51. Woche	4. Woche	8. Woche	12. Woche	17. Woche	21. Woche	25. Woche	30. Woche
39. Woche	44. Woche	48. Woche	52. Woche	5. Woche	9. Woche	13. Woche	18. Woche	22. Woche	26. Woche	31. Woche

Von der Jahresplanung zur

Planung einer Unterrichtssequenz

1. Ein Lernbereich, wie er im Lehrplan angelegt ist, sollte in einem Zeitraum von etwa 8 bis 9 Unterrichtsstunden (UZE) durchgeführt werden.

2. Befragen und wählen Sie Lerninhalte danach aus, inwiefern sie den angestrebten Kompetenzerwerb ermöglichen.

3. Behalten Sie den eventuellen fächerübergreifenden Aspekt im Auge, der mit anderen Kolleg/-innen abgesprochen und zeitlich koordiniert werden muss.

4. Überlegen Sie, welche Schwerpunkte bzw. Lernakzente im Hinblick auf Ihre Schüler/innen und ihre Lebenssituation gesetzt werden sollten.
   Konkret: Welche Anforderungssituationen bieten sich an?

5. Ermitteln Sie die Lernausgangslage Ihrer Schüler/innen: Welche Interessen, Fähigkeiten und Fertigkeiten bringen sie mit?

6. Achten Sie darauf, dass die Inhalte des Lehrplans verbindlich sind, es sei denn, sie sind durch „z.B." gekennzeichnet. Da können Sie weglassen, etwas hinzufügen oder Alternativen einsetzen.

7. Beziehen Sie Ihre Schüler/innen nach den ersten Planungsüberlegungen in die Themenkonstitution mit ein.

8. Leiten Sie von den Kompetenzerwartungen und Inhalten im Lehrplan die Stundenthemen ab. Formulieren Sie die Stundenthemen möglichst genau, schüler/innengemäß und eventuell so, dass sie als Tafelüberschrift dienen könnten.

9. Sehen Sie eine Spalte für Medien und Arbeitsmittel vor. Müssen Sie zu einem Thema längerfristig Materialien vorbereiten bzw. Medien besorgen?

10. Lassen Sie genügend Raum für Wiederholung, Sicherung und die Reflexion des Lernfortschritts durch die Schüler/innen. Bietet sich das vorliegende Lehrplanthema für eine Leistungsfeststellung an? (Regel: Eine Probe im 2. Halbjahr der 2. Jahrgangsstufe, 2 - 3 Proben pro Halbjahr ab der 3. Jahrgangsstufe)

Planung einer Unterrichtssequenz

Thema ______: ____ Jgst. ____ Monat: ________________

Kompetenzen/Inhalte	UZE	Inhalte/Stundenthemen	Lernwege/Arbeitsmittel

Von der Jahresplanung zur Planung einer Unterrichtssequenz

Die Themenkonstitution[1]

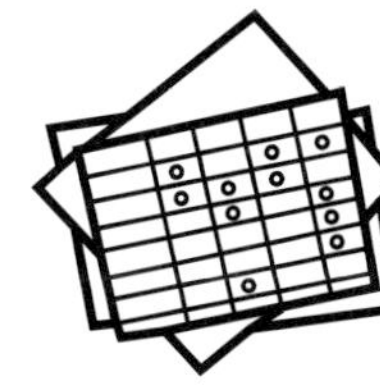

Definition

Themenkonstitution bedeutet, die **Inhalte eines Lehrplanthemas neu zu konstituieren** (= lat. zusammenstellen, bestimmen). Themen sind so aufzubereiten, dass sie das Vorwissen, die Erfahrungen, Fragen und Sehnsüchte der Schüler/innen mit einbeziehen und ihre Kompetenzen erweitern. Die so genannte Themenkonstitution ist entstanden als offenes Modell gegen die minutiöse Planung des bisherigen curricularen Ansatzes. Sie findet nach dem Erstellen des klassenbezogenen Lehrplans (Stoffverteilungsplan) statt, wenn die Lehrkraft geprüft hat, ob und in welcher Form ein Lehrplanthema fächerübergreifend angelegt ist und an welchen Punkten eine Vernetzung mit anderen Fächern abgesprochen wurde; dies beeinflusst eventuell die Ausführlichkeit und Ausprägung einzelner Inhalte.

Grundregel

Die Schüler/innen sind bei der Inhaltsfrage des Religionsunterrichts ernst zu nehmen als **aktive Subjekte ihrer religiösen Biographie** mit ihren konkreten Lebenswelten und Alltagserfahrungen. Sie selbst sind mit ihren elementaren und fundamentalen Lebenshoffnungen und -ängsten, mit ihrer faktisch gelebten Religiosität, mit ihren Welt- und Lebensdeutungen wichtiges Thema und wichtiger Inhalt des Religionsunterrichts.

Konsequenzen

- Lehrplanvorgaben erfahren demnach im Rahmen der Unterrichtsplanung verschiedene Filterungen, indem sie daraufhin befragt werden, in welcher **Beziehung** sie **zur konkreten Situation, zur konkreten Lerngruppe**, also zu den Erfahrungen und Lebenswelten der jeweiligen Schüler/innen stehen.

- Um die Themen für die Schüler/innen relevant werden zu lassen, sind sie bei der **Unterrichtsplanung mit einzubeziehen**. Die Vorgabe eines Lehrplanthemas erfährt auf diesem Wege eine Transformation. Die Kompetenzen und Themen müssen im Blick auf die Schüler/innen neu konstituiert und die Unterrichtsintentionen neu ermittelt werden.

- Durch das Einbeziehen der Schüler/innen in die inhaltliche Unterrichtsplanung wird Lernen nicht vorrangig als Informationstransport verstanden, sondern als Anregung zu **selbsttätiger Informationsbeschaffung und -verarbeitung**.

---

1 *Vgl. Georg Hilger, Prinzipielle religionsdidaktische Grundregeln I, in: Engelbert Groß, Klaus König (Hg.), Religionsdidaktik in Grundregeln, Regensburg 1996, 9–19.*

Konkrete Planung des Unterrichtsprozesses unter aktiver Beteiligung der Schüler/innen

- ***Präsentation des Themas***

Jede Unterrichtsreihe sollte eine so genannte Eröffnungsphase haben: Die Lehrkraft legt ihre ersten Planungsüberlegungen in Form einer **Themenpräsentation** vor. Für diese Phase empfehlen sich Medien, die helfen, dass sich die Schüler/innen in Beziehung zu dem präsentierten Thema setzen können (z. B. Kunstbilder, Fotos, Texte, Karikaturen, Bücher, Lexika, Zeitungsartikel, Musikstück, eine Landkarte, Gegenstände ...).

- ***erste Eindrücke, Reaktionen, Assoziationen der Schüler/innen, Widerstände, Sympathien, persönliche Fragen***

Wie sieht das **konkrete Einbeziehen in die Unterrichtsplanung** aus?
Ca. eine Woche vorher werden die Schülerinteressen und -bedürfnisse ermittelt, indem man die Schüler/innen aufschreiben lassen könnte:

Was ich schon weiß. !	**Was ich noch wissen möchte.** ?	**Was ich mitbringen kann.**

Es können auch Arbeitsvorschläge gesammelt werden wie:

Altersentsprechende Wahl der Medien	Graffiti, Rap schreiben, Video ...
Ganzheitliches Lernen mit Kopf, Herz, Hand	Interview mit Kassettenrecorder, Fotos machen ...
Einbeziehen außerschulischer Lernorte	

Ziel dieser Phase ist es, dass ein Themenfeld entsteht, das sich weiter zu bearbeiten lohnt aus der Lehrplanperspektive, aus der Lehrerperspektive und aus den Schülerperspektiven. Die Sequenz ist demnach nur zum Teil vom Lehrer/von der Lehrerin planbar.

- ***flexibles Eingehen auf spontane Schülervorschläge***

Die **Rolle der Lehrkraft** ändert sich: Der/die Lehrende bringt sich moderierend ein, stellt auch Fragen, ist gleichberechtigte/r Partner/in der Schüler/innen.

- ***Kompetenzen und Inhalte***

Bei der Aufteilung von Inhalten auf einzelne Stunden ist darauf zu achten, dass **Inhalte** von den **Kompetenzen** her zu lesen sind und mit ihnen korrespondieren.

Vorüberlegungen zu einer Unterrichtsstunde:

Das Modell der didaktischen Elementarisierung

Das Modell der Elementarisierung bietet ein religionsdidaktisches Konzept, das eine korrelative Auseinandersetzung von **heutiger Situation** und **biblisch-christlicher Tradition** intendiert. Unterricht ist nur als wechselseitige Verschränkung bzw. als Pendel- oder Doppelbewegung zwischen den Inhalten und dem/der Schüler/in denkbar.

Elementarisierung ist also **<u>nicht</u>**[2] ...

- eine Vereinfachung theologischer Inhalte

- eine Reduzierung von Inhalten auf ein mutmaßliches Schülerniveau

sondern ist …

eine **Doppelbewegung** (Korrelation)
zwischen

Sache/Inhalt und Schüler/in

Diese schwingende Pendelbewegung zwischen Inhalt und Schüler/in verhindert, dass eine Seite zu stark in den Vordergrund gerückt wird. Es soll vermieden werden, dass ausschließlich **sach- und inhaltsbezogen** unterrichtet wird, ohne hinreichend Interessen und Zugänge der Schüler/innen zu berücksichtigen.

> <u>*Beispiel*</u>*: Ein Lehrer sagt, ihm sei es wichtig, dass die Schüler/innen möglichst viele biblische Erzählungen kennen lernen. Aber „nur" kennen gelernte Geschichten ohne Bezug zur Lebenswelt der Schüler/innen bringen sie nicht zum Nachdenken und geraten schnell wieder in Vergessenheit.*

Um der Lebens- und Erfahrungswelt jedes einzelnen Schülers/jeder einzelnen Schülerin als lernendem Subjekt individuell gerecht zu werden, wird der Bedeutungsgehalt religiöser Themen nicht eindimensional, sondern unter möglichst vielen Blickwinkeln (polyperspektivisch) beleuchtet.

2 *Vgl. Lothar Kuld, Entwicklungspsychologisch-elementarisierende Didaktik nach dem Tübinger Projekt (K. E. Nipkow, F. Schweitzer), in: Ökumenisches Arbeitsbuch Religionspädagogik, Harry Noormann, Ulrich Becker, Bernd Trocholepczy (Hg.), Stuttgart 2004, 177.*

Das andere Extrem bildet ein rein **subjektbezogener** Unterricht, in dem die Inhalte den Schüler/inne/n kaum bewusst werden.

> *Beispiel: Die Lehrerin lässt zum Symbol „Wasser" etliche Lernstationen durchlaufen. Die Schüler/innen dürfen Wasser als Element mit allen Sinnen erfahren, sie malen Wasserbilder, sie lassen Eiswürfel schmelzen und Korken schwimmen. Alle sind mit Feuereifer bei der Sache – nur, wie erschließt sich jetzt der Unterrichtsinhalt „Wasser" als Symbol des Lebens – schon deshalb, damit sich der Religionsunterricht von einer HSU-Stunde unterscheidet? Dazu muss der theologische Kontext von Anfang an (sukzessiv) bewusst gemacht werden – durch ein Psalmwort, eine Bibelstelle, ein sakramentales Zeichen oder eine Handlung, die durch die entsprechenden Lernwege dann erschlossen werden.*

Sinn und Ziel der Elementarisierung ist es also, Religionsunterricht so zu gestalten, dass die Schüler/innen nicht nur Inhalte im Sinne einer eher informierenden Gegenüberstellung wahrnehmen, kennen lernen und rein sachbezogen erschließen, sondern dass der Unterricht „eine ‚fruchtbare' authentische und lebensbezogene **Begegnung** zwischen den Inhalten oder Themen einerseits und den Kindern und Jugendlichen andererseits ermöglichen kann."[3] D. h. das Elementarisierungsmodell verhindert, dass nur einseitig entweder ein rein inhaltsbezogener Religionsunterricht ohne Einbeziehung der Schüler/innen stattfindet oder ein inhaltsleerer Unterricht, der vorwiegend auf unreflektierten Aktionismus der Schüler/innen angelegt ist. Im Sinne einer dialogischen Korrelation hilft demnach die Elementarisierung Bildungsinhalte (z. B. biblische Erzählungen) mit Bezug auf konkrete Lebenssituationen der Schüler/innen zu entdecken, indem sie bewusst unter Einbeziehung vielerlei Aspekte und Perspektiven auf die divergierenden Lebens- und Erfahrungswelten der Schüler/innen eingeht.[4]

3 Friedrich Schweitzer, Elementarisierung im Religionsunterricht, Neukirchen-Vluyn 2003, 10.
4 Vgl. Stephan Leimgruber, Elementarisierung als religionsdidaktische Kategorie, in: Religionsdidaktik. Ein Leitfaden für Studium, Ausbildung und Beruf, G. Hilger, S. Leimgruber, H-G. Ziebertz (Hg.), München 2010, 62.

Das Prinzip der Pendelbewegung veranlasst die Religionslehrkraft folgende Fragen und Aspekte – immer im Hinblick auf das **Thema** und die **Schüler/innen** – zu bedenken:

Diese Überlegungen der Religionslehrkraft als Kern der Unterrichtsvorbereitung gilt es nun in ein Schema zu bringen, das die einzelnen **Dimensionen** der didaktischen Elementarisierung wiedergibt.

Die Dimensionen der didaktischen Elementarisierung

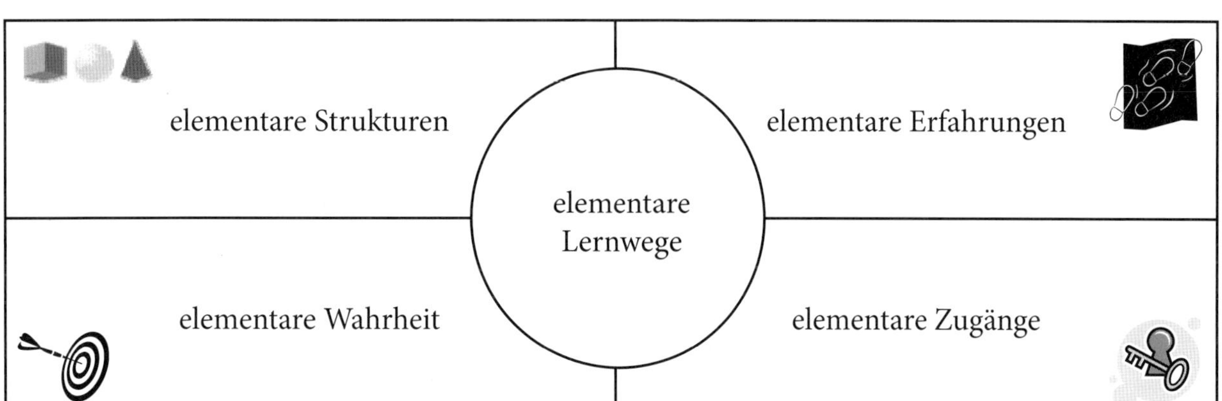

Zu den ursprünglichen vier Phasen der Elementarisierung hat Friedrich Schweitzer als fünften Schritt die Reflexion der elementaren Lernformen[5] oder Lernwege herausgestellt.

Die Dimensionen der Elementarisierung im Einzelnen:

Bei den ***elementaren Strukturen*** geht es darum, das Thema fachwissenschaftlich unter die Lupe zu nehmen und die Struktur, die spezifische Bedeutung des Hauptmediums bzw. der Hauptmedien der Unterrichtseinheit herauszufinden. Weiterhin geht es um die Vereinfachung komplexer Inhalte auf ihre zentrale Aussage hin. Hilfreich ist dabei der Blick in den Lehrplan, mit dessen Vorgaben das Thema im Hinblick auf die Schüler/innen fokussiert wird.

> *Beispiel: Der Text „Mose am brennenden Dornbusch" (Ex 3,1–18) hat eine dialogische Grundstruktur, die die Lehrkraft im Unterricht bewusst werden lassen kann, indem sie den Text mit verteilten Rollen lesen lässt. Bei der Perikope vom barmherzigen Vater (Lk 15,11–32) bietet sich aufgrund der dialogischen Struktur an, die Brüder darüber argumentieren zu lassen, ob der Vater gerecht handelt oder nicht. Die diametrale Struktur eines Psalms (Klage – Lob), eines Heilungswunders (Leid – Heilung) oder einer Umkehrerzählung (Schuld – Vergebung) lädt dazu ein, Klagen bzw. Bitten oder die persönliche Auseinandersetzung mit der Unheil-Situation letztlich in ein Lob- und Dankgebet münden zu lassen. D. h. schon in den Lernwegen spiegelt sich die Struktur, der Aufbau des Hauptmediums implizit im Unterricht wider, dessen spezifische Aussage dann in der inhaltlich-dialogischen Auseinandersetzung in ihrer Fülle und Ganzheit erfahrbar gemacht wird.*

Der zweite Schritt der Unterrichtsvorbereitung untersucht die ***elementaren Erfahrungen:*** Welche grundlegenden Erfahren wie Angst, Freude, Leid, Trauer, Schuld, Vertrauen, Hoffnung ... birgt das Thema in sich, die mit den existentiellen Erfahrungen der Schüler/innen in Verbindung gebracht werden können? Wo gibt es Korrelationen – eventuell in entsprechenden Erfahrungen oder aber auch in Kontrasterfahrungen, an die angeknüpft werden kann?

> *Beispiel: Schüler/innen verfügen über existentielle Grunderfahrungen, die auch in biblischen Texten thematisiert werden – nur in welchem Maße und in welcher Form? Der verlorene Sohn scheitert daran, sich eine tragfähige Existenz aufzubauen – wo machen Schüler/innen einer 3. bzw. 7. Jahrgangsstufe Erfahrungen des Scheiterns (z. B. in der Schule, im Wettkampf, in der Clique ...)? Oder wie kann eine Lehrkraft im Hinblick auf das Bild vom barmherzigen Vater Schüler/inne/n die Erfahrung der Liebe und des Vertrauens als Grundlage für einen tragfähigen Glauben an Gott nahe bringen, wenn deren Verhältnis zu den Eltern eher aus Misstrauen gegenüber Vater und/oder Mutter besteht?*

Der dritte Schritt lässt zunächst die ***lebensweltlichen Zugänge*** des thematischen Hintergrundes bewusst werden. Analog dazu ist zu bedenken, wie die Schüler/innen dieser Entwicklungs- und Jahrgangsstufe einen entsprechenden Zugang zu diesem Thema finden, das vielleicht vordergründig außerhalb ihrer Interessen und Lebenswelten liegt.

5 Vgl. Friedrich Schweitzer, Henrik Simojoki, Moderne Religionspädagogik. Ihre Entwicklung und Identität, Gütersloh, Freiburg 2005, 250 f.

<u>Beispiel:</u> Jesus wusste bei seinen Erzählungen immer die Lebenswelt seiner Zuhörer/innen anzusprechen. Wenn er in Gleichnissen vom Senfkorn (Mt 13,31f) oder vom verlorenen Schaf (Lk 15,4–7) sprach, konnte er davon ausgehen, dass sich die Menschen im Agrarland Israel in der Natur auskannten. Als Jesus erzählte, dass der jüngere Sohn bei den Schweinen, also unreinen Tieren saß (Lk 15,15f), war den Zuhörer/inne/n bewusst, dass es sich dabei um das Moment eines existentiellen Tiefpunktes handelte. Unsere Schüler/innen finden diese Stelle zunächst vorwiegend erheiternd. Um ihnen die existentielle Brisanz deutlich werden zu lassen, bedarf es also eines anderen Zugangs, z. B. durch entsprechende Psalmverse: „Wende dich mir zu und sei gut zu mir. Denn ich bin einsam und mir ist so elend. Die Angst meines Herzens ist groß, führe mich heraus aus der Bedrängnis. Sieh meine Traurigkeit und mein Elend an und vergib mir all meine Sünden." (Ps 25,16–18) Wurden in einer vorangegangenen Unterrichtseinheit diese Psalmverse erschlossen, indem die Schüler/innen den Psalmworten ihre eigenen Erfahrungen des Scheiterns und der existentiellen Not entgegengesetzt haben, so werden sie an der entsprechenden Stelle im Lukas-Evangelium wieder aufgegriffen und die zuvor geäußerten Erfahrungen erneut – diesmal im Kontext von Lk 15,15f – bewusst gemacht.
Weiterhin ist zu bedenken, wie Schüler/innen einer 3. Jahrgangsstufe das Gleichnis verstehen, wenn sie sich auf der do-ut-des – Stufe befinden und es als ungerecht ansehen, dass der Vater den jüngeren Sohn belohnt. Hinzu kommt die Problematik geschwisterlicher Rivalität! Wie aber ist damit umzugehen?

Die Dimension der ***elementaren Wahrheit*** bezieht sich auf die Kernaussage, auf den religiösen Aspekt, auf die theologische bzw. existentielle Grundaussage des Themas. Davon ausgehend stellt sich die Frage, inwiefern die Kernaussage von den Schüler/inne/n/ erfasst werden kann – als gewissmachende oder zugemutete Wahrheit. Die elementare Wahrheit klingt methodisch bereits in der Zielangabe oder Zielfrage in der Hinführungsphase der Unterrichtseinheit an und wird in der Stundenintention zum Ausdruck gebracht.

<u>Beispiel:</u> Schüler/innen sind fasziniert davon, dass der kleine David den starken Goliat getötet hat (1Sam 17,49f) und interessieren sich besonders für die Technik der Steinschleuder. Machen sie sich aber auch bewusst, dass das Vertrauen auf Gott ausschlaggebend war für seine Kraft und seinen Mut? Oder Schüler/innen einer vierten Jahrgangsstufe beweinen regelmäßig die weggeschwemmten Pferde der Ägypter in der Exoduserzählung (Ex 14,26–28). Machen sie sich auch bewusst, was die Bibel mit dieser Erzählung über das Verhältnis Israels zu ihrem Gott sagen will? Wird den Schüler/inne/n Gelegenheit gegeben, ihre Zweifel bzw. ihre Zuversicht bezüglich ihres eigenen Gottesglaubens damit in Verbindung zu bringen, sodass ein kritisch-reflexiver Austausch zustande kommt mit der gewissmachenden oder zugemuteten Wahrheit?

All diese Überlegungen zu den vier Dimensionen der Elementarisierung münden in der Reflexion auf die ***elementaren Lernwege***. Gefragt wird nach einer elementaren Lernkultur, die im Blick auf die Auseinandersetzung mit dem Lerngegenstand verschiedene Dimensionen einsetzt: das Fragen, das Handeln, die Ästhetik, die Kreativität, das Spiel usw.[6] Ziel der Lernwege ist es, dass mit den didaktisch-methodischen Arrangements ein dialogischer Lernprozess zwischen Schüler/innen/n

6 *Vgl. Friedrich Schweitzer, Elementarisierung als religionspädagogische Aufgabe: Erfahrungen und Perspektiven, in: Pädagogik und Theologie 52/2000, 250f.*

und Unterrichtsgegenstand inszeniert und wach gehalten werden kann.[7] Lehrer/innen als Wissensvermittler/innen haben zunächst im Sinne einer Instruktion die Aufgabe, fachspezifisches Wissen sachrichtig und verständlich aufbereitet zu präsentieren.[8] Mit Instruktion ist dabei die Wechselseitigkeit zwischen den Aktionsformen der Lehrkraft und Tätigkeiten der Schüler/innen gemeint. Demnach sind die Aktionsformen für die Schüler/innen von der Lehrkraft so zu wählen, dass der Raum für ihr Denken und Handeln nicht eingeschränkt, sondern erweitert wird.[9] Lernformen, wie aneignendes und entdeckendes Lernen, Kinderphilosophie bzw. -theologie, performatives Lernen, lassen in Verbindung mit instruierenden Elementen die Lerninhalte lebensrelevant werden. In solch eher offenen Lernprozessen ist der Ausgang nicht immer vollständig voraussehbar, weil es im Unterricht immer auch um die individuell-existentielle Bedeutung der biblischen Botschaft für das Leben der Schüler/innen geht. So steht im Hirtenwort der deutschen Bischöfe: Der Religionsunterricht vor neuen Herausforderungen 2005: „Wer die für einen bildenden Unterricht unverzichtbare Selbsttätigkeit der Schülerinnen und Schüler ernst nimmt, wird bedenken, dass der Zusammenhang von Glaube und Leben zwar durch Unterricht ermöglicht und angelegt, nicht aber planmäßig erreicht werden kann. Man wird vor allem vermeiden, die Lebensbedeutung von Glaubensinhalten vorschnell zu bestimmen und im Unterricht einzufordern. Solche Versuche enden meist in einer funktionalen Engführung des Glaubens auf eine Lebensbewältigungsstrategie."[10]

Beispiel: In einem Bodenbild werden Abbildungen von leidenden Menschen ausgelegt. Die Schüler/innen fühlen sich spontan angesprochen, ohne dass direkt gefragt werden muss, welche Erfahrungen von Leid, Not und Trauer sie selbst schon gemacht haben. Im Unterrichtsgespräch bringen sie ihre persönlichen Erfahrungen mit den Bildern in Verbindung – zu jedem Bild gibt es eine andere Deutung, ausgehend von den unterschiedlichen individuellen Lebens- und Schlüsselerfahrungen. Jede/r Schüler/in nimmt sich eine Abbildung und setzt sich damit in Form aktiver Aneignung im Sinne einer Identifikation oder aber auch Abgrenzung dialogisch subjekt- und sachorientiert damit auseinander; z. B. indem sie der Abbildung einen Psalmvers, einen Segensspruch oder ein Jesuswort zuordnen, ein eigenes Klagelied, Psalmwort oder Gebet schreiben und in Form einer Litanei vortragen, in Gruppenarbeit Stationen zu einem Kreuzweg gestalten oder sich abschließend mit Hoffnungssymbolen im Hinblick auf die Auferstehung Jesu Christi auseinandersetzen.

Die elementare Wahrheit wird so in differenzierter Vielfalt von jedem/r Schüler/in selbsttätig-subjektbezogen zum Ausdruck gebracht, ohne beliebig zu wirken, da die biblischen Leid- und Hoffnungserfahrungen präsent sind. In der darauf folgenden Leistungsmessung wird der Lernzuwachs in einer entsprechenden Aufgabenstellung nicht durch einen reproduktiv abgefragten und gelernten Merksatz wiedergegeben, sondern analog zu den Kompetenzerwartungen und Lernwegen im Unterricht in Form von offenen, komplexen Aufgabenstellungen, die eine inhaltlichen Auseinandersetzung und theologische Deutung fordern.[11] Die Korrektur und Benotung einer solchen Aufgabe würdigt die Deutungskonstrukte der Schüler/innen aufgrund der anspruchsvolleren Anforderungsstufen mit entsprechend höherer Punktzahl.

7 Vgl. Hans Mendl, Im Mittelpunkt der Mensch. Prinzipien, Möglichkeiten und Grenzen eines schülerorientierten Religionsunterrichts, Winzer 2004, 52.
8 Vgl. Hans Mendl, Warum Instruktion nicht unanständig ist, in: KatBl 135 (2010), 319.
9 Vgl. Rudolf Englert, Ein Lehrer der lehrt – schockierend? in: KatBl 135 (2010), 333.
10 Die deutschen Bischöfe 80. Der Religionsunterricht vor neuen Herausforderungen, Sekretariat der Deutschen Bischofskonferenz (Hg.), Bonn 16. Februar 2005, 21.
11 Anregungen in: Lernen und Leisten im Religionsunterricht der Grundschule. Fördern – begleiten – bewerten, RPZ Heilsbronn und RPZ in Bayern (Hg.), Heilsbronn 2009, 79-89.

All diese Überlegungen hinsichtlich der Vorbereitung einer Unterrichtseinheit gilt es nun so zusammenzufassen, dass ein strukturiertes, auf einen Blick erfassbares Modell entsteht, das die Unterrichtsplanung erleichtern soll.

Als Ausgangsebene für das folgende Elementarisierungsschema dienen Anregungen von Hans Mendl[12] und Hans-Peter Eggerl[13]. Grundlegendes Anliegen ist bei Mendl und Eggerl, dass es sich um ein überschaubares Alltagsmodell handelt, das nicht nur bei Prüfungen und dienstlichen Beurteilungen als Instrument der Unterrichtsvorbereitung dient, sondern immer wieder als hilfreiches zweckdienliches Medium zur Planung und Reflexion einer Unterrichtseinheit eingesetzt wird. Dementsprechend klar und übersichtlich gestaltet sich das daraus entwickelte folgende Elementarisierungsschema – zunächst vorgestellt mit entsprechenden Impulsen – dann als Formular zum Ausfüllen.

> *Achtung: Zu beachten ist, dass die methodische Einhaltung und Unterscheidung der vier bzw. fünf Schritte im Elementarisierungsprozess nicht einfach ist, da die Dimensionen nicht immer trennscharf voneinander abzugrenzen sind.*[14]

12 *Vgl. Hans Mendl, Im Mittelpunkt der Mensch. Prinzipien, Möglichkeiten und Grenzen eines schülerorientierten Religionsunterrichts, Winzer 2004, 51f.*

13 *Vgl. Modelle zur Unterrichtsplanung von Hans-Peter Eggerl, RPS Passau o. J.*

14 *Vgl. Stephan Leimgruber, Elementarisierung als religionsdidaktische Kategorie, in: Religionsdidaktik. Ein Leitfaden für Studium, Ausbildung und Beruf, G. Hilger, S. Leimgruber, H.-G. Ziebertz (Hg.), München 2010, 63.*

Die didaktische Elementarisierung

als Kern der Unterrichtsvorbereitung

(nach Friedrich Schweitzer)

Elementare Strukturen (theologisch)	**Elementare Erfahrungen (anthropologisch)**
📖 Ich nehme das Thema fachwissenschaftlich möglichst genau unter die Lupe und erfasse grundlegende Strukturen, die zur Erschließung des Sachverhaltes unverzichtbar sind. ✏ So fokussiere ich das Thema im Hinblick auf den LP und die Schüler/innen.	📖 Ich gehe Erfahrungen nach, die in dem Thema vorkommen. 📖 Es geht auch um die Erschließung der Erfahrung anderer in anderen Lebenszusammenhängen (z. B. interreligiöses Lernen). ✏ Ich gehe Erfahrungen nach, die die Schüler/innen mitbringen (auch Kontrasterfahrungen und Schlüsselerfahrungen). ✏ Ich halte gezielt Ausschau nach Korrelationen: Entsprechungen, Anknüpfungsmöglichkeiten, lebensweltlichen Fragestellungen ...
Elementare Wahrheit (theologisch-konfessionell)	**Elementare Zugänge (entwicklungspsychologisch)**
📖 Ich entdecke die theologische, existentielle Grundaussage, den religiösen Aspekt in dem Thema. ✏ Ich entdecke in dem Thema, welche Kernaussage den Schüler/innen/n zugemutet werden kann und soll. ✏ Ziel ist dabei nicht distanziertes Lernen über religiöse Inhalte, sondern nach einer Phase der Instruktion die persönliche (auch kritische) Auseinandersetzung mit ihnen im Hinblick auf ihre Überzeugungskraft, ihren Wahrheitswert und ihre Bedeutsamkeit.	📖 Ich mache mich auf die Suche nach offenen Türen/lebensweltlichen Zugängen beim Thema. 📖 Ich mache mir die Denk- und Lebensweise, die soziokulturellen Voraussetzungen beim Thema bewusst. ✏ Ich mache mich auf die Suche nach offenen Türen/entwicklungspsychologischen Zugängen zu diesem Thema bei den Schüler/inne/n. ✏ Ich beachte Verständnisbarrieren und -erwartungen. ✏ Ich suche nach didaktischen Herausforderungen, ohne die Schüler/innen über- oder unterzufordern.

Elementare Lernwege (methodisch)

📖✏ Mit diesen **didaktisch-methodischen Arrangements** stelle ich einen **dialogischen Lernprozess** zwischen Schüler/inne/n und Thema her:

- Lebens- und Handlungsbezug: eigenes Handeln, Übernahme von Verantwortung ...;[15]
- existentielle Herausforderungen: diskursiv-dialogisch mit Raum für persönliche Auseinandersetzung mit konkurrierenden Wahrheits- und Geltungsansprüchen;[15]
- Perspektivübernahme: Begegnung mit Menschen, mit Texten, mit Bildern, Rollenspielen … und sich dabei selbst fragwürdig machen;[15]
- Instruktion als Wechselseitigkeit zwischen Präsentation des Lehrenden und entdeckendem, aneignenden Lernen der Schüler/innen

15 *Vgl. Johannes Woyke, Elementarisierung als Kern der Unterrichtsvorbereitung, unter: www.fb1.uni-siegen.de/evantheo/mitarbeiter/woyke/downloads/tagespraktikum/tagespraktikum.html?lang=de (Stand 27.10.2010).*

Didaktische Elementarisierung zum Thema

Elementare Strukturen

- In meinem Unterrichtsthema geht es um ...
- Diese **Aspekte** sind für das Thema wichtig ...
- Das Thema (evtl. Hauptmedium) weist folgende **Eigenschaften, Strukturen** auf ...

  -
  -
  -
  -

Elementare Zuspitzung

- So **fokussiere** ich das Thema im Hinblick auf den LP und die Schüler/innen:

Elementare Erfahrungen

- In dem Thema kommen diese **Erfahrungen anderer Menschen** vor ...

  -
  -
  -
  -
  -

- Diese **Erfahrungen** könnten die **Schüler/innen** zu diesem Thema mitbringen ...

  -
  -
  -
  -

Elementare Wahrheit

- Das ist die **Kernaussage** in dem Thema ...
- Das ist der **religiöse Aspekt** in dem Thema ...

  -
  -
  -
  -
  -

- Die **Kernaussage** in dem Thema ist für das Leben der **Schüler/innen** bedeutsam, weil ...

  -
  -
  -
  -
  -

Elementare Zugänge

- Diese **lebensweltlichen Zugänge** weist der **thematische Hintergrund** auf ...

  -
  -
  -
  -
  -

- **Schüler/innen** in dieser Jahrgangsstufe fühlen sich angesprochen – finden einen entwicklungspsychologischen **Zugang** zu diesem Thema durch ...

  -
  -
  -
  -

Lernintentionen / Kompetenzen

- **Stundenintention**

erster Satz:	**Ausgangssituation** mit Blick auf Anknüpfungspunkte bzw. auf den Lernprozess bei den Schüler/inne/n
zweiter Satz:	Intention mit schwerpunktmäßig gesetzten Kompetenzerwartungen

-
-

- **Allgemeine Kompetenzen - Operationalisierungen**

-
-
-
-
-

Elementare Lernwege

• Mit diesen **didaktisch-methodischen Arrangements** stelle ich einen **dialogischen Lernprozess** zwischen Schüler/inne/n und Thema her:	• **Begründung**:

Von den Vorüberlegungen zum Unterricht: Aufbau einer Unterrichtsstunde

Jede Unterrichtsstunde hat einen Aufbau, eine Dramaturgie[16], einen Spannungsbogen. Diese Struktur wird ersichtlich im sog. **Artikulationsschema**, das die Abfolge der **Lernschritte**, verbunden mit den **Lerninhalten**, **Methoden** und **Medien** wiedergibt.

Lernschritte	**Lerninhalte**	**Methoden**	**Medien**

Es ist zu beachten, dass in der Planung einer Unterrichtsstunde Unschärfen in der Zuordnung einzelner didaktischer Begriffe sowie methodischer Verfahren zu den Lernschritten nicht immer zu vermeiden sind: Jede Stunde bzw. Unterrichtseinheit ist vom Thema her anders aufgebaut und berücksichtigt in subjektorientierter Weise individuelle Voraussetzungen der Schüler/innen. So lassen sich die Inhalte grundsätzlich nicht starr auf ein bestimmtes Lernverfahren oder eine Unterrichtsphase beziehen. D. h., die in dem Konzept vorgestellten und den Unterrichtsschritten zugeordneten Lernwege, Lernverfahren, didaktisch-methodischen Schwerpunkte etc. erscheinen zwar in ein Strukturschema eingebunden, sind aber generell variabel einsetzbar. Demnach müssen sie bei der Planung einer Unterrichtseinheit jeweils aufs Neue sach- und schülerbezogen auf die eine oder andere Phase bzw. auf mehrere Lernschritte bezogen und in ihrem Stellenwert reflektiert werden.

Der Verlaufsplanung vorangestellt werden die **Kompetenzerwartungen**. Kompetenzen geben Auskunft über die angestrebten Lernergebnisse der Schüler/innen, wie sie mit ihren erworbenen Kenntnissen und Fertigkeiten in konkreten Anforderungssituationen ihre Handlungsfähigkeit zum Ausdruck bringen können.

16 Vgl. Hans Schmid, Die Kunst des Unterrichtens, aktualisierte Neuausgabe 2012, Kösel-Verlag, München, in der Verlagsgruppe Random House GmbH, 21ff.

Allgemeine Kompetenzen - Operationalisierungen[17]

Um die Kompetenzerwartungen der einzelnen Lernbereiche für den Unterricht zu konkretisieren, gibt es für die allgemeinen Kompetenzen „Wahrnehmen“ – „Verstehen“ – „Urteilen“ – „Gestalten“ – „Kommunizieren“ – „Teilhaben“ beispielhafte Formulierungen, die die geplanten Operationen zum Ausdruck bringen.

Wahrnehmen	Verstehen	Urteilen	Gestalten	Kommunizieren	Teilhaben
- aufdecken - aufmerksam werden - beobachten - betrachten - erfahren - erleben - fühlen - hören - riechen - schmecken - sehen - spüren - staunen - tasten	- abwägen - auslegen - benennen - deuten - einsehen - erfinden - entdecken - entwerfen - entwickeln - erkennen - erklären - erschließen - feststellen - imaginieren - kennen - klären - meditieren - ordnen - reflektieren - strukturieren - überlegen - übertragen - unterscheiden - untersuchen - vergleichen - wissen - zentrieren	- sich entscheiden - eine Haltung einnehmen - sich positionieren - Stellung nehmen - sich kritisch in Beziehung setzen - Haltungen entwickeln - bereit sein - Lösungen erarbeiten - behaupten - bewerten - urteilen	- ausdrücken - ausprobieren - bebildern - darstellen - feiern - formulieren - kreieren - malen - planen - ritualisieren - schmücken - singen - spielen - stillwerden - symbolisieren - tanzen - üben - umsetzen - verändern - versinnbildlichen - wirken lassen	- argumentieren - aufeinander eingehen - aufzeigen - ausreden lassen - befragen - differenzieren - diskutieren - einfühlen - einen Standpunkt entwickeln - erläutern - erörtern - erzählen - fragen - Konflikte lösen - kritisieren - Meinung vertreten - mitfühlen - mitteilen - prüfen - schweigen - sich austauschen - Stellung nehmen - weiter geben - zeigen - zuhören	- Anteil nehmen - abstimmen - durchsetzen - engagieren - einwirken - Entscheidungen annehmen - Entscheidungen begründen - Entscheidungen finden - mit anderen Augen sehen - mittragen - mitwirken - Perspektiven einnehmen - respektieren - sich abgrenzen - verantworten

Im kompetenzorientierten Unterricht

- wird der Unterricht von der angestrebten Kompetenz her gedacht und geplant;
- ist der Unterricht in eine langfristige Sequenz eingebettet;
- knüpft der Unterricht an die Lebenswelt der Schüler/innen an;
- werden angemessene Lernaufgaben zur Kompetenzentwicklung eingesetzt;
- haben die Schüler/innen Gelegenheit zu kooperieren;
- erwerben Schüler/innen nicht nur Wissen, sondern lernen, ihr Wissen und ihre Fertigkeiten in neuen lebensweltlichen Kontexten anzuwenden;

17 *Kompetenzstrukturmodell des RPZ in Bayern.*

Kompetenzorientierte Lernaufgaben [18]

Wenn der Kompetenzerwerb zur Bewältigung von **lebensweltlichen Anforderungssituationen** befähigen soll, muss der Unterricht im Rahmen der Lernprozesse Aufgaben bereitstellen, mit deren Hilfe Schüler/innen solche Strategien üben und erproben können. Der **Zeitpunkt**, an dem die Lernaufgaben präsentiert werden – zu Beginn des Unterrichts – nach einer Phase der Instruktion – oder gegen Ende – wird durch die inhaltliche Unterrichtssituation vorgegeben.

Kriterien für Lernaufgaben:

- befähigen zur Bewältigung komplexer Handlungs- und Problemlösungssituationen.
- sind hinreichend komplex, um (meta)kognitive, sprachliche, interaktionale Prozesse anzuregen.
- haben einen lebensweltlichen Bezug (Realitätsbezug).
- sind relevant für den angestrebten Kompetenzerwerb.
- sind herausfordernd und motivierend.
- regen zum Fragen an.
- fördern kooperatives Lernen.
- fördern ein „merkbares" Produkt als Ergebnis.
- lassen individuelle Lern- und Lösungswege zu.
- bieten gestufte Hilfen an, um zu differenzieren.

3 Planungsschritte, um zu Lernaufgaben zu kommen:

1. Wozu soll der/die Schüler/in am Ende des Lernprozesses bereit und in der Lage – kompetent – sein?

2. In welchen neuen Anforderungssituationen können Schüler/innen diese Kompetenz zum Ausdruck bringen?

3. Welche Inhalte fördern diese Kompetenzen,
   welcher Arbeitsweisen bedarf es
   und welche Lernvoraussetzungen müssen die Schüler/innen mitbringen?

18 *Vgl. Hans Burkhardt, Skript zur Fortbildung der Konferenz der rel.päd. Mitarbeiter in den Schulabteilungen der bayerischen (Erz-)diözesen zur Frage nach den Aufgaben im neuen LehrplanPlus, Heilsbronn 2013, 6–10.*

Unterrichtsphasen

Inhalte

Einstieg

In der Einstiegsphase wird eine Atmosphäre geschaffen,

- die den Schüler/innen/n Ruhe und Konzentration vermittelt.
- die auf das Unterrichtsthema inhaltlich vorbereitet.

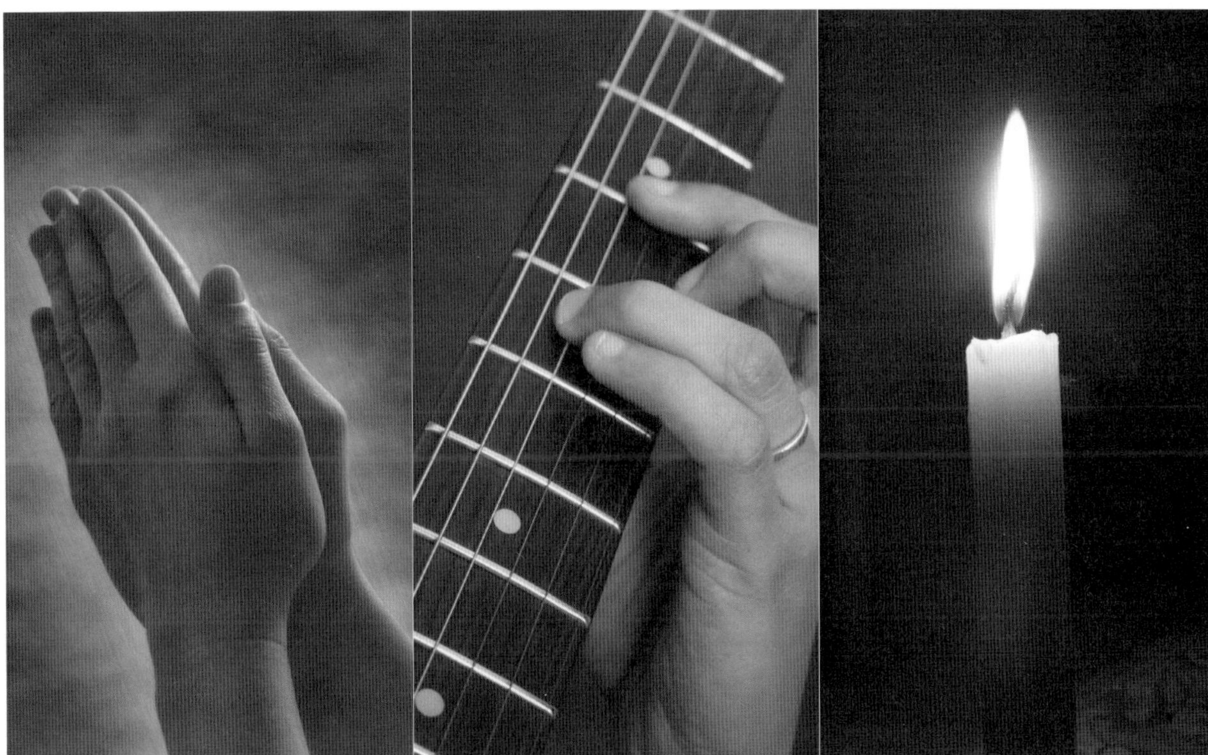

siehe auch

Ausklang

1 KAPITEL

Hinführung/Motivation

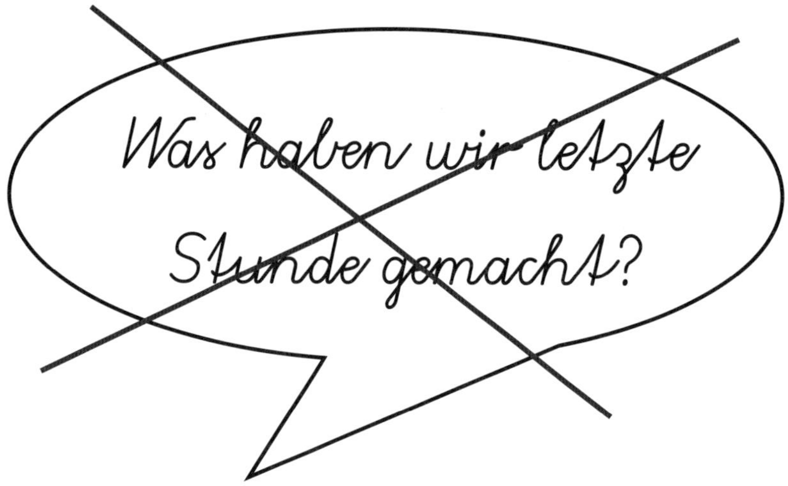

Motivationsstrategien[19]

1. Motivation von einem thematischen Zusammenhang her (z. B. Motivierung durch Präsentation, Wiederholung ...)
   Beispiel: In Anknüpfung an die vorangegangene Unterrichtsstunde werden das zentrale Medium bzw. die elementare Wahrheit oder Schüleräußerungen der vorherigen UE (als stummer Impuls) präsentiert.

2. Motivation von den Erfahrungen der Schüler/innen her (z. B. Motivierung durch Betroffenheit, Affirmation oder Irritation, Problematisierung ...)
   Beispiel: Zum Thema „Gewalt“ wird eine „gewalttätige Szene“ vorgestellt.

3. Motivation vom Hauptmedium der Stunde her (z. B. Motivierung durch Darbietung, symbolhaftes Element ...)
   Beispiel: Zu einer Stunde mit dem Thema „Wasser als Zeichen der Taufe“ wird eine Schale Wasser herumgereicht.

sensorische Erfahrungszugänge

Der Wahrnehmungsprozess ist zu verlangsamen und bewusst zu inszenieren, denn Verstehen beginnt bereits bei der Wahrnehmung und nicht erst bei der Erarbeitung:[20]

- vor der Präsentation zur Ruhe kommen
- optimale Präsentation
- Zeit lassen zum Hören, Betrachten und Fühlen
- nicht nur die üblichen Sinneskanäle ansprechen (visuell, akustisch, kinästhetisch, olfaktorisch, gustativ ...)

19 *Vgl. Hans Schmid, 33 ff.*
20 *Vgl. Peter Orth, Kriterien für die Gestaltung ästhetischer Lernwege, in: KatBl 128 (2003), 279.*

Zielangabe

Sie ermöglicht den Schüler/inne/n eine thematische Orientierung. Sie leitet sich aus der Hinführungsphase ab und zwar so schlüssig, dass die Schüler/innen sie evtl. selbst formulieren können:

- als **vorläufige Zielangabe** (z. B. ein Begriff oder ein Symbol auf einer Wortkarte), wenn man nicht zu viel vom Inhalt vorwegnehmen möchte,

- die im weiteren Verlauf als **endgültige Zielangabe** in ihren thematischen Kontext gestellt wird.

Die Zielangabe wird als Überschrift an die 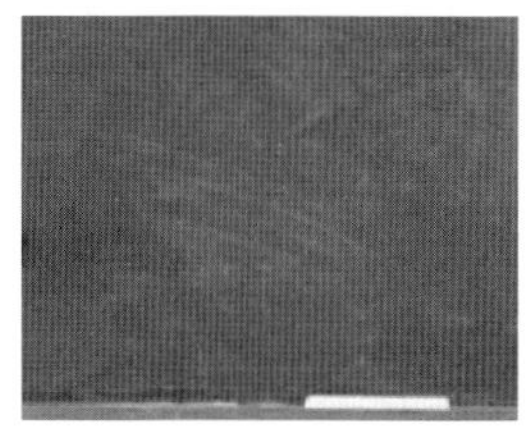 *geschrieben und (mehrmals) vorgelesen, damit sich das unterrichtliche Vorhaben auch einprägt.*

bzw. ...

Zielfrage

- Zielangabe wird subjektbezogen von den Schüler/inne/n als Frage formuliert

- und in Form von Hypothesen (vorläufig) beantwortet.
  Die Hypothesen der Schüler/innen werden von ihnen auf Wortkarten geschrieben, die an die linke Seitentafel geheftet werden.

- Im weiteren Verlauf des Unterrichts wird die Zielfrage beantwortet. Die Hypothesen werden im Hinblick auf die Antwort(en) überprüft und evtl. revidiert.

Selbsttätige, aktiv-entdeckende **Erschließung**

Ein Hauptmedium:

oder

oder

- Ein neuer Inhalt muss entschlüsselt,
- sein Sinn erschlossen
- und schließlich zum Eigenen werden.

3 Schritte:[21]

Präsentation Erstbegegnung mit dem Medium in ganzheitlicher Wahrnehmung

Decodierung
- Das Medium aufnehmen lassen (z. B. ein Text wird gelesen, ein Bild beschrieben u. s. w.).
- Eindrücke formulieren lassen, die nicht bewertet werden dürfen.
- Schüler/innen stellen Fragen.
- Das Medium (sprachlich) nachvollziehen lassen als
  - Rückmeldung für Lehrer/in und Schüler/innen
  - Korrektur von Fehlern und Vervollständigung bei Lücken
  - evtl. Anknüpfungspunkt für nächsten Lernschritt

→ einen Text mündlich oder schriftlich zusammenfassen 

→ eine Geschichte nacherzählen 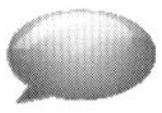

→ Bildkarten den einzelnen Stationen eines Textes zuordnen 

→ eine Tafelüberschrift finden 

→ Satzkarten analog zum Text in die richtige Reihenfolge bringen 

→ ein Legebild vervollständigen 

→ ein Bild (aus)malen 

Deutung Deutung des religiösen Aspekts / der theologischen Kernaussage / der elementaren Wahrheit.
Das Medium wird aus sich heraus interpretiert:
Anhand von Arbeitsaufträgen setzen sich die Schüler/innen (schriftlich) mit dem Medium auseinander und kommen zu individuellen Ergebnissen.

---

21 Vgl. Hans Schmid, 39–51.

Vertiefung und Reflexion/ Positionierung

Prinzip des Gleichen in anderer Weise

Hans Schmid

Prinzip umkreisenden Verstehens

Franz W. Niehl

Vertiefung und Reflexion der elementaren Wahrheit durch …

- schriftliche Auseinandersetzung mit dem Hauptmedium **unter einem anderen Aspekt** anhand von Arbeitsaufträgen;
- affektive Verinnerlichung mittels kinästhetischer („ganzheitlicher") Erfahrungszugänge (Rollenspiel, Standbild, kreative Gestaltung …) mit anschließender Präsentation und Reflexion;
- individuelle Beantwortung der Zielfrage – eventuell stellen sich neue Fragen;
- Überprüfung der Hypothesen zur Beantwortung der Zielfrage in der Hinführungsphase:
  „So habe ich vorher geantwortet – so denke ich jetzt …"
  und damit Bewusstwerden des Lernzuwachses;
- Positionierung bei multiperspektivischen Lernmedien und Lernanlässen;
- Bewusstwerden der lebensweltbezogenen Relevanz (s. Lernaufgabe).

Ausdrucks- und Gestaltungsphase

Vom Eindruck ↷	zum Ausdruck ↶	zum Austausch 💬
Vom Ausdruck ↶	zum Austausch 💬	zum Eindruck ↷

(Vgl. Hans Mendl, Im Mittelpunkt der Mensch, Winzer 2004, 66.)

Die Kreativität der Schüler/innen sollte so gefördert werden, dass sie einen eigenen subjektiven Ausdruck finden, indem sie z. B.

- kreativ schreiben

- eine (biblische) Erzählung szenisch – dramatisch darstellen

- einen Hefteintrag abwechslungsreich und ansprechend unter Einbeziehen taktil-kinästhetischer Elemente gestalten (Heftwerkstatt)

- kolorieren unter bewusstem Einsetzen von Farben
  einen Bildausschnitt weitermalen
  eine Collage gestalten ...

- singen mit Bewegungen, die die Schüler/innen vorgeben dürfen
  (Orff)Instrumente einsetzen

- ein Portfolio gestalten: Dokumentation in Form einer Arbeitsmappe,

um sich mit religiösen und ethischen Fragen auseinanderzusetzen, Informationen einzuholen und zu bewerten, Glaubenssätze, Überzeugungen und Vorurteile zu hinterfragen ...

<u>Differenzierung</u>

Präsentation und Rückmeldung:
- Schüler/innen erhalten die Möglichkeit, ihr gestaltetes Produkt zu präsentieren.
- Schüler/innen können sich gegenseitig befragen und untereinander austauschen.

Reflexion:
- Nach dem Austausch von Meinungen und Bekenntnissen entstehen wieder neue Eindrücke („Perturbationen“ durch Meinungen, die verunsichern oder herausfordern).
- Schüler/innen reflektieren ihren Lernzugewinn im Rückblick auf ihre Ausgangssituation und auf ihre zukünftige handlungsorientierte Relevanz, z.B. durch ein Lerntagebuch.

Ausklang

Neue Impulse sind nicht mehr möglich!

- als Abrundung der Einstiegsphase
- zur Verdeutlichung des Spannungsbogens
- als Weiterführung unter Einbeziehen von Schülerarbeiten
- als Ausblick auf die folgende Unterrichtseinheit
- mit Evaluation des eigenen Lernfortschritts

siehe auch

Einstieg

3 Kriterien,

um den Spannungsbogen

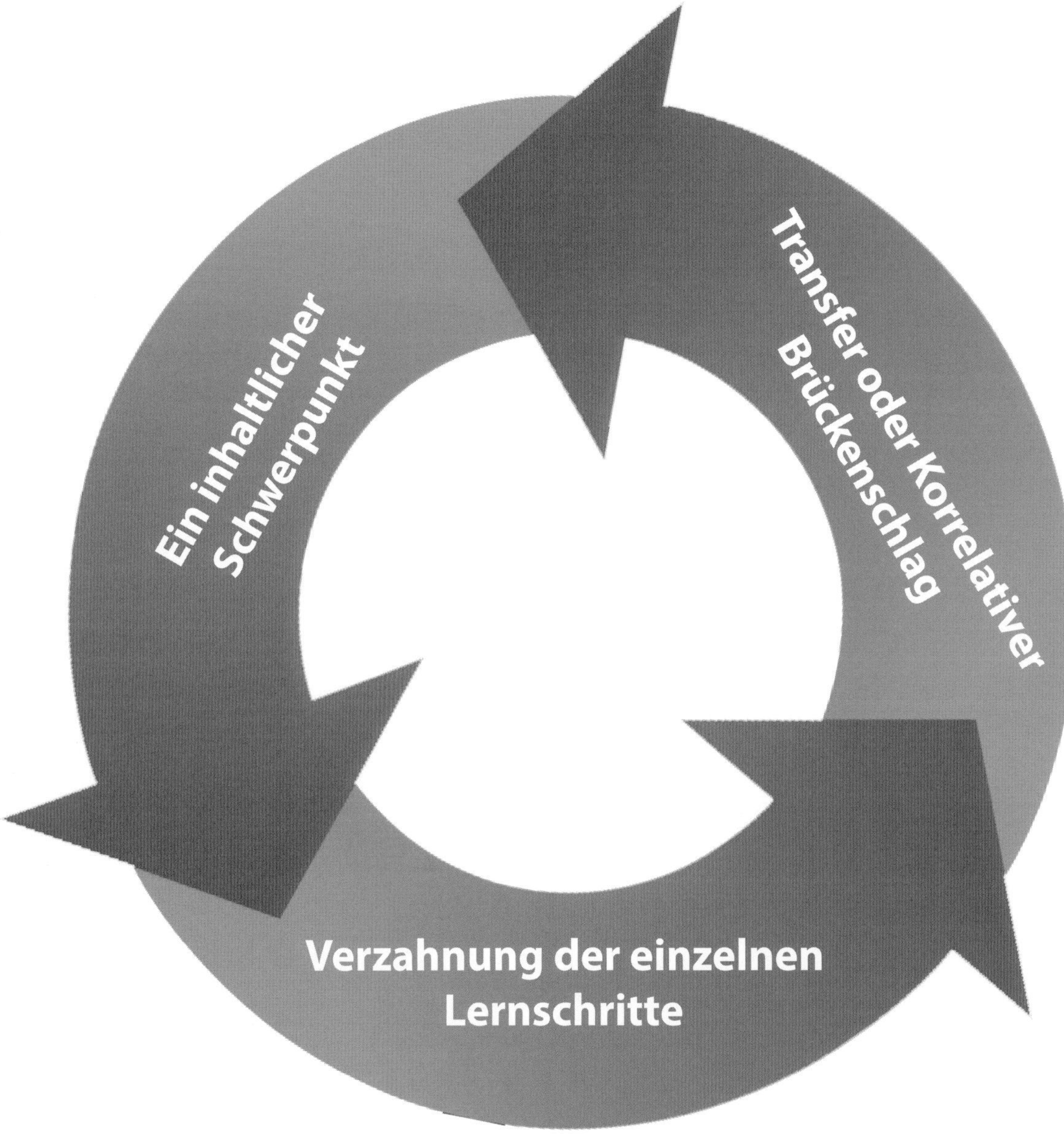

im Unterricht aufzubauen
und zu erhalten

<u>Ein</u> inhaltlicher Schwerpunkt!

Um den Unterricht klar und strukturiert durchzuführen, bedarf es nur **eines** inhaltlichen Schwerpunktes.

Um diese Anforderung zu überprüfen, stellt sich die Frage:

Stimmen Stundenthema, Stundenintention mit schwerpunktmäßig gesetzten Kompetenzerwartungen, Zielangabe und elementare Wahrheit inhaltlich überein?

Ein Spannungsbogen wird aufgebaut und bleibt erhalten, wenn die einzelnen Phasen **inhaltlich** aufeinander abgestimmt sind.

Verzahnung der einzelnen Lernschritte

Zu beachten ist, dass die einzelnen Unterrichtsphasen nicht **formal-additiv** verknüpft werden:

„Jetzt bekommst du von mir ein Arbeitsblatt!"
„In der Bibel gibt es dazu ein Psalmwort."
„Heute erzähle ich dir von …"

sondern

dass die Überleitung zum nächsten Unterrichtsschritt **inhaltlich-sachlogisch** verläuft, z. B. abgeleitet von

- einem **Impuls** (Schlüsselwort oder einem Satz), zu dem die Schüler/innen dann eigene Ideen entwickeln und weiterschreiben;
- der **Zielfrage** der Stunde;
- einem zentralen **Motiv** oder **Symbol**, das sich durch die Stunde zieht.

Transfer?
oder: Korrelativer Brückenschlag, der in jeder Phase des Unterrichts stattfinden kann.

moralisches Anhängsel:
"Auch du kannst wie Jesus handeln!"

Topf – Deckel – Korrelation:
„Du hast in deinem Leben sicher schon ähnliches erlebt!"

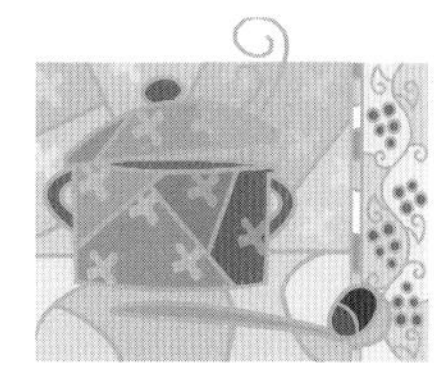

oder

offener, dialogischer Prozess, der die Schüler/innen einlädt, sich mit eigenen Grunderfahrungen und Deutungen auseinanderzusetzen?

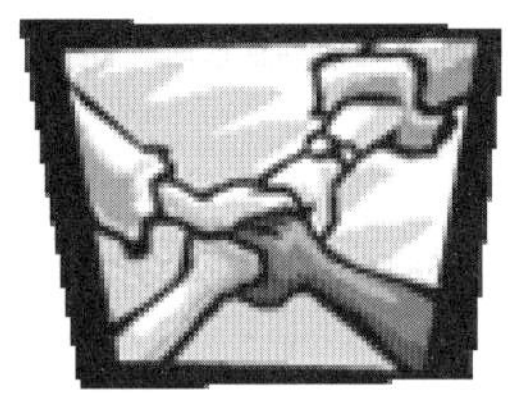

- **Identifikation statt Addition**

In der Stunde gibt es nur das Hauptmedium, z. B. einen Bibeltext. Der Bezug zum/zur Schüler/in wird hergestellt durch einen Begriff, einen Satz, eine Frage oder mehrere Sätze, die der Struktur, dem Aufbau (= elementare Strukturen) bzw. der religiösen Grundaussage (= elementare Wahrheit) des Textes entsprechen, z. B. Impuls: Satzkarte ***Ich habe Angst***.

Schüler/innen erzählen von ihren Erfahrungen, die vergleichbar sind mit biblischen Grunderfahrungen. Diese Erfahrung wird in der biblischen Erzählung wieder aufgenommen.

- **Aktualisierung findet implizit statt im Verlauf des Identifikationsprozesses**

Der/die Schüler/in vollzieht die Solidarität Gottes zum Menschen nicht nur in der biblischen Erzählung nach, sondern ist sich dessen in seinem eigenen Leben bewusst, z. B. durch perspektivisches Sprechen:
„Der ehemals Aussätzige macht sich auf den Weg nach Hause. Unterwegs überlegt er sich einen Satz, den er unbedingt seiner Familie sagen möchte."

Aufbau einer Unterrichtsstunde
Schwerpunktmäßige Übersicht

Einbindung der Unterrichtsstunde in die Sequenz

Lernintentionen

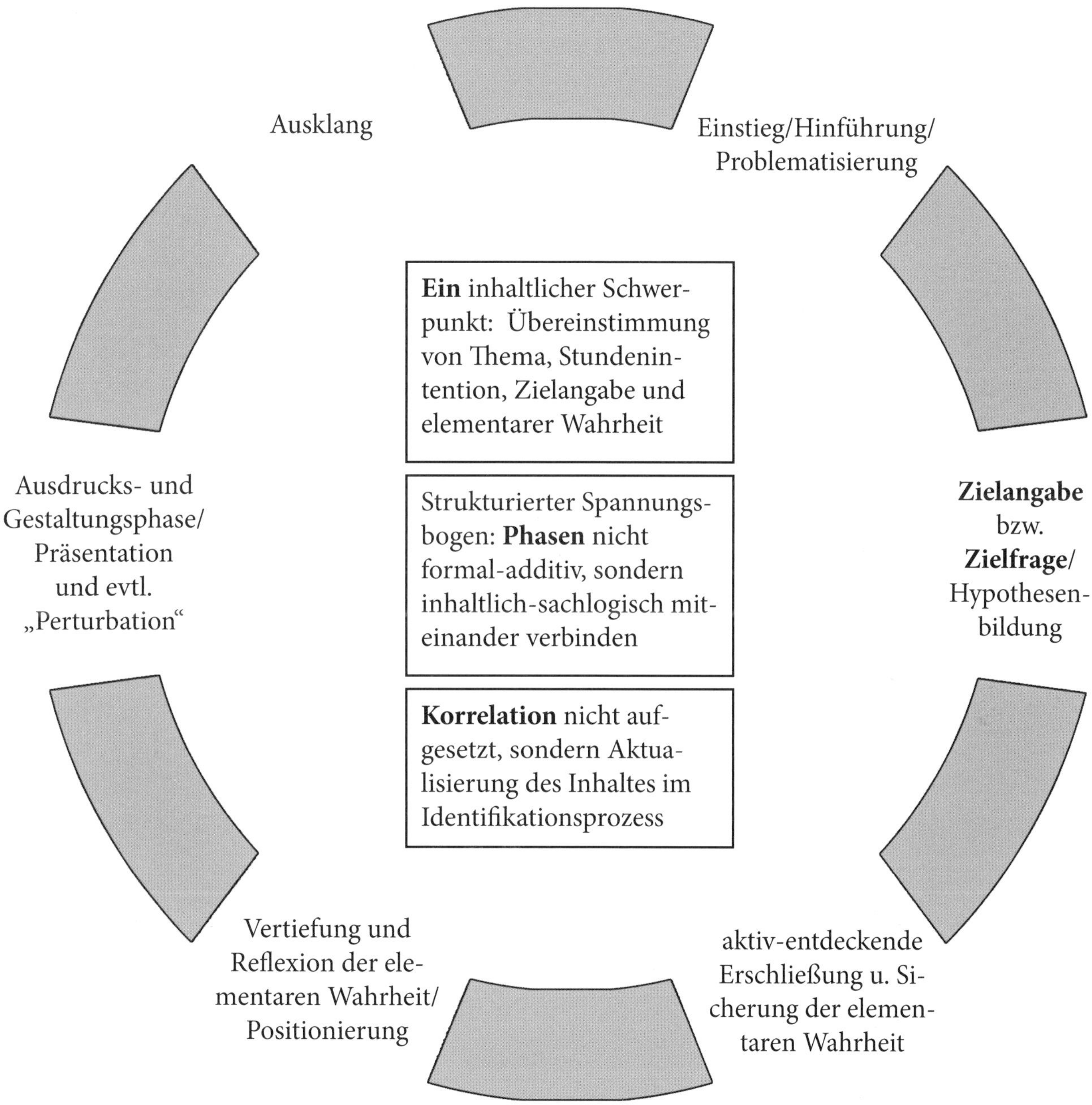

Impulstechnik

Tafelanschrift

Ausblick innerhalb der Sequenz

Rhythmisierung des Unterrichts und Planungsschema

Lernschritte	Lerninhalte	Methoden	Medien
Die Rhythmisierung des Unterrichtsverlaufs drückt sich in den Lernschritten aus, auf die sich die Kompetenzen und Inhalte beziehen.	***Schrittweise Darstellung des Unterrichtsverlaufs unter Angabe der Inhalte, die sich von den Lehrplanthemen ableiten.***	***In der Verlangsamung der methodischen Vorgehensweise lautet das Prinzip: Nicht immer anderes in gleicher Weise, sondern das Gleiche in immer anderer Weise. (Hans Schmid)***	***Die konkrete Unterrichtsgestaltung gewinnt erst durch die Medien ihre lebendige Form und Vielfalt.***
Einstieg Hinführung/Problematisierung Zielangabe/Zielfrage Erschließung Sicherung Vertiefung und Reflexion/ Positionierung Ausdrucks- und Gestaltungsphase mit Präsentation und Reflexion Ausklang **Korrelation**	- *Darstellung von Sachverhalten, unterrichtlichen Schwerpunkten und Kernaussagen* - *Formulierung der Zielangabe (evtl. zunächst „vorläufig", in einer weiteren Phase „endgültig") oder Zielfrage mit anschließender Hypothesenbildung* - *Essentielle sprachliche Formulierungen der Lehrkraft und von zu erwartenden Schülerantworten* - *Überleitungen zum nächsten Unterrichtsschritt* - *Formulierung von Lernaufgaben* - *Darstellung und Reflexion der Arbeitsergebnisse* - *individuelle Beantwortung der Zielfrage/Überprüfung der Hypothesen* - *individuelle Sicherung der „elementaren Wahrheit"* - *Formulierung der Hausaufgabe* *Der **Transfer** kann in jeder Unterrichtsphase durchgeführt werden. Er sollte nicht deduktiv und moralisierend am Ende der Stunde „angehängt" werden.*	Einzelarbeit (EA) Partnerarbeit (PA) Gruppenarbeit (GA) Lehrervortrag (LV) Lehrererzählung (LE) Impuls Unterrichtsgespräch (UG) Bildbetrachtung Meditation Stilleübung Empathieübung Phantasiereise Tanz Stuhlkreis Pantomime Rollenspiel Szenische Darstellung Bildnerisches Gestalten Kreatives Schreiben Präsentation ...	Bild Foto Collage Text Heft AB Buch/Bibel Tafelanschrift (TA) Tafelbild (TB) Folie Film/Video Kassettentext/CD Legebild Legematerial Tuch Kerze Lied Fallbeispiel Musikinstrumente Körperinstrumente ...

Verlaufsschema

Name:	*Datum:*
Schule:	*Klasse:*

Stundenthema:
Lehrplaninhalt ______ :
Kompetenzerwartungen:
Kompetenzen:

Lernschritte	**Lerninhalte**	**Methoden**	**Medien**

Lernschritte	Lerninhalte	Methoden	Medien

Geplantes Tafel- oder Legebild/Hefteintrag:

Checkliste

Vergleich: Verlaufsplanung – Elementarisierungsmodell

Elementare Strukturen

Habe ich mich bei der Untersuchung der Eigenschaften, Strukturen des Unterrichtsthemas auf das **Hauptmedium** beschränkt, sodass es wirklich nur einen thematischen Schwerpunkt in der Stunde gibt? ✗ ✓

Findet sich die Struktur des Hauptmediums im **Aufbau der Stunde** (falls möglich), in der **Sicherung** bzw. in den **Arbeitsaufträgen** wieder, sodass sie den Schüler/inne/n bewusst wird? ✗ ✓

Habe ich den Lehrplan zu Rate gezogen, sodass sich die vorgegebenen **Kompetenzerwartungen** und **Inhalte** in der Verlaufsplanung wieder finden? ✗ ✓

Sind auch die **Interessen und Fertigkeiten der Schüler/innen**, regionale Besonderheiten bzw. aktuelle Gegebenheiten berücksichtigt? ✗ ✓

Welchen **Stellenwert** nimmt das Thema innerhalb der Unterrichtsreihe ein? (Was ist vorher erarbeitet worden – wo gibt es eine Anknüpfung im thematischen Kontext – was schließt sich an?) ✗ ✓

Werden die einzelnen **Unterrichtsphasen** nur formal miteinander verbunden („Jetzt bekommt ihr dazu ein AB ...") oder wird vom Inhalt her mittels eines Impulses (Symbol, Satz aus dem Text o. ä.) zum nächsten Unterrichtsschritt übergeleitet? ✗ ✓

Elementare Erfahrungen

Habe ich die unterschiedlichen existentiellen Erfahrungen und religiösen Einstellungen der Schüler/innen differenziert wahrgenommen? Setze ich diese **differenzierte Sichtweise** auch um, indem ich den Schüler/inne/n unterschiedliche Lernwege/Lernstationen/Arbeitsformen anbiete, die möglichst viele Erfahrungen ansprechen? ✗ ✓

Werden die Erfahrungen der Schüler/innen mit den Erfahrungen des Hauptmediums eher additiv (in mehreren Unterrichtsschritten) zum Ausdruck gebracht oder so **dialogisch miteinander verschränkt**, dass sich die Schüler/innen in Form eines geschützten Freiraums mit der Sache identifizieren bzw. sich davon abgrenzen können? ✗ ✓

Elementare Zugänge

In welchem thematischen bzw. biblischen **Kontext** erscheint das Hauptmedium?

Sind die entwicklungsbedingten und lebensweltlichen Zugänge angemessen, indem Medien und Lernwege sinnenhaft differenziert (akustisch, visuell, kinästhetisch …) angeboten werden, sodass sich jede/r Schüler/in als **Subjekt seines/ihres eigenen Lernprozesses** angesprochen fühlt?

Ist die **Korrelation** zwischen Lebenswelt der Schüler/innen und Hauptmedium eher aufgesetzt oder wirklich stimmig? Lassen sich evtl. Worte, Sätze, Symbole, Gedanken … aus dem Hauptmedium herauslösen und den Schüler/innen/n im Rahmen einer ersten (konstruktiven) Auseinandersetzung (= Hypothesenbildung) präsentieren?

Beschränke ich den „Zugang zum Schüler" nur auf die Motivationsphase oder achte ich **in allen Phasen** darauf?

Elementare Wahrheit

Kommt in der Unterrichtsstunde der **religiöse Aspekt** hinreichend zum Tragen, sodass es sich nicht nur um eine Ethik- oder HSU-Stunde handelt?

Findet sich die elementare Wahrheit im **Stundenziel** bzw. in der **Zielangabe/Zielfrage** wieder?

Findet sich die elementare Wahrheit in der **Stundenintention**, in den **Lernaufgaben** bzw. in der **Zielangabe/-frage** wieder?

Wird der religiöse Aspekt, die Kernaussage in dem Thema (evtl. auch noch moralisierend und in Form eines Merksatzes) von mir vorgegeben oder bekommt jede/r Schüler/in Gelegenheit, die **theologische Aussage selbsttätig** zu erschließen?

Gibt es **Arbeitsaufträge**, die die elementare Wahrheit textimmanent und kontextuell (schriftlich) **deuten** lassen, bevor vorschnell zur Ausdrucks- und Gestaltungsphase übergegangen wird?

Wird den Schüler/inne/n Gelegenheit gegeben, ihren **Lern- und Erkenntniszuwachs** (evtl. im Rückblick auf die Hypothesenbildung) zu reflektieren?

Didaktische Landkarte zum Aufbau einer Unterrichtsstunde im Fach Kath. Religionslehre

Was ich mir vorher überlegen muss: Vorerwägungen zur Sache und zum Schüler

Elementarisierende didaktische Analyse:

Korrelative Verschränkung zwischen

Sache/Inhalt und **Schüler/in**

4 Dimensionen,
die sich gegenseitig durchdringen:

Elementare Strukturen	Elementare Zugänge
Elementare Wahrheit	Elementare Erfahrungen

Elementare Lernwege

Was die Schüler/innen lernen sollen: Die Kompetenzerwartungen

Allgemeine Kompetenzen – Operationalisierungen

Wahr-neh-men	Ver-stehen	Urtei-len	Ge-stalten	Kom-muni-zieren	Teil-haben

3 Planungsschritte:[22]

1. Wozu soll der/die Schüler/in am Ende des Lernprozesses bereit und in der Lage – kompetent – sein?
2. In welchen neuen Anforderungssituationen können Schüler/innen diese Kompetenz zum Ausdruck bringen?
3. Welche Inhalte fördern die Kompetenzen?

Was alles gemacht werden kann: Die Unterrichtsstunde

Jede Unterrichtsstunde hat eine Struktur, einen Spannungsbogen.

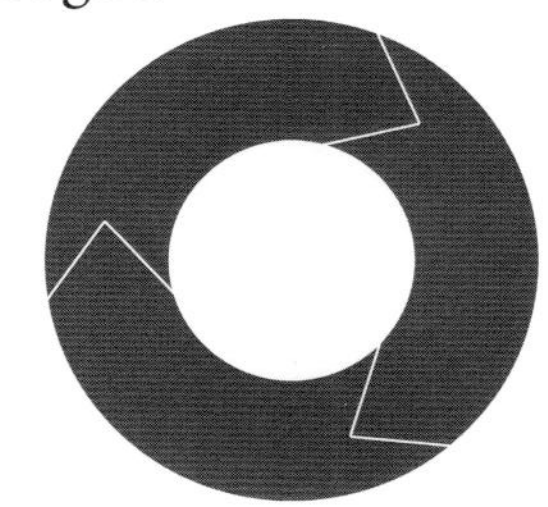

Aufbau eines **Artikulationsschemas**:

Lernschritte	Inhalt	Methoden	Medien

Beachte:

- inhaltlicher Schwerpunkt!
- Verzahnung der einzelnen Lernschritte!
- Stimmige Korrelation!

22 Vgl. Hans Burkhardt, 10.

1. Schultag in einer neuen Klasse

➧ Kennen lernen im Stuhlkreis: Eine Gemeinschaft werden – die Mitte suchen

L lässt eine brennende Kerze in die gefundene Mitte des Kreises stellen.
Legeübung: Jedes Kind bekommt ein Blütenblatt, darf es selbst mit farbigen Holzstiften so gestalten, wie es will, evtl. auch mit ausgesuchtem Legematerial.
Jedes Blütenblatt wird an die Kerze in der Mitte angelegt.
Assoziationen zum Entstandenen: Stern, Blume ...
Eine „Klassenblume“ oder ein „Klassenstern“ ist entstanden. Unterrichtsgespräch: Was ist für uns im Religionsunterricht die „Mitte“?

➧ Wir gehören zusammen – wir gehören zu Gott[23]

Die Schüler/innen sitzen im Kreis. Vor ihnen liegen ihre bunt verzierten Namensschilder. Sie sind untereinander durch kleine Wege aus Steinen verbunden. Auch in die Mitte, zur Kerze, zu einer Ikone oder zum Kreuz führen Wege. Die Schüler/innen halten einander an den Händen. Sie spüren Ruhe, Nachdenklichkeit und Konzentration in der Gemeinschaft.
Wenn die Kerze angezündet wird und die Schüler/innen sich auf die Mitte hin ausrichten, so richten sie sich auf Gott aus und auf seine Gegenwart: unsichtbar und doch ganz nah.

➧ Gestalten eines Heftumschlags

➧ Austeilen der Religionsbücher und erstes Inspizieren

AB: Welche Bilder gefallen mir? Begründe!
Diese Seite finde ich besonders schön gestaltet, weil …
Die Geschichte interessiert mich, weil …
Mit diesem Thema würde ich am liebsten anfangen …
Zu diesem Thema weiß ich schon … Dazu möchte ich noch wissen …

23 *Vgl. Petra Freudenberger-Lötz, Brigitte Zeeh-Silva, Mit Religion anfangen im Religionsunterricht der Grundschule, in: KatBl 134 (2009), 259.*

➧ Schatzkästchen Religion

L bringt unterschiedliche Gegenstände und Symbole in einer schön geschmückten Schachtel (z. B. schöner Stein, Muschel, Glasstein, Seil, Kerze, Scherbe …) mit. Die Schüler/innen wählen sich einen Gegenstand aus und begründen, warum sie ihn mit „Religionsunterricht" verbinden. Anschließend malen sie auf ein AB einen Gegenstand und schreiben auf, was sie sich in diesem Schuljahr besonders vom Religionsunterricht wünschen und was ihr Beitrag dazu sein kann.

➧ Erstellen eines Klassengebetbuches

L bringt eine schöne Mappe und leere, evtl. farbige Blätter mit. Auf Tischen werden unterschiedliche Gebete, Lieder und Psalmworte ausgelegt. Die Schüler/innen dürfen sich Gebetstexte aussuchen bzw. schreiben selbst eines und gestalten damit eine Seite im Klassengebetbuch.

➧ Religionsunterrichts-Steckbrief [24]

Hier handelt es sich um eine Mischung aus einem Steckbrief, auf dem sich die Schüler/innen dem/der Lehrer/in vorstellen können und einem Fragebogen, der darüber hinaus Hinweise auf Vorwissen und Einstellungen zu Themen gibt. Dieser Steckbrief kann u. a. folgende Aspekte enthalten:

- Ich heiße …
- Ich möchte, dass Sie mich mit folgendem Namen ansprechen …
- Im Fach Religion interessiert mich am meisten …
- Besonders gut kann ich …
- Lernen möchte ich gerne …
- Das sollten Sie von mir wissen …

So wie L die Schüler/innen kennen lernen möchte, so muss sie sich auch mit ihren Vorstellungen und Erwartungen vorstellen. Dazu gehören auch klare Hinweise zu Arbeitsmaterialien wie: „Ich möchte, dass ihr einen Hefter führt und ein Inhaltsverzeichnis anlegt!"

➧ Gemeinsames Erstellen eines Klassenvertrages oder von Regeln

(Sollte aber nicht an erster Stelle stehen!) Einführung durch eine lustige Karikatur oder eine Geschichte (z. B. „Dorf ohne Regeln").

➧ Themenkonstitution

Die Schüler/innen bekommen einen Überblick über die Lehrplanthemen des Schuljahres ästhetisch ansprechend und motivierend unter Einsatz unterschiedlicher Medien (Bild, Musik, Film o. ä.) vorgestellt, erhalten Arbeitsaufträge (*s. Austeilen der Religionsbücher …*) und entscheiden, mit welchen Themen sie beginnen wollen.

24 Vgl. Gabriele Hüdepohl, Anfänge in der Schule, in: KatBl 134 (2009), 249f.

Materialien für schüler- und handlungsorientierten RU

- **Klangschale**, um einem Ton nachzulauschen oder einen Unterrichtsabschnitt zu akzentuieren
- **Orff-Instrumente**, um eine Stimmung musikalisch auszudrücken
- **Kerzen**, Teelichte
- **Legematerial** (*s. 3. Kapitel: Das Legebild*)
- **Wolle** für ein Wollfadenbild oder zum Netz = Kontakt knüpfen
- **Schatzkiste**, um einen symbolhaften Gegenstand „kostbar" zu präsentieren
- **Karteikarten**, um kurze Psalm-, Jesus-, Propheten- oder Reizworte darauf zu schreiben, mit denen die Schüler/innen Inhalte erschließen und vertiefen können
- **farbiges Tonpapier** für Plakate, Collagen und Wortkarten
- **Schuhkartons**, um Mauern, Wände und Brücken zu bauen
- **Seil**, um Zusammengehörigkeit oder Abgrenzung auszudrücken
- **CDs mit ruhiger Musik**, um eine Stillarbeit oder Meditation musikalisch zu untermalen
- **Stoffsäckchen**, um symbolhafte Gegenstände ungesehen befühlen zu lassen
- **Bastelmaterialien** wie Strohhalme, Gold- oder Silberfolie, Bunt-, Transparent- oder Krepppapier für eine kreative Heftgestaltung
- **Gebetssammlung oder Gebetbuch**, aus dem einzelne Schüler/innen zur nächsten Religionsstunde ein Gebet auswählen dürfen
- **Teppichfliesen** für den Sitzkreis am Boden
- **Fußspuren** aus Papier, um in die Rolle einer biblischen Person treten und aus ihrer Sicht sprechen zu können
- **Knetmasse** oder Ton, um biblische Figuren zu gestalten oder Emotionen zum Ausdruck zu bringen
- **Bauklötze**, um Räume und Örtlichkeiten in biblischen Erzählungen und Legenden nachzugestalten

KAPITEL 2

Lehrerfrage – Impuls – Unterrichtsgespräch – Nachdenken und fragen im RU

» **Die Lehrerfrage**

» **Der Impuls**

» **Das Lehr- und Unterrichtsgespräch**

» **Unsere Gesprächsregeln**

» **Prinzipien für einen frage- und dialogorientierten Religionsunterricht**

» **Ausgewählte Methoden für einen frage- und dialogorientierten Religionsunterricht**

» **Strukturschema zu einem frageorientierten Unterricht**

» **Stundenverlauf als subjektbezogener und kommunikativer Prozess**

2. Lehrerfrage – Impuls – Unterrichtsgespräch – Nachdenken und fragen im RU

Sprachliche Gestaltungsformen wie Lehrerfrage, Impuls und Unterrichtsgespräch, mit Kindern und Jugendlichen zu staunen, nachzudenken, zu sprechen und damit religiöses Verstehen zu lernen, gehören zu den zentralen Elementen eines gesprächorientierten Religionsunterrichts.

Um sich Fehlformen der eigenen Fragetechnik bewusst zu machen, ist eine Übungsaufgabe mit Lösungsblatt beigefügt, die die häufigsten „Frageunarten" enthält. Absicht dieses Kapitels ist es, auf Impulse und Interaktionen zwischen Lehrer/in und Schüler/inne/n hinzuweisen, die vom monoton-linearen Frage-Antwort-System wegführen. Die Übungsaufgabe zur Impulstechnik ist der Religionsstunde einer Lehramtsanwärterin in der zweiten Jahrgangsstufe entnommen – in die Spalten sind die entsprechenden Impulse einzutragen, die lenkende Fragen überflüssig werden lassen.

Gerade für Berufsanfänger/innen ist es schwierig auszuloten, inwieweit sie einerseits in ihrer Rolle als Lehrende die Regie übernehmen müssen, andererseits die Gesprächsführung nicht zu lehrerzentriert gestalten, sondern die Schüler/innen zu selbstständigem und kreativen Denken führen sollen. Das gemeinsame Finden und Festlegen von Gesprächsregeln hat die Intention, die Lerngruppe in ihrem mündlichen Austausch untereinander zu unterstützen, indem eine Gesprächskultur der gegenseitigen Achtung und Wahrnehmung angebahnt sowie eine Reflexion über den Lernzuwachs in Gang gesetzt wird. Schüler/innen in ihren Fragen nach den Dingen des Lebens und nach Gott zu unterstützen, sie dazu bringen, weiterzufragen und sie in ihren Fragen ernst zu nehmen, indem wir als Lehrer/innen Rückfragen stellen, ist Aufgabe eines guten Unterrichtsgesprächs im Sinne eines frage- und dialogorientierten Religionsunterrichts. Im schulischen Unterricht wird im Allgemeinen nicht so viel Wert auf Fragen der Schüler/innen gelegt als vielmehr auf Antworten und Problemlösungen. Schülerfragen gefährden in aller Regel die Zielorientierung bzw. den Zeitplan und werden oft zurückgestellt, um dann endgültig in Vergessenheit zu geraten. *(Tipp: Frage der Schüler/innen auf eine Satzkarte schreiben [lassen], als Themenspeicher an die Seitentafel hängen und bei gegebenem Anlass besprechen).* Kinder und Jugendliche hören sonst irgendwann auf zu fragen, wenn sie merken, dass Fragen unerwünscht sind bzw. auf wenig Interesse stoßen. Denk- und Erkenntnisprozesse verlaufen jedoch nicht linear und stringent, sondern viel häufiger zirkulär mit Sprüngen, Sackgassen, Umwegen und Neuansätzen. Als Religionslehrer/innen sind wir aufgefordert, den Schüler/inne/n Raum zu geben für ihre Fragen, Vorstellungen, Gedanken und sie ihre Ängste, Hoffnungen und Wünsche artikulieren zu lassen. Rätselhaft erscheinenden Phänomenen muss auf den Grund gegangen werden, indem die Schüler/innen zum reflektierten Nachdenken und zum offenen Fragen herangeführt und angehalten werden. Die Prinzipien und ausgewählten Methoden für einen frage- und dialogorientierten Religionsunterricht, das Strukturschema zu einem frageorientierten Unterricht sowie das Beispiel eines Stundenverlaufs als subjektbezogener und kommunikativer Prozess sollen diese Intention konkretisieren.

Die Lehrerfrage

Funktionen der Lehrerfrage

- L stellt Fragen, um bei Beginn eines neuen Unterrichtsschritts die **Vorkenntnisse** der Schüler/innen zu **ermitteln** oder um Wissen zu **überprüfen**. (= reproduktive Gedächtnisfragen)

- L stellt Fragen, um die Schüler/innen zum **Nachdenken, zur eigenen, selbstständigen Erarbeitung** zu provozieren. (= konvergente Denkfragen, für die es eine Lösung gibt
  = divergente Denkfragen, für die es mehrere Lösungen gibt
  = evaluative Fragen, die eine Stellungnahme verlangen)

- L stellt eine **gefühlsgerichtete** Frage („Wo hast du schon einmal so etwas erlebt, gedacht, gespürt ...?"), die sich auf die affektive Dimension des Unterrichts bezieht.

Methodische Anforderungen an die Lehrerfrage

soll klar und verständlich sein	soll möglichst alle Schüler/innen ansprechen: Blick über die Klasse wandern lassen	soll auf zentrale Aspekte der Stunde konzentriert sein
soll Zeit zur Beantwortung lassen (abhängig von der Art der Frage)	? ? ? **Die Lehrerfrage** ? ? ?	darf keine Antwort fordern, die nur geraten werden kann
kann provozierend gestellt sein		kann bei einer Überforderung der Schüler/innen noch einmal einfacher und präziser gestellt werden
kann bei falscher Beantwortung Anlass geben, die Schüler/innen. die Unrichtigkeit selbst finden zu lassen	kann auch einmal an die Schüler/innen abgegeben werden	soll zu Beginn einer Unterrichtsstunde nicht lauten: „Was haben wir letzte Stunde gemacht?"

Übungsbeispiel: Fehlformen der Lehrerfrage

Arbeitsauftrag: Beurteilen Sie die nachfolgenden Lehrerfragen und begründen Sie Ihre Meinung!

1) „Ist die Hand Gottes auf dem Bild liebevoll dargestellt?" (= ______________________________)

____

2) „Wird Jesus dem Zachäus vergeben oder nicht?" (= ______________________________)

____

____

3) „Meinst du nicht auch, dass der barmherzige Vater seinen Sohn liebevoll aufnehmen wird?"

(=______________________________) ______________________________

____

4) „Jesus wurde verhaftet in...?" (= ______________________________)

____

5) „Glaubst du an Gott?" oder „Besuchst du auch regelmäßig den Gottesdienst?"

(= ______________________________) ______________________________

____

6) „Warum schrie Bartimäus so laut nach Jesus? Was erhoffte er von ihm? Was wollte er?"

(= ____________________ und ____________________)

____

____

____

Lösungsblatt: Fehlformen der Lehrerfrage

1) „Ist die Hand Gottes auf dem Bild liebevoll dargestellt?“
(= Entscheidungsfrage)

Sie lässt nur ein „Ja“ oder „Nein“ zu und ist damit wenig kommunikationsfördernd.

2) „Wird Jesus dem Zachäus vergeben oder nicht?“
(= Alternativfrage)

Sie sollte nicht eingesetzt werden, weil sie sich mit ihrer linear-einengenden Tendenz manipulativ auswirken kann.

3) „Meinst du nicht auch, dass der barmherzige Vater seinen Sohn liebevoll aufnehmen wird?“
(= Suggestivfrage)

L will von den Schüler/innen gar keine eigene Meinung hören, sondern verpackt seine/ihre Aufforderung, zuzustimmen, in Frageform.

4) „Jesus wurde verhaftet in ...?“
(= Ergänzungsfrage)

Frage bedeutet eine Engführung.

5) „Glaubst du an Gott?“ oder „Besuchst du auch regelmäßig den Gottesdienst?“
(= Bekenntnisfrage)

Sie ist pädagogisch wie theologisch inakzeptabel und darf im RU nicht gestellt werden, weil L in die Privatsphäre der Schüler/innen eindringt und eventuell zur Unehrlichkeit herausfordert.

6) „Warum schrie Bartimäus so laut nach Jesus? Was erhoffte er von ihm? Was wollte er?“
(= W-Fragen und Kettenfragen)

Ständige W-Fragen lassen das Unterrichtsgespräch zu einem eintönigen Wechsel von Lehrerfragen und Schüler/innenantworten absinken.
Die erste Frage müssen die Schüler/innen erst aufnehmen und verarbeiten. Die weiteren Fragen stören sie im Denkprozess.

Der Impuls[25]

!

Definition
Gegenüber der Lehrerfrage ist der Impuls eine anspruchsvollere Art des **Anstoßes**, wodurch ein **Denk- oder Handlungsprozess**, aber auch **ein wertendes Empfinden** in Gang gesetzt wird. Der Vorteil des Impulses liegt darin, dass er **nicht so lehrerzentriert** ist wie die Lehrerfrage. Der Impuls gibt zudem Raum für eine breitere Reaktion als die Frage und fordert dadurch die **Selbstständigkeit** des Schülers/der Schülerin.

Methodische Anforderungen
- Der Impuls soll Spielraum ermöglichen und zugleich das Handlungsfeld eingrenzen.
- Er soll interesseweckend sein, motivieren.
- Er soll interesselenkend sein, also die verschiedenen Interessen in der Klasse auf einen gemeinsamen Gegenstand lenken.
- Er soll interessefördernd sein, also das geweckte Interesse auch in Gang halten.

Charakterisierung und Einteilung
Man unterscheidet **sprachliche** und **nichtsprachliche** Impulse.

Verbale Impulse:

Tätigkeit	Verbaler Impuls	anstelle von Lehrerfrage
beobachten	„Beobachte ..."	„Was siehst du ...?"
besinnen	„Denk einmal darüber nach ..."	„Was denkst du ...?"
mitteilen	„Erzähl uns ..."	„Wer erzählt ...?"
ergänzen	„Bezeichne das genauer ..."	„Wer ergänzt ...?"
urteilen	„Du hast eine andere Idee ..."	„Wer hat eine bessere Idee?"
begründen	„Du weißt den Grund ..."	„Warum ...?"

Nonverbale Impulse:

Tätigkeit	Nonverbaler Impuls
ermunterndes Lächeln	mimisch
dämpfende Handbewegung	gestisch
bewusst den Standort verändern	lokomotorisch
einen Gegenstand berühren	haptisch
einen Gegenstand betrachten	visuell
ein Klangzeichen ertönen lassen	akustisch
etwas riechen lassen	olfaktorisch
etwas schmecken lassen	gustativ

25 *Vgl. Horst Herion, Methodische Aspekte des Religionsunterrichts. Ein Kompendium zu Grundsatzfragen, Planung und Gestaltung des Unterrichts, KEG (Hg.), Donauwörth 1990, 90 f.*

Übungsbeispiel zum Thema „Impuls“

Arbeitsauftrag: Bestimmen Sie die eingesetzten Impulse!
Ersetzen Sie die Lehrerfragen durch verbale Impulse!

Thema der Unterrichtsstunde: „Unser tägliches Brot gib uns heute.“

Die Schüler/innen kommen in den Stuhlkreis, in dessen Mitte ein Brot unter einem braunen Tuch liegt. Schüler/innen äußern sich frei.	
Anschlagen eines Glockenspiels: Bei jedem Klang darfst du die Ecke eines Tuchs aufdecken!	
L: Wozu brauchen wir Brot? Schüler/innen äußern sich.	
L reicht Brot auf einem Teller herum und lässt die Schüler/innen (in gebührendem Abstand) riechen. L: Was fällt dir ein, wenn du das Brot riechst? Schüler/innen äußern sich.	
L: Wie heißt das Gebet, in dem „Brot“ vorkommt? Erinnerst du dich noch an die letzte Stunde, als wir den Anfang des Gebetes durchgenommen haben? Vielleicht kennst du das Gebet auch aus der Kirche?	
L legt die Wort-Karte „Vater-unser“ in die Mitte, darunter die Satzkarte: „Unser tägliches Brot gib uns heute“. L zündet eine Kerze an und faltet die Hände. Die Schüler/innen beten.	
Anschließend teilt L das Brot. L reicht den Teller mit dem Brot herum, von dem sich jede/r Schüler/in ein Stück nehmen darf. L und die Schüler/innen essen gemeinsam das Stück Brot.	
L betet abschließend mit den Schüler/inne/n noch einmal die Brot-Bitte und formt als vertiefende Geste dazu seine/ihre Hände zu einer Schale.	

Lösungsblatt zum Thema „Impuls"

Thema der Unterrichtsstunde: „Unser tägliches Brot gib uns heute."

Die Schüler/innen kommen in den Stuhlkreis, in dessen Mitte ein Brot unter einem braunen Tuch liegt. Schüler/innen äußern sich frei.	*visueller Impuls*
Anschlagen eines Glockenspiels: Bei jedem Klang darfst du die Ecke eines Tuchs aufdecken!	*akustischer Impuls* *verbaler Impuls* *haptischer Impuls*
L: Wozu brauchen wir Brot? Schüler/innen äußern sich.	*Brot bedeutet uns viel!* *(verbaler Impuls)* (evtl. sogar nur das Brot als visueller Impuls)
L reicht Brot auf einem Teller herum und lässt die Schüler/innen (in gebührendem Abstand) riechen. L: Was fällt dir ein, wenn du das Brot riechst? Schüler/innen äußern sich.	*gestischer Impuls* *olfaktorischer Impuls* *Das Brot hat einen besonderen Duft!* *(verbaler Impuls)*
L: Wie heißt das Gebet, in dem „Brot" vorkommt? Erinnerst du dich noch an die letzte Stunde, als wir den Anfang des Gebetes durchgenommen haben? Vielleicht kennst du das Gebet auch aus der Kirche?	*(Kettenfragen!)* *Du kennst das Gebet, in dem „Brot" vorkommt!* *(verbaler Impuls)*
L legt die Wort-Karte „Vater-unser" in die Mitte, darunter die Satzkarte: „Unser tägliches Brot gib uns heute". L zündet eine Kerze an und faltet die Hände. Die Schüler/innen beten.	*visueller Impuls* *visueller/gestischer Impuls*
Anschließend teilt L das Brot. L reicht den Teller mit dem Brot herum, von dem sich jede/r Schüler/in ein Stück nehmen darf. L und die Schüler/innen essen gemeinsam das Stück Brot.	*gestischer Impuls* *gustativer Impuls*
L betet abschließend mit den Schüler/inne/n noch einmal die Brot-Bitte und formt als vertiefende Geste dazu seine/ihre Hände zu einer Schale.	*gestischer Impuls*

Das Lehr- und Unterrichtsgespräch

1. Das Lehrgespräch (Lehrer-Schülergespräch = LSG)

Merkmale:

- Gesprächsführung liegt bei L
- L gibt Impulse und stellt Fragen
- Schüler/innen antworten direkt L

Struktur[26]**:**

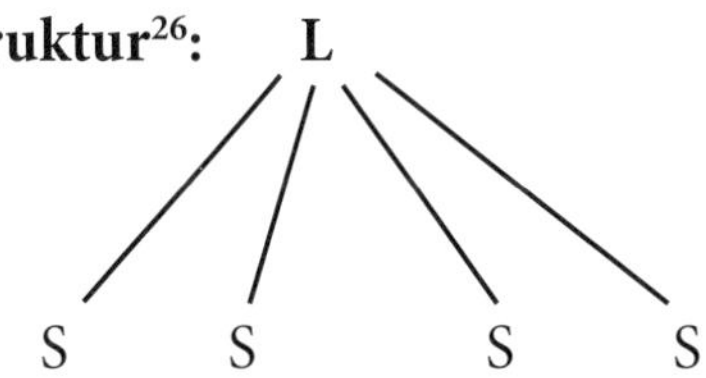

***Achtung**: Diese Form der Kommunikation verläuft ausschließlich linear und ist kaum geeignet, die Schüler/innen zu selbstständigem Denken anzuregen.*

2. Das Unterrichtsgespräch (UG)

2.1. Das gelenkte Unterrichtsgespräch

Merkmale:

- Problemstellung geschieht durch einen Impuls mittels L oder Schüler/in
- L nimmt dirigierende Funktion zurück zugunsten größerer Gleichberechtigung
- Organisatorische Maßnahmen bzgl. der Wortmeldung und Aufruftechnik:
    - Schüler/innen sich gegenseitig aufrufen lassen
    - diagonal aufrufen
    - Zeit lassen beim Aufrufen
    - Lehrerecho vermeiden
    - Interesse zeigen bei Schülerbeiträgen
- Zusammenfassung und Sicherung durch L und/oder Schüler/in

Struktur[27]:

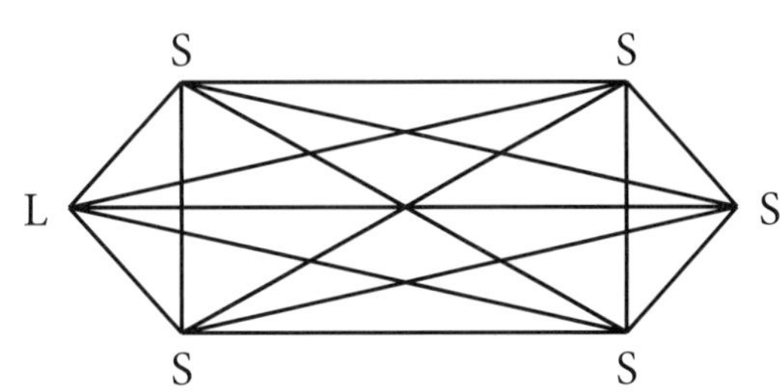

2.2. Das freie Unterrichtsgespräch

Merkmale:

- Inhalte ergeben sich aus den spontanen Einfällen der Schüler/innen
- Keine Bindung an Lernziele
- Assoziatives Gespräch
- Unterstützende Methoden/Medien:
    - Gesprächskreis mit Wollfaden
    - Erzählstein/Redeball

Struktur:

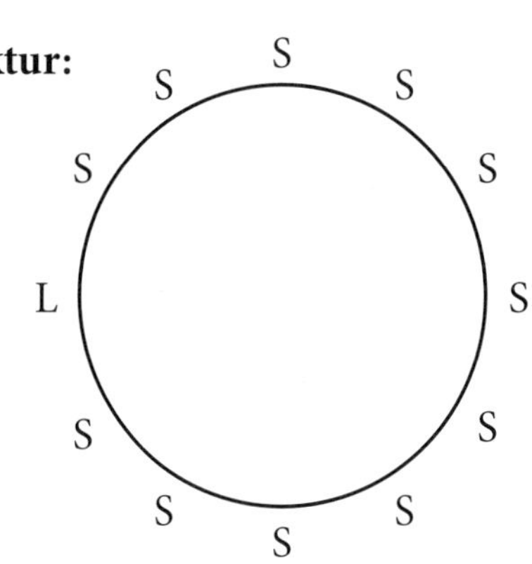

26 *Vgl. Horst Herion 1990, 72.*

27 *Vgl. a. a. O.*

Unsere Gesprächsregeln

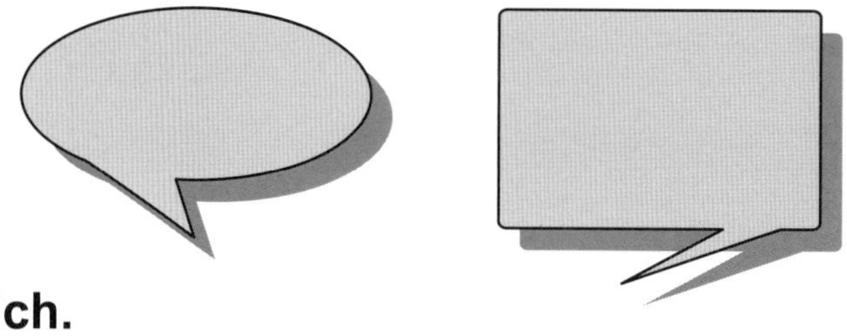

1. Ich melde mich.

2. Wir rufen uns gegenseitig auf.

3. Ich höre dem anderen zu.

4. Ich frage nach.

Wie meinst du das?
Warum ...?

5. Ich sage dem anderen, was ich gut an seinem Beitrag finde.

Mir gefällt ...
Ich finde es gut, dass du ...

6. Ich sage, was mir besser gefallen würde.

Besser fände ich, wenn ...
Ich würde lieber ...

7. Wir diskutieren unsere unterschiedlichen Meinungen.

8. Ich überlege, was ich jetzt gelernt habe und sage es den anderen.

So habe ich vorher gedacht ...
Jetzt denke ich ...

Lehrerfrage – Impuls – Unterrichtsgespräch

Thema: 2.5 Zur Gemeinschaft der Kirche gehören [28]

Lernintention: Das Licht als Hinweis auf Christus begegnet den Schüler/inne/n in vielfältigen Formen: als Kerzen und Lichter in der Kirche, im Brauchtum ... Sie sollen sich die Kerze als Symbol für das Leben bewusst machen, sowie die Taufkerze als sichtbares Zeichen des Verbundenseins mit Christus wahrnehmen.

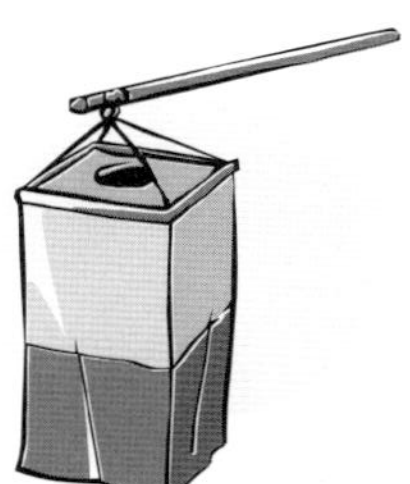

Arbeitsauftrag **(in Gruppenarbeit á 3 - 4 Personen)**

- Überlegen Sie sich – abgesehen vom AB mit den Kerzen als stummen Impuls – einen motivierenden Impuls, der das UG in Gang bringt!
- Entwickeln Sie ein UG, in dem Sie mit möglichst wenig Lehrerfragen auskommen und vorzugsweise Impulse setzen!
- Gibt es Lehrerfragen, die Ihnen unverzichtbar erscheinen? Beachten Sie mögliche Fehlformen der Lehrerfrage!
- Achten sie auf Kriterien, die das UG nicht nur zwischen L und Schüler/inne/n stattfinden, sondern innerhalb eines kommunikativen Prozesses möglichst alle Gesprächsteilnehmer/innen gleichberechtigt erscheinen lassen!

28 Lehrplan für Katholische Religionslehre an den bayerischen Grundschulen, Katholisches Schulkommissariat in Bayern (Hg.), München 2000.

Prinzipien für einen frage- und dialogorientierten Religionsunterricht[29]

- Jede/r Schüler/in kommt zu Wort und darf ausreden, dennoch sollte er/sie auch lernen, sich zurückzunehmen, anderen Beiträgen aufmerksam zuzuhören und aufeinander einzugehen.

- Aufmerksames Wahrnehmen, evtl. ein zustimmendes Lächeln oder Nicken bestärken eine/n Schüler/in, in seinem/ihrem Beitrag fortzufahren und signalisieren, dass seine/ihre Mitteilungen verstanden und ernst genommen werden. Um die kommunikativen Kompetenzen der Schüler/innen zu fördern, ist es angebracht, dass der/die Lehrende seine/ihre lenkende Funktion zugunsten einer moderierenden Tätigkeit verändert.

- Der/die Religionslehrer/in muss sich frei machen von dem Anspruch, alles wissen zu müssen und von der Versuchung, die Fragen der Schüler/innen direkt und vorschnell zu beantworten, da unmittelbare Antworten das kreative Weiterfragen verhindern. Die gemeinsame Problemlösung steht im Vordergrund. Die Schüler/innen erkennen und akzeptieren nach einiger Zeit, dass auch ein intensives Gespräch nicht immer zu eindeutigen Lösungen führt und merken auch, wann es sich lohnt, weiter nach Resultaten zu suchen.

- Ein Prinzip von Rainer Oberthür lautet: „ Wer fragt, weiß schon was!“[30], d. h. wer eine Frage stellt, hat immer auch schon einen gewissen „Antwortrahmen“. Deshalb sollte den Schüler/innen/n Gelegenheit gegeben werden, auf ihre eigenen Fragen selbst (vorläufige) Antworten zu geben[31].

- Missverständlichem Verstehen kann durch Begriffsklärungen vorgebeugt werden. Wenn Schüler/innen üben, Synonyme zu finden oder ein Wort bzw. einen Sachverhalt mit Hilfe von knappen Umschreibungen bzw. Beschreibungen zu erläutern, so kommt das ihrer Sprach- und Ausdrucksförderung zugute sowie der inhaltlichen Klärung.

29 *Vgl. Johanna Dichtl, „Philosophieren“ im Religionsunterricht der Grundschule, in: Handreichung zum Lehrplan Katholische Religionslehre, Katholisches Schulkommissariat in Bayern (Hg.), München 2002, 76–80.*

30 *Rainer Oberthür, Kinder fragen nach Leid und Gott. Lernen mit der Bibel im Religionsunterricht, München 1998, 9.*

31 *Vgl. Josef Kraus, „Ein Teil von Gott steckt in uns allen …“, Theologisch denken mit Grundschulkindern, in: RU-Notizen 2/2007, 29.*

- Als vorteilhaft erweist es sich, die Schüler/innen erklären zu lassen, was sie mit ihrer Frage eigentlich meinen; denn oft wollen Kinder und Jugendliche keine „Sachantwort", sondern sie stellen die Frage vor einem emotionalen, persönlichen Hintergrund. Durch Weiterfragen, Rückfragen und Hinterfragen lassen sich Widersprüche aufdecken und Alternativen anbahnen. Oft reicht es schon aus, eine Frage zurückzugeben oder umzuformulieren. Oder aber es regen gezielte Impulse und Deutungsangebote aufgrund fachwissenschaftlichen Hintergrundwissens die Antwortversuche der Kinder und Jugendlichen an. Weiterhin ist ein Perspektivenwechsel denkbar, der die Schüler/innen veranlasst, eine andere Denkposition einzunehmen, z. B.:
  - Was würde ein Kind aus einem anderen Land machen?
  - Wie würde ein Tier / eine Pflanze das erleben?[32]
  - Wie empfindet der / die Betroffene die Situation?

  Methodisch bietet es sich an, Aussagen der Schüler/innen auf Satzkarten festhalten zu lassen. Nach und nach lernen sie einer Sache auf den Grund zu gehen und sich nicht mit oberflächlichen Sichtweisen zufrieden zu geben.

- Die Begründung der eigenen Meinung ist unabdingbarer Bestandteil eines frage- und dialogorientierten Unterrichts, da somit logisches Denken und Argumentieren unterstützt wird. Deshalb sind „Warum"-Fragen nicht nur gestattet, sie sind sogar erwünscht, um Sachverhalten auf den Grund zu gehen, um die Meinung des Anderen besser zu verstehen und um eine Begründung der Aussagen zu erzielen. Weitere (Frage-)Impulse[33] können sein:
  - Kannst du ein Beispiel nennen?
  - Wie kommst du zu dieser Meinung?
  - Begründe deine Meinung!
  - Was würdest du jemandem antworten, der das nicht glaubt?

  So entsteht eine Vielfalt von Gedanken und Standpunkten, die von jedem nachvollziehbar ist.

- Eine komplexe Lernumgebung schafft den Umgang mit authentischen Situationen und realistischen Problemen. Die Problemstellungen müssen sich an Lernbereichen orientieren, die auf die Vorerfahrungen und Interessen der Schüler/innen ausgerichtet sind. Multiple Perspektiven und Lernwege erlauben es den Kindern und Jugendlichen, ein Problem aus verschiedenen Blickwinkeln zu betrachten und in unterschiedlichen Zusammenhängen zu entdecken. Die Lernumgebung soll zur Metakognition und zur Selbstevaluation der Lernwege und der Lernprodukte anregen. Fehler dürfen geschehen und werden besprochen und korrigiert.[34]

32 *Vgl. Diana Schick, Methodik des Philosophierens. Philosophieren mit Kindern (Teil 3), in: Grundschulmagazin 6/2011, 54.*
33 *Vgl. a.a.O., 55.*
34 *Vgl. Petra Freudenberger-Lötz, Der Beitrag des Konstruktivismus zur Qualitätssteigerung theologischer Gespräche mit Kindern im Religionsunterricht, in: Lernwege im Religionsunterricht. Konstruktivistische Perspektiven, Gerhard Büttner (Hg.), Stuttgart 2006, 242 f.*

- Die Zielangabe wird als Zielfrage formuliert. Daraufhin stellen die Schüler/innen zu ihrer vorläufigen Beantwortung Vermutungen an (= Hypothesenbildung). Gegen Ende der Unterrichtseinheit werden die Hypothesen überprüft und die Zielfrage wird von jedem/jeder Schüler/in beantwortet (s. Stundenverlauf).

- Zu einem Thema (z. B. Leid und Tod) formulieren die Schüler/innen entweder Fragen und malen sie anschließend oder sie verfahren umgekehrt. Die Fragen- und Bildkarten werden auf einer Leine aufgehängt (Fragengalerie). Dort, wo die Frage zum Bild auf der Rückseite nicht erkennbar ist, stellen die Schüler/innen Vermutungen über die Frageintention an. So nehmen sie selbst eine erste Interpretation der Bilder vor. Manche Bilder und Fragen sind evtl. auch erklärungsbedürftig und werden auf Nachfrage präzisiert.

- In einem weiteren Interpretationsschritt werden zu den Fragen „freie Assoziationen" geschrieben. Darunter sind Gedanken zu verstehen, die ohne formale Vorgaben (Satzbildung, Reimschemata o. ä.) versprachlicht werden. Diese methodische Variante erlaubt es auch, die Schüler/innen in der Auseinandersetzung weiterzuführen, die sprachlich weniger gewandt sind. So entstehen Assoziationsketten, die im Gespräch interpretiert und ausgetauscht werden, z. B. Himmel – Wolken – Seele – weich – weiß – immer.
  S.: „Ich glaube, dass die Seele in den Himmel geht und dann in einer Wolke wohnt. Die ist weiß und weich. Dort ist sie dann für immer."[35]

- Fragen, die ein Bibeltext aufwirft, zunächst selbst beantworten lassen, z. B.
  - Wer ist mein Nächster? (Lk 10,29)
  - Wie oft muss ich meinem Bruder vergeben? (Mt 18,21)
  - Wie könnt ihr zusammen mit Zöllnern und Sündern essen und trinken? (Lk 5,30)

- Selbsttätig schreiben lassen:
  Gebete, Psalmworte, Prophetenworte, Predigttexte …

35 *Vgl. Silke Pfeiffer, Ende des Lebens? Mit Kindern über Sterben, Tod und Trauer nachdenken, in: Grundschulmagazin 5/2005, 34 f.*

- Ein Unterrichtsgespräch moderieren, in dem
  - die Schüler/innen sich gegenseitig aufrufen
  - untereinander auf ihre Antworten eingehen und diskutieren
  - sich gegenseitig befragen
  - ...

- Zu Beginn einer Unterrichtssequenz werden in einem Brainstorming Assoziationen auf Plakate aufgeschrieben. Am Ende der Unterrichtseinheit werden mit unterschiedlichen Farben die Textpassagen unterstrichen, die laut der neu gewonnenen Erkenntnisse richtig sind bzw. die sich als unpassend erwiesen haben.

- Vor der Thematisierung einer biblischen Erzählung werden drei zentrale Begriffe herausgesucht. In Form einer Reizwortgeschichte schreiben die Schüler/innen, was die Perikope erzählen könnte. Am Ende der Unterrichtseinheit werden Gemeinsamkeiten und Unterschied der Reizwortgeschichte mit der Perikope verglichen.

- Zentrale Sätze eines Bibeltextes werden unterstrichen, begründet und evtl. weitergeschrieben.

- Schüler/innen sollen eine biblische Erzählung nicht lehrerzentriert und didaktisch Schritt für Schritt aufbereitet kennen lernen, sondern sie entlang der eigenen Fragen, die sich ihnen beim Lesen stellen, erschließen. Dazu lesen sie die Perikope zunächst im Ganzen, dann satz- oder abschnittsweise und notieren auf Kärtchen ihre Fragen zu diesem Satz oder Abschnitt.[36]

  Im nächsten Schritt werden die Kärtchen geordnet, z. B. nach folgenden Kriterien:
  - Wie geht die biblische Erzählung weiter?
  - Was bedeutet das Wort?
  - Welche Beziehung haben die Menschen zu Gott oder zu Jesus?
  - Wie verändert sich das Leben der Menschen?
  - Wann und wie zeigt sich Gott?
  - Wie zeigt sich die Natur?
  - Warum verhalten sich die Menschen so?
  - Wie fühlen sich die Menschen in der biblischen Erzählung (vorher – nachher)?
  - Wie gehen die Menschen miteinander um?
  - Wie finde ich die biblische Erzählung?
  - Was bedeuten die Sachangaben, z. B.

- der Beruf	- das Fest	- die Zahl	- die Landschaft
- die Zeitangabe	- die Krankheit	- die Pflanze	- der Ort
- das Tier		- ____________	

  - ____?

- Sprechblasen werden zu einer illustrierten biblischen Person beschriftet (evtl. als Dialog in Partnerarbeit).

- Einsatz von Nachdenkgeschichten, (Rollen)Spielen, Standbildern, Wahrnehmungs- und Meditationsübungen zur Förderung der Nachdenklichkeit und Selbstreflektivität.

36 *Vgl. Gertrud Miederer, Matthias Pfeufer, Theologische Gespräche mit Kindern, in: Materialbrief RU Primar 1/2011, hrsg. vom dkv beim Kösel-Verlag, München 2011, 8.*

Strukturschema zu einem frageorientierten Unterricht

1. Die Schüler/innen schreiben Fragen auf: jeweils eine Frage auf ein Blatt („Was ich gerne fragen würde!")

2. In Partner- oder Gruppenarbeit werden die Fragen besprochen und diskutiert, evtl. mit vorläufigen Antwortversuchen *(s. Anlage).*

3. Dann werden die Fragen im Unterrichtsgespräch einzelnen Kategorien[37] zugeordnet. Die Kategorien werden auf farbige Karten geschrieben, im Kreis ausgelegt und die Schüler/innen entscheiden selbst, welcher Kategorie sie ihre Frage zuordnen wollen.

Diese Frage kann ich durch Nachlesen im Lexikon oder im Internet eindeutig beantworten.	Über diese Frage möchte ich mit anderen zusammen nachdenken.	Diese Frage kann ich in der Bibel nachlesen.
Zu dieser Frage gibt es ganz viele Antworten.	Diese Frage kann nur jeder für sich beantworten.	Diese Frage ...

4. In Gruppen setzen sich die Schüler/innen (evtl. in einer nächsten Unterrichtsstunde) zusammen und versuchen ihre Fragen durch zusätzliche Hilfsmittel, Medien oder durch Diskussion zu beantworten.

5. Im Plenum werden die Fragen sowie die Antworten vorgestellt, diskutiert und (evtl. auf einem Plakat) gesichert.

6. Jede/r Schüler/in reflektiert für sich, welche Erkenntnis er/sie durch die Beantwortung der Frage gewonnen hat *(s. Anlage).*

7. Fragen, die noch nicht beantwortet werden können, bleiben aber im Klassenzimmer präsent, um jederzeit im Rahmen weiterer Unterrichtseinheiten darauf zurückgreifen zu können.

37 *Kategorien nach Gertrud Miederer, RPZ Heilsbronn, o. J.*

Was ich gerne fragen würde:

?

Wer fragt, weiß schon was!

Was ich jetzt weiß:

!

Stundenverlauf als subjektbezogener und kommunikativer Prozess

Thema: So entstand die Bibel (Primar- und Sekundarstufe I)

Lernschritte	Lerninhalte	Methoden	Medien
Motivation	Konfrontation mit einer Bibel Spontane Äußerungen 	Visueller Impuls UG	Bibel
Hinführung	Die Abbildung einer Papierrolle und ein Federkiel werden dazugelegt.  evtl.: „Stelle Fragen an die Bibel!“ Schüler/innen formulieren Fragen, z. B. Wer hat die Bibel geschrieben? Wann wurde sie geschrieben? Wie ist sie entstanden? In welcher Sprache ist sie geschrieben? ...?	Visueller Impuls UG Impuls UG	Papierrolle, Federkiel o. ä.
Zielangabe (als Frage)	Wie ist die Bibel entstanden?	Schülerfrage	Satzkarte
Erschließung I	Hypothesenbildung: Antwortversuche auf kleinen Papierrollen Sammlung der Ergebnisse	EA, PA oder GA UG	Wortkarten 
Erschließung II	Schüler/innen - erzählen sich gegenseitig eine biblische Erzählung - schreiben oder malen sie - sammeln und ordnen sie in einer „Klassenbibel“ ein	PA	Klassenbibel
Vertiefung und Reflexion	Reflexion der 3 Schritte (erzählen – schreiben – sammeln) und Sicherung auf Wort-/Bildkarten	UG	Wort-/Bild-karten
Vertiefung/ Ausdruck- und Gestaltung	erzählen – schreiben – sammeln: arbeitsteilige GA mit Sachinformationen zu den drei Vorgängen	GA	Sachinforma-tionen (Texte, Abbildungen, Bibellexikon)
Sicherung	Vortragen der Ergebnisse und Überprüfung der Hypothesen mit Beant-wortung der Frage zur Zielangabe auf kleinen Papierrollen	UG	
Ausklang	Der Klassenbibel wird ein besonderer Platz zugeordnet.		Klassenbibel

KAPITEL 3

Methoden der Ergebnissicherung

- » **Gründe und Bedingungen für den Einsatz eines strukturierten Tafelbildes**
- » **Strukturmodelle zum Tafelbild**
- » **Gestaltung von Hefteinträgen**
- » **Das Lernportfolio**
- » **Das Legebild**

3. Methoden der Ergebnissicherung: Tafel – Heft – Portfolio – Legebild

Die Frage nach einer effektiven Methode der Ergebnissicherung lautet: Auf welche Weise lassen sich erarbeitete Ergebnisse am nachhaltigsten vertiefen und einprägen? Von den vielfältigen Darstellungs- und Ausdrucksformen durch bildnerische, gestalterische, szenische oder musikalische Gestaltungsweisen abgesehen, seien hier die Arbeit mit dem **Tafelbild**, der **Hefteintrag**, das lernprozess- und produktorientierte **Portfolio** sowie das veranschaulichende **Legebild** als grundlegende Sicherungsmethoden vorgestellt.

3.1 Gründe und Bedingungen für den Einsatz eines strukturierten Tafelbildes

Die Tafel gilt als das meist gebrauchte Medium des Unterrichts. Da sie im zentralen Blickfeld der Schüler/innen liegt, sollte sie zu Beginn einer Unterrichtsstunde (und in Absprache mit der Klassenleitung) sauber geputzt sein, damit nicht eine ablenkende, sondern eine ruhefördernde Wirkung von ihr ausgeht. Eine Tafelanschrift (TA) erfüllt nicht ihre didaktisch-methodische Funktion, wenn sie so viel Zeit in Anspruch nimmt, dass die Lerngruppe unruhig wird, oder nur aus flüchtig hingeworfenen Stichpunkten besteht, die wenig dazu beitragen, den Verlauf des Unterrichts widerzuspiegeln.
Die methodische Chance eines strukturierten Tafelbildes *(vgl. Abb. 1)* liegt darin, die Schüler/innen in den Unterrichtsprozess gedanklich, schreibend und handelnd einzubeziehen und sie ihre lernende Entwicklung reflektierend bewusst werden zu lassen. Das dramaturgische Tafelbild, das stundenbegleitend den Unterrichtsgegenstand strukturiert, dient als Hinführung zur Problemstellung, zur Visualisierung von Informationen, Sachverhalten und Schülerbeiträgen und hat am Ende die Funktion, den Lernzuwachs individuell sichern und reflektieren zu lassen. Komplexe inhaltliche Zusammenhänge werden damit verdichtet und das gemeinsame Entwerfen einer logisch stringenten Darstellung wird so zum effektiven Lernprozess. Nachhaltiges Lernen wird dann gewährleistet, wenn Schüler/innen aufgefordert werden, ihre erarbeiteten Ergebnisse in Form von Wortkarten, Satzkarten oder gemeinsam erstellten Plakaten an der Tafel zu sichern sowie in dialogischer Auseinandersetzung der Lerngruppe zu präsentieren. Leere, evtl. farbsymbolisch ausgewählte Wort- oder Satzkarten motivieren Schüler/innen, sich individuell und intensiv mit der Thematik auseinanderzusetzen und durch das Vorstellen bzw. das Fixieren des Ergebnisses das Tafelbild aktiv mitzugestalten. Mit wenigen Markierungspunkten lässt sich kurz vor Unterrichtsbeginn eine Orientierungshilfe für die spätere Gestaltung anbringen, z. B. an welcher Stelle Wortkarten fixiert werden, oder es wird ein gerader Doppelstrich mit Lineal an der Stelle gezogen, wo später die Überschrift hingeschrieben wird. Um die Lesbarkeit der Beiträge auf Wort- oder Satzkarten zu gewährleisten, ist darauf zu achten, dass möglichst groß und deutlich geschrieben wird (evtl. Zeilen vorgeben und geeignete Stifte zur Verfügung stellen). Rechtschreibfehler müssen korrigiert werden, notfalls soll der Begriff oder der Satz auf der Rückseite bzw. auf einer weiteren Wortkarte neu geschrieben werden. Wortkarten des/r Lehrenden sind mit einem Schriftgrad von mindestens 70–100 Pkt. anzufertigen. Leistungsschwache Schüler/innen sind oft nicht in der Lage, einen nur geringfügig veränderten Buchstaben, der nicht den Richtformen der erlernten Ausgangsschrift entspricht, richtig niederzuschreiben.

Oft kann beobachtet werden, dass das Tafelbild unter Einbeziehung der Schüler/innen erstellt wird, ohne dass jedoch einmal im Sinne verweilenden Lernens innegehalten wird. Um den Lernprozess nicht nur visuell, sondern auch akustisch vertiefen zu lassen, werden die einzelnen Abschnitte der Tafelanschrift analog zu den jeweiligen Unterrichtsphasen immer wieder sprachlich verdeutlicht, am besten durch mehrmaliges Vorlesen-lassen. Erst durch das Verweilen und damit Bewusstwerden der Lernetappen festigen sich die erarbeiteten Schritte, erschließen sich Zusammenhänge oder aber es werden neue Fragen aufgeworfen. Nach dieser inhaltlich-didaktischen Orientierung kann die nächste Unterrichtsphase angebahnt werden, die auf die zuvor bewusst gewordenen Erkenntnisse aufbaut.

Systematischer Aufbau eines Tafelbildes

Funktion eines Tafelbildes ist es u. a., den Schüler/inne/n eine visuelle Orientierung zu ermöglichen, sodass sie seinen Aufbau und damit die Dramaturgie der Unterrichtsstunde nachvollziehen können; insofern müssen sie an ein System gewöhnt werden, wie die Tafelanschrift aufgebaut wird[38]:

Sollte nur die zusammengeklappte **Außentafel** zur Verfügung stehen, so wäre das System möglich *(vgl. Abb. 2)*:
- Die linke Seite visualisiert den Lernprozess, angefangen mit einem optischen Impuls, einer Fragestellung, Hypothese, vorläufigen Ergebnissen, vorläufiger Zielangabe oder Zielfrage …
- Die rechte Seite enthält fachliche Elemente für den Erwerb und nachhaltigen Aufbau religiöser Grundbildung wie die Überschrift mit dem Stundenthema bzw. endgültiger Zielangabe, Ergebnisse, Deutungen der Schüler/innen, Antworten auf Fragen …

Für eine dreigliedrige **Innentafel** bietet sich folgendes System an *(vgl. Abb. 3)*:
- Auf den linken Teil werden – wie bei dem zweigliedrigen Tafelaufbau – visuelle Impulse der Motivations- und Hinführungsphase präsentiert, davon ausgehend Frage- und Problemstellungen der Schüler/innen, Vermutungen auf Wortkarten, die vorläufige Zielangabe oder -frage …
- Auf der rechten Tafelseite werden weitere Informationen, Teilüberschriften, vorläufige Arbeitsergebnisse festgehalten, z. B. in Form von Thesen, Wort- oder Satzkarten der Schüler/innen …
- Die Mitteltafel mit dem höchsten Stellenwert im dreigliedrigen Tafelaufbau präsentiert die Überschrift bzw. die endgültige Zielangabe, die Erarbeitungen der Schüler/innen in nunmehr geordneter Reihenfolge oder als Zusammenfassung von der rechten Tafelseite, die elementare Wahrheit, die auf Satzkarten bzw. Plakaten von den Schüler/inne/n individuell konstruiert wird, eine gemeinsam gefundene Deutung oder Quintessenz des Themas, die endgültige Beantwortung der Zielfrage oder Ausgangshypothese …

Um die Funktion eines Tafelbildes und seine Strukturierung zu konkretisieren, ist anschließend eine Übungsaufgabe mit einem fehlerhaften Tafelbild dargestellt *(vgl. Abb. 4)*, dessen Mängel dem darauf folgenden Lösungsblatt entnommen werden können *(vgl. Abb. 5)*.

Das thematische Beispiel eines strukturierten Tafelbildes *(vgl. Abb. 6)* wird für das Thema „Der barmherzige Vater" (Lk 15,11–32), bezogen auf eine 7. Jahrgangsstufe der Mittelschule vorgestellt. Der sukzessive Aufbau dieser Tafelanschrift ist durch Ziffern in Kreisen gekennzeichnet. Begonnen wird mit einem visuellen Impuls ①, zu dem sich die Schüler/innen mündlich äußern. Die Aussagen der Schüler/innen werden zu der Zielfrage ② zusammengefasst, die nach der biblischen Erzählung von Lk 15,11–32 konkretisiert wird ③: „Ist der Vater gerecht?". Die visuellen Impulse der Hinführungsphase werden jetzt dem älteren Sohn zugeordnet ④, auf dessen Aussagen die Schüler/innen im Sinne des jüngeren Sohnes in eine Auseinandersetzung treten ⑥. Gesichert wird dieser Diskurs in PA auf einem Arbeitsblatt.

38 Vgl. Peter Jansen, Visualisierung im Unterricht: Tafelbild und Folie, in: Schulmagazin 5 bis 10 9/2004, 10f.

Der ältere Sohn sagt:	Der jüngere Sohn sagt:
Ich finde es nicht gerecht, wenn ___	Ja, aber ich ___
Gerecht ist jemand, der ___	Ja, aber ich ___
Gerechtigkeit muss sein, weil ___	Ja, aber ich ___
___	Ja, aber ich ___

Arbeitsaufträge: Ergänze die Satzanfänge des älteren Sohnes. Du kannst auch einen eigenen Satz schreiben. Wie antwortet jeweils der jüngere Sohn?

Anhand von Impulsen an der Mitteltafel (Jetzt verstehe ich den Vater besser.) werden die Eigenschaften des barmherzigen Vaters von den Schüler/innen/n schriftlich ergänzt und vorgelesen sowie in Auswahl von der Lehrkraft an der Tafel übernommen ⑦. Der Impuls des/der Lehrenden „Wir finden den Text im Lukas-Evangelium" ⑧ wird erweitert durch den Hinweis: In dieser Erzählung sagt Jesus etwas über Gott aus" ⑨. Die Wortkarte „Gott" lässt die Schüler/innen den inhaltlichen Bezug zum Vater in der Geschichte herstellen, der Impuls „Gottes Gerechtigkeit" gibt den Anstoß, sich mit den Eigenschaften Gottes auseinanderzusetzen.
Da der Dialog zwischen den Söhnen auf den Seitentafeln auf einem AB gesichert wurde (s.o.), braucht nur die Anschrift der Mitteltafel ins Heft geschrieben werden. Dabei führen die Schüler/innen die Impulse ⑦ im Sinne subjektorientierten Lernens weiter: Entweder sie übernehmen ihre eigenen Sätze oder entscheiden sich für einen Satz von der Tafel. Auch die elementare Wahrheit „Gott ..." bzw. „Gottes Gerechtigkeit ..." kann von der Tafel abgeschrieben sowie von jedem/r einzelnen Schüler/in individuell weitergeführt werden.

Einheitliches Übertragen des Tafelbildes ins Heft als Voraussetzung für eine Probe?

Diese subjektorientierte Religionsdidaktik im Hinblick auf das Übertragen und individuelle Weiterführen einer Tafelanschrift verhindert ein einheitliches Aussehen der Hefte einer Klasse oder Lerngruppe. Es wird in diesem Zusammenhang immer wieder die Frage gestellt, wie sich denn die Schüler/innen auf eine Probe vorbereiten können, wenn unterschiedliche Ergebnisse gesichert sind? Dabei ist zu bedenken, dass eine Lernzielkontrolle die vier Anforderungsstufen „Reproduktion", „Reorganisation", „Transfer" und „Problemlösendes Denken" enthalten soll. Vom Schüler und von der Schülerin wird nicht in erster Linie eine rein reproduzierende mechanische Gedächtnisleistung verlangt, da ein echtes Begreifen des Lernstoffes so nicht garantiert ist. Solche Art von Proben basiert auf auswendig gelernten – und in der Regel gleich wieder vergessenen – scheinbar objektiven Wissensinhalten, die stereotyp niedergeschrieben werden und nach einem einfachen Schema zu korrigieren sind. Ein Religionsunterricht, der auf allen vier Niveaustufen basiert – und dazu gehört auch das selbstständige Weiterentwickeln des Tafelbildes sowie die daraus resultierende individuelle Heftgestaltung –, befähigt die Schüler/innen, sich in einer Probe kognitiv-reflexiv und damit nachhaltig im Sinne eines sich tragfähig entwickelnden Glaubens mit religiösen Unterrichtsinhalten auseinanderzusetzen. Die Korrektur und Benotung einer solchen Lernzielkontrolle, die der sorgfältigen Vorbereitung und Durchführung bedarf, würdigt die Deutungskonstrukte der Schüler/innen differenzierend mit entsprechend höherer Punktzahl.

Ausblick

„Wird die interaktive elektronische Tafel die alte Kreidetafel verdrängen?"[39] Diese berechtigte Frage stellt Josef Leisen in seinem Artikel „Leitmedium Tafel" und gibt auch gleich die entsprechende Antwort: „Wer mit ihr [gemeint ist die Kreidetafel] didaktisch wie handwerklich nicht umzugehen vermag, der kann es auch nicht mit der interaktiven Tafel. Insofern haben alle ein gutes Übungsfeld, solange es die alte Tafel noch gibt."[40]

39 *Josef Leisen, Leitmedium Tafel, in: KatBl 136 (2011), 277*
40 *A. a. O., 275–277.*

Abb. 1

Die Funktion des Tafelbildes im Religionsunterricht[41]

<table>
<tr><th><u>Einsatz des Tafelbildes</u></th><th colspan="2"><u>Funktionen des Tafelbildes</u></th><th><u>Kriterien zum Umgang mit dem Tafelbild</u></th></tr>
<tr><td rowspan="3">• didaktischer Ort zu jedem Lernschritt
• wächst aus und mit der Unterrichtsarbeit
• subjektiv gestaltbar
• ohne technischen Aufwand einsetzbar
• verschiedene Elemente (Wortkarten, Bildkarten, Kreidebild, -anschrift, Collage etc.) sind kombinierbar
• passt sich der unterrichtlichen Situation, der Lerngruppe und dem Lernfortschritt an</td>
<td><u>Didaktische Funktion</u>
• Präsentation des Stundenthemas
• Unterrichtsprozess
• unterschiedliche Wertigkeit der Tafelanschriften (Mitteltafel, Seitentafeln)</td>
<td><u>Pädagogische Funktion</u>
• Vorbildfunktion
• visuelle Orientierung für den Hefteintrag
• Strukturierungshilfe
• Erziehung zur Ästhetik</td>
<td rowspan="3">• gute Lesbarkeit
• flexibel im Berücksichtigen von Schüler/innenbeiträgen
• verbindliche Regelung des Abschreibens
• formale Maßnahmen für die unterschiedliche Bedeutung wie
- Unterstreichen
- systematisch oder symbolhaft eingesetzte Farbigkeit des Schriftzugs
- Variation des Schrifttyps
- Variation der Schriftgröße
- Verwendung von grafischen Zeichen
- räumliche Isolation oder Gruppierung durch entsprechende Platzierung</td></tr>
<tr><td colspan="2"><u>Lerntheoretische Funktion</u></td></tr>
<tr><td>• Anschaulichkeit durch Ordnung des Lerngeschehens
• Das Tafelbild wird im Lernprozess entwickelt
• Der Lernprozess wird über Visualisierung bewusst gemacht
• Korrekturen und Änderungen möglich</td>
<td>• aktive Mitarbeit durch Schüler (Konstruktion über Instruktion)
• Nachhaltigkeit des Lernprozesses durch Ansprechen mehrerer Lernkanäle/Sinne
• Gestaltungsvielfalt für Differenzierungen</td></tr>
</table>

41 *Vgl. Wolfgang Fleckenstein, Die Funktion des Tafelbildes im (Religions-)Unterricht, in: KatBl 120 (1995), 203.*
Ralf Hörsken, „Putzt mal bitte jemand die Tafel!", in: Schulmagazin 5 bis 10, 6/1998, 15.
Rainer Maras, Das Tafelbild: Das Ordnen unterrichtlichen Tuns, in: Schulmagazin 5 bis 10, 6/1998, 8.
Peter Jansen, 8–12.

Abb. 2

Allgemeines Beispiel eines strukturierten Tafelbildes für eine zweigliedrige Außentafel

Visuelle Impulse	Datum **Überschrift/Zielangabe**
Feld für die Hinführung im Lernprozess	*Feld für die Erschließung/endgültige Sicherung des Unterrichtsthemas*
- Bild - Tafelzeichnung - Schlüsselwörter - Mind-Maps - vorläufige Zielangabe oder -frage - Problemfindung - Arbeitsaufträge - Hypothesen der Schüler/innen auf WK oder SK - vorläufige Antworten - …	- Text - strukturierte Darstellung von Beiträgen (evtl. auf WK oder SK) - Plakate mit Ergebnissen einer GA - Individuelle Deutungen Konsens – Ergebnis – Zusammenfassung – Bibelzitat – Verifizierung der Hypothesen – Beantwortung der Zielfrage

Abb. 3

Allgemeines Beispiel eines strukturierten Tafelbildes für eine dreigliedrige Innentafel

Visuelle Impulse	Datum **Überschrift/Zielangabe**	Informationen sowie Sammlung von Schüler/innenbeiträgen
Feld für die Konfrontation /Hinführung in der Motivationsphase	*Feld für die Erarbeitung / endgültige Sicherung des Unterrichtsthemas*	*Feld für Informationen bzw. vorläufige Sicherungen*
- Bild - Tafelzeichnung - Schlüsselwörter - Mind-Maps - vorläufige Zielangabe oder -frage - Hypothesen der Schüler/innen auf WK oder SK - vorläufige Antworten - …	- Text - vereinfachte Skizzierung - schematische Darstellung - Schaubild - Plakate mit Ergebnissen einer GA - strukturierte Darstellung von Schüler/innenbeiträgen - … Konsens / merkbares Ergebnis / Zusammenfassung / Bibelzitat / Verifizierung der Hypothesen / Beantwortung der Zielfrage	- Arbeitsmittel - Arbeitsaufträge - Teilaspekte - Überprüfung der Hypothesen - Ergebnisse von Arbeitsaufträgen für EA, PA oder GA (Wortkarten, Schüler/innenzeichnungen etc.) - individuelle Deutungen - …

Abb. 4

Übungsaufgabe zum Thema „Tafelbild“

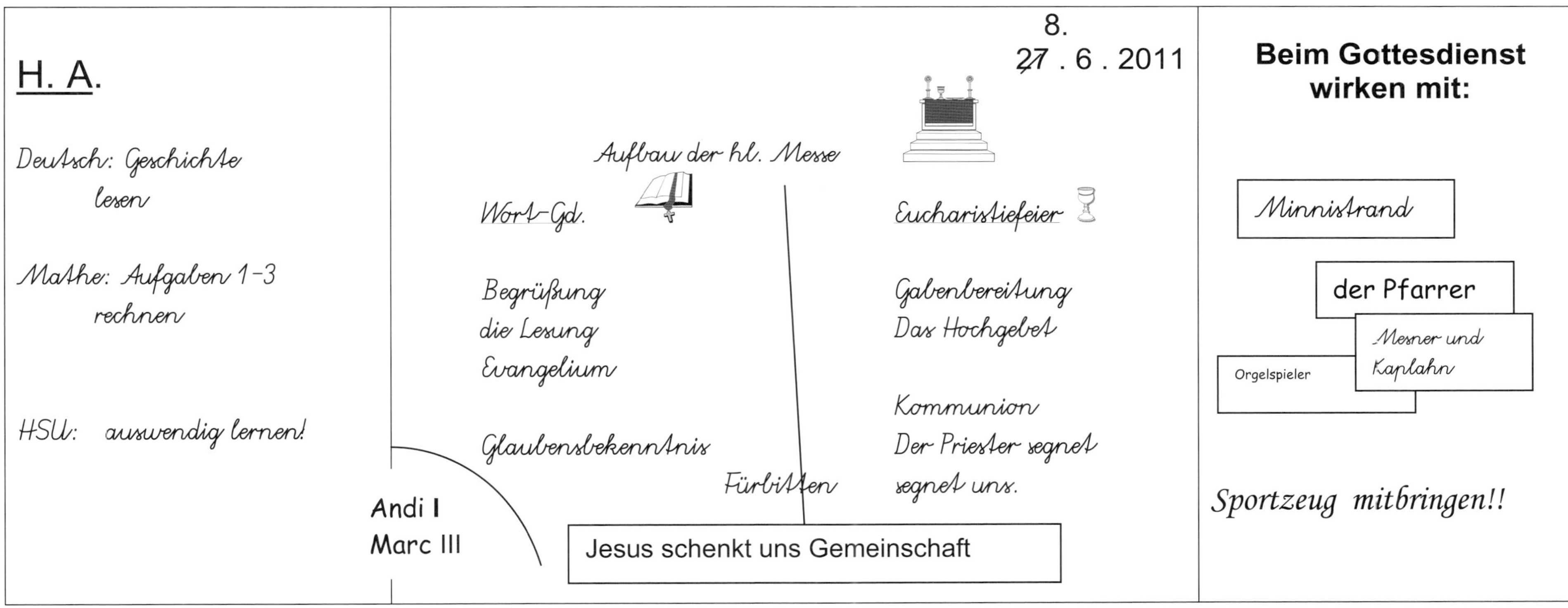

Notieren Sie, welche **Mängel** das Tafelbild enthält!

Abb. 5

Lösungsblatt zum Thema „Tafelbild“

Notieren Sie, welche **Mängel** das Tafelbild enthält. Verbessern Sie zeichnerisch Fehler.

Tafelanschriften vorangegangener Unterrichtsstunden sind nicht weggewischt und wirken ablenkend.
Die falsche Ziffer des Datums ist nicht weggewischt, sondern nur durchgestrichen.
Die Überschrift der Mitteltafel ist (nicht doppelt oder farbig) unterstrichen.
Der Begriff „Wort – Gd.“ ist abgekürzt und für Schüler/innen kaum verständlich.
Die Mittellinie ist schief gezogen.
Bei der Aufzählung werden grammatikalische Formen durcheinander gemischt.
Die Disziplinierung gehört nicht zum thematischen Teil des Tafelbildes.
Rechtschreibefehler der Schüler/innen sind zu verbessern. Durch vorgezeichnete Linien auf den Wortkarten würde die ideale Schriftgröße vorgegeben.
Der Merksatz wirkt allgemein und gelenkt.
…

Abb. 6

Tafelbild zum Thema „Der barmherzige Vater“ (Lk 15,11–32)

(2) **Gerecht sein – wie geht das?**

(3) **Ist der Vater gerecht?**
(8) (Lk 15,11–32)

(4) Der ältere Sohn sagt:

(1)
- Ich finde es nicht gerecht, wenn …
- Gerecht ist jemand, der …
- Gerechtigkeit muss sein, weil …

(7) Jetzt verstehe ich den Vater besser:

- Er will …
- Er macht …
- Er führt …
- Er hilft …
- Er …

(9) **Die Erzählung sagt etwas über Gott aus:**

Gott handelt wie der Vater.
Gottes Gerechtigkeit richtet Menschen auf.

(5) Der jüngere Sohn sagt …

(6) Ja, aber ich …

Abb. 7

Tipps zum Umgang mit der Tafel

- Die Tafel ist immer sauber geputzt. Um einen Kreidefilm zu verhindern, wird die Tafel erst mit einem nassen Schwamm abgewischt und dann mit einem Gummiabzieher getrocknet.

- Unterstreichen Sie die Überschrift/Zielangabe mit Lineal doppelt und Teilüberschriften an der Seitentafel einfach. Ist kein Lineal vorhanden, unterringeln Sie die Überschrift mit farbiger Kreide.

- Platzieren Sie Orientierungspunkte an markanten Stellen, damit die Tafelanschrift übersichtlich wird und der vorgesehene Platz ausreicht.

- Lineal, Magnete und Kreide haben ihren festen Platz. Verwahren Sie die Kreide nicht unterhalb der Tafel auf, damit sie trocken bleibt.

- Lassen Sie die Tafelanschrift (ruhig mehrmals) vorlesen, damit der visuelle Eindruck akustisch unterstützt wird.

- Tafelanschriften sind grundsätzlich fehlerfrei. Fehler bei Schülerbeiträgen werden korrigiert bzw. der Beitrag wird auf der Rückseite einer Wort- oder Satzkarte neu geschrieben.

- Achten Sie darauf, dass das Ergebnis des Lernprozesses einen inhaltlichen Bezug zur Überschrift/Zielangabe hat. Stellen Sie dabei die „elementare Wahrheit" deutlich heraus, z. B. durch einen Rahmen.

- Halten Sie immer leere farbige Wort- oder Satzkarten für spontane Beiträge und Fragen der Schüler/innen bereit.

3.2 Gestaltung von Hefteinträgen

Die Qualität der **Heftführung** hängt zwar nicht ausschließlich, aber doch zu einem großen Teil von der Tafelarbeit der Lehrkraft ab. Je strukturierter und leserlicher sich die Tafelanschrift präsentiert, umso eher können die Schüler/innen die erarbeiteten Schritte sowie Ergebnisse nachvollziehen und möglichst fehlerfrei übernehmen.
Häufig wird die Frage gestellt, ob denn jetzt die gesamte Tafelanschrift abgeschrieben werden muss – und wenn ja, woher die Zeit genommen werden soll?
Natürlich prägen sich erarbeitete Unterrichtsinhalte intensiver ein, wenn sie nicht nur gemeinsam gedanklich entwickelt und visualisiert werden, sondern auch – außer akustisch – noch motorisch vertieft werden. So schreibt Hans Schmid: Wirkungsvoll ist „ein Schreiben in Stille: Der einzelne Schüler transformiert den erschlossenen Gehalt der Erarbeitungsphase in geschriebene Buchstaben, Worte, Sätze in ein Schriftbild. [...] Über das Schreiben geschieht ein Verweilen und Gegenwärtighalten dessen, was zuvor im Mittelpunkt des gemeinsamen Interesses stand."[42] Nur ist es notwendig, dass die Schüler/innen das gesamte Tafelbild abschreiben? Die Gefahr besteht, dass sie – bedingt durch die Fülle des voll geschriebenen Tafelbildes wenig motiviert – den Vorgang des Abschreibens eher unreflektiert durchführen. Sinnvoll für einen aktiven, individuellen und kreativen Lernprozess wäre doch, mit den Schüler/inne/n gemeinsam den Aufbau des Hefteintrages zu planen. Als Beispiele wären denkbar:

- So übernimmt nicht die gesamte Lerngruppe die (von der Lehrkraft vorgegebene) Überschrift, sondern jede/r Schüler/in findet selbst eine Überschrift.
- Es werden nicht **alle** Wortkarten der Schüler/innen abgeschrieben, sondern es genügt, wenn die eigene Wortkarte gewürdigt, von der Tafel abgenommen und im Heft gesichert wird.
- Ein Bild wird nicht einfach abgemalt, sondern so interpretiert und umgestaltet, dass jede/r Schüler/in seine eigene Lebens- und Erfahrungswelt mit einbringt.
- Die elementare Wahrheit bzw. der religiöse Aspekt wird nicht im Sinne einer normativen Quintessenz als zusammenfassender Schlusssatz vorgegeben und abgeschrieben, sondern entweder wird das zuvor bearbeitete Arbeitsblatt bzw. die Satzkarte mit dem selbst erschlossenen Deutungskonstrukt ins Heft geklebt oder die Schüler/innen führen einen Bibelvers im Sinne kreativen Schreibens weiter, erfinden einen eigenen Psalmvers oder formulieren ein Rautengedicht zu einem Schlüsselbegriff der Unterrichtsstunde.
- Die Beantwortung der Zielfrage oder die Verifizierung von Hypothesen wird nicht einheitlich vorgegeben, sondern jede/r Schüler/in bekommt Gelegenheit, sich differenziert auf die „Suche nach eigenem Glauben" (Friedrich Schweitzer) zu machen und seine/ihre Perspektiven in dialogischer Auseinandersetzung mit biblischer Tradition zu verknüpfen und vor der Lerngruppe zu vertreten. Ergibt sich ein gemeinsamer Konsens, so wird er an der Tafel festgehalten, aber auch kontroverse Aspekte werden gesichert als Grundlage für einen weiteren Arbeitsprozess.

Eine solch selbstständige kreative Heftarbeit motiviert die Schüler/innen immer wieder aufs Neue, sich mit ihren – oft ästhetisch ansprechend gestalteten – Hefteinträgen zu befassen und ihre Lern- und Arbeitsfortschritte im diskursiven Austausch mit den Mitschüler/inne/n zu vergleichen.
Um möglichst sinnenorientiert und methodisch variationsreich zu arbeiten, bieten sich nicht nur schriftliche Einträge an, sondern auch im Sinne einer Heftwerkstatt bildnerische Ausdrucksweisen, Darstellungen mit gerissenen Farbpapieren oder Stempeldruck, Verwenden von Schmuckmaterialien wie Federn, Filz, Krepppapier, Goldfolie u. s. w., die taktile Eindrücke vermitteln.

Ein Inhaltsverzeichnis, das auf die erste Heftseite geklebt wird *(vgl. Abb. 8)*, gibt der Lehrkraft, den Schüler/inne/n und Eltern einen Überblick über die behandelten Themen des Religionsunterrichts sowie über die Vollständigkeit der Hefteinträge.

---

42 Hans Schmid, 52.

Datum

Die Heftführung

1. Die Heftführung muss im Unterricht vorgeführt und geübt werden!

- Das Religionsheft durch eine spezielle oder farbige Umschlagsgestaltung kennzeichnen.
- Evtl. Rand auf der Heftseite mit Lineal ziehen lassen.
- Nur mit Bleistift oder Füller schreiben.
- Nur mit Farbholzstiften oder Wachsmalkreiden malen.
- Über den Hefteintrag das Datum schreiben.
- Überschrift mit Lineal und Farbstift unterstreichen.
- Nach der Überschrift eine Zeile auslassen.
- Strukturierungshilfen verwenden: unterstreichen, farbig nachspuren, in Absätze gliedern ...
- AB passend zurechtschneiden und sauber einkleben lassen.
- Evtl. ein Inhaltverzeichnis anlegen lassen (*s. Vorlage*).

2. Die Heftführung muss regelmäßig überprüft und kommentiert werden.

- Schlampige und fehlerhafte Einträge noch einmal schreiben lassen.
- Schriftliche Korrekturen individuell durch mündliche Erläuterungen ergänzen.
- Falsche Wörter durchstreichen und richtig schreiben.
- Klare und verständliche Beurteilungen schreiben.
- In einigen Abständen Heftnoten auf den **Inhalt** geben und kurz begründen.
- Mit Stempelabdruck, Sternchen, Aufkleber belobigen.

Abb. 8

INHALTSVERZEICHNIS

Nr.	Datum	Thema der Stunde	Bemerkungen (Eintrag fertig stellen ✎, Eintrag ist ☺ 😐 ☹ gelungen, lernen 👓, Hausaufgabe 💻)

Die Bewertung von Hefteinträgen

In der Regel erwarten Schüler/innen eine aufmerksame Wahrnehmung ihrer Leistungen, die sie bestärkt, weiterzumachen oder darauf hinweist, eventuelle Schwächen oder Mängel zu verbessern. Eine regelmäßige Kontrolle der Hefte ist dabei wichtig – nicht nur am Ende eines Eintrages, sondern auch durch Einsammeln der Hefte nach einem längeren Zeitraum, evtl. in den Ferien. Das schnelle Kontrollieren in der Unterrichtsstunde lässt beispielsweise Rechtschreibefehler aufdecken, die entweder durch die Lehrkraft mit Bleistift oder gleich selbst vom Schüler/von der Schülerin korrigiert werden. Darüber hinaus kann Hilfestellung für eine komplexere Zeichnung oder kreatives Schreiben gegeben werden, ohne dass jedoch die Eigenaktivität des Schülers/der Schülerin eingeschränkt wird.

Bei der Benotung von Hefteinträgen dürfen formale Kriterien, wie schöne Schrift, ästhetische Gestaltung einer bildnerischen Darstellung, Ziehen von Randleisten, ordentlich behandeltes Heft, Umschlagsgestaltung, Reihenfolge bzw. Vollständigkeit der Einträge nicht bewertet werden, da sie nur Auskunft über das Lern- und Arbeitsverhalten der Schüler/innen geben. Für die Religionsnote relevant sind dagegen inhaltliche Kriterien, wie sachliche Richtigkeit der Beantwortung von Arbeitsaufträgen, Schreiben eigener Texte, Beschriften von Sprechblasen, Zuordnung von Bild und Text u. s. w., welche die fachspezifische Kompetenzen der Schüler/innen widerspiegeln *(vgl. Abb. 9).*

Um dem Schüler/der Schülerin eine konkrete Rückmeldung für eine geleistete Arbeit zu geben, sollte der Eintrag nicht nur mit belanglosen Bemerkungen, wie „Schön!", „Weiter so!" oder „Schau genau zur Tafel"!, kommentiert werden, sondern mit Aussagen, die hilfreich sind und bestärkend bzw. fördernd wirken. Dabei ist die Bemerkung altersstufengerecht zu verfassen, dass sie auch verständlich wird *(vgl. Abb. 10).* Schüler/innen einer ersten Jahrgangsstufe freuen sich auch über Stempel, die ihre Leistung honorieren, und verstehen auch Erklärungen, was sie verbessern müssen, um einen solchen Stempelabdruck zu erhalten.

In dem Korrekturbogen für Schüler/innen höherer Jahrgänge *(vgl. Abb. 11)* sind Bewertungskriterien zur Heftführung aufgelistet, die sie ihre eigenen Stärken und Schwächen reflektieren lassen. Eine Verbesserung bzw. Überarbeitung geht dann nicht von der Rückmeldung durch die Lehrkraft aus, sondern von der selbstständigen Beurteilung durch die Schüler/innen. Das Korrekturblatt lässt sich am Ende eines Lehrplanthemas auf eine Heftseite kleben und kann dann von der Lehrkraft entsprechend schriftlich kommentiert werden.

Regeln für die Gestaltung meiner Hefteinträge

1. Ich schreibe die Überschrift mit Füller, Holzbuntstift oder Fineleiner und unterstreiche sie mit einem Lineal.

2. Dann schreibe ich mit Füller weiter.

3. Ich zeichne und male nur mit Holzbuntstiften.

4. Ich klebe ein Arbeitsblatt ordentlich ins Heft.

5. Wenn ich mit einem Bild oder dem Eintrag nicht fertig geworden bin, dann beende ich meine Arbeit zu Hause.

6. Wenn mir ein Eintrag fehlt (zum Beispiel, weil ich krank war), hole ich ihn nach:

   - Ich leihe mir ein Heft von einem anderen Schüler oder einer anderen Schülerin aus.

   - Fehlt mir ein Arbeitsblatt, lasse ich mir eine Kopie geben.

Abb. 9

Religionshefte geben Aufschluss über:[43]

Lern- und Arbeitsverhalten der Schüler/innen	Fachspezifische Kompetenzen der Schüler/innen
Vollständigkeit aller Einträge	*Beantworten von Arbeitsfragen*
Sauberkeit von Schrift und Gestaltung	*Ausführen von Arbeitsaufträgen*
Ästhetik der Gestaltung z. B. • *Ziehen von Randleisten* • *Unterstreichen mit Lineal* • *Ausmalen von Bildern* • *Verzieren mit graphischen Elementen* • *…*	*Schreiben kreativer Texte z. B.* • *Formulieren einer Überschrift* • *Beschriften von Sprechblasen* • *Verfassen von Reizwortgeschichten, Elfchen …* • *…*
Ordnung der Einträge	*Kommentieren eigener Zeichnungen*
Pflegliche Behandlung des Hefts/Umschlaggestaltung	*Deutung der elementaren Wahrheit*
…	*Reflexion des eigenen Lernfortschritts*
	…

43 Vgl. Lernen und Leisten im Religionsunterricht der Grundschule. Fördern – begleiten – bewerten, RPZ Heilsbronn und RPZ In Bayern (Hg.), Heilsbronn/München 2009, 75.

Abb. 10

Übungsaufgabe zum Thema „Heftarbeit“[44]

Ergänzen Sie die Aufgabenbeispiele zu einer selbsttätigen kreativen Textarbeit!

- Schreibe eine Überschrift!
- Male ein Bild. Begründe, warum du diese Farben verwendet hast.
- Bilde einen eigenen Vergleich: Gott ist für mich wie ...
- Schreibe einen eigenen Psalmvers.
- Führe die Satzanfänge weiter.
- Schreibe zu drei Begriffen eine Geschichte (Reizwortgeschichte).
- Suche Informationen aus dem Internet (Seite angeben!) und fasse zusammen.
- Unterstreiche Schlüsselworte und schreibe dann einen eigenen Text.
- Stelle Fragen zum Text.

Ergänzen Sie die Formulierungshilfen für Bemerkungen unter Hefteinträgen!

- Dein Bild zeigt *sehr ausdrucksvoll* ...
- Du hast Fragen gestellt, die das Problem *genau* wiedergeben.
- Es wird deutlich, dass du *intensiv* nachgedacht hast.
- Überlege noch einmal, ob ...
- Du hast eine *sehr passende* Überschrift gefunden ...
- Die Geschichte ist nur *flüchtig* wiedergegeben. Unterstreiche noch drei wichtige Worte und schreibe jeweils einen Satz dazu!

44 Vgl. Lernen und Leisten im Religionsunterricht der Grundschule. Fördern – begleiten – bewerten, RPZ Heilsbronn und RPZ In Bayern (Hg.), Heilsbronn/München 2009, 76.

Abb. 11

So arbeite ich in meinem Religionsheft[45]

	Habe ich	Habe ich teilweise	Habe ich nicht
einen Rand			
Datum am Rand			
Überschriften mit Lineal unterstrichen und evtl. farbig			
Rechtschreibung korrekt			
Seiten übersichtlich und lesbar gestaltet			
Arbeitsblätter ordentlich eingeklebt			
Hefteinträge vollständig und lückenlos			
Arbeitsaufträge sorgfältig bearbeitet			
Was mir noch wichtig ist: ______________________			

Kommentar des Lehrers/der Lehrerin:

____

____

____

____

45 Vgl. Roland Schweiger, Ich will wissen, wie ich bin. Möglichkeiten der Rückmeldung – erzieherisches Wirken als Unterrichtsprinzip, in: Schulmagazin 5–10 3/2011, 16.

3.3 Das Lernportfolio

Eine kreative Ergänzung zum Religionsheft bietet das **Lernportfolio**. Bei Portfolios im religionspädagogischen Bereich handelt es sich in der Regel um Arbeitsmappen, die den individuellen Lernprozess sowie die daraus entstandenen Lernprodukte der Schüler/innen widerspiegeln. Dabei stehen im Mittelpunkt der Portfolioarbeit sowohl das Sich-Auseinandersetzen, Hinterfragen und Deuten von religiösen Inhalten sowie die persönliche Meinungs- und Urteilsbildung. Der Prozess zur Erstellung eines Portfolios ermöglicht es den Schüler/inne/n durch individuelle Zugänge, Informationen zu Fragestellungen einzuholen und diese in persönlich bedeutsames und anwendbares Wissen eigenverantwortlich umzusetzen.

Dabei kristallisieren sich **vier Schritte** zur Erstellung eines Lernportfolios heraus:[46]

1. **Fragen stellen und Ziele setzen**
   Zu einem Thema tragen die Schüler/innen ihre Fragen zusammen, woraus dann jede/r seine persönliche Forschungsfrage findet, die er/sie bearbeiten möchte.

2. **Sammeln**
   Alle Informationen, Medien und Materialien (Lexikonartikel, Fotos, Notizen, Videos, Texte, Interviews, Grafiken, Tabellen, Informationen aus dem Internet ...) werden in einem Sammelbehälter zusammengestellt, z. B. in einer Mappe, einem Schuhkarton, einem Korb oder in einer Hängeregistratur.
   Wichtig: Quelle und Datum notieren!

3. **Auswählen, bearbeiten und reflektieren**
   a) Auswahl und Bearbeitung der Dokumente
      Zu jedem Dokument schreiben die Schüler/innen eine kurze Reflexion, z. B.
      - Ich habe dieses Material gewählt, weil ...
      - Es hilft mir bei der Beantwortung meiner Frage, weil ...
      - Mir gefällt das Material, weil ...
      - Jetzt weiß ich, dass ...
      - ...

      Beim Bearbeiten der Inhalte werden nicht die Originale verwendet, sondern die Lernprodukte, die die Schüler/innen selbsttätig er- und bearbeitet haben, z. B. Zusammenfassungen von Artikeln, Aufschreiben und Begründen eigener Gedanken, selbst erstellte Schautafeln, bearbeitete Fotografien und Zeichnungen, sodass der Zugang zum Thema über die individuellen Erfahrungen erfolgt und nachhaltiges Lernen damit gewährleistet ist. Originaldokumente können in einem Anhang gesammelt werden.

   b) Reflexion über das Portfolio im Verlauf des Arbeitsprozesses
      Einzeln oder in kleinen Gruppen werden die Portfolios überprüft und Rückmeldungen gegeben:
      - Was ist gelungen? Das gefällt mir an deiner Arbeit, weil ...
      - Was lässt sich noch verbessern? Daran könntest du noch arbeiten, damit ...
      - So stelle ich mir deine nächsten Schritte vor, um ...

46 Vgl. folgende Ausführungen: Julia Born, Dr. Ilse Brunner, Portfolios im Religionsunterricht, November 2005, 2–7, unter: www.rpi-virtuell.net/index.php?p=home_cms4&id=3901 (Stand 07.07.2011).

c) Abschließende Gestaltung und Brief an den/die Betrachter/in
   An den Anfang des Portfolios wird ein Brief des Schülers/der Schülerin eingeheftet, der Gedanken und Reflexionen zum Lernprodukt enthält, z. B.
   - Das gefällt mir am besten an meinem Portfolio ...
   - Das gefällt mir am wenigsten ...
   - Bei diesen Arbeiten habe ich mir am meisten Mühe gegeben, weil ...
   - Das habe ich jetzt gelernt ...
   - Das sind meine Ziele für die weitere Arbeit ...
   - ...

4. Präsentieren

Das fertige Portfolio kann folgende Elemente enthalten:
- einen Brief an den/die Betrachter/in des Portfolios
- ein Inhaltsverzeichnis
- die Forschungsfrage
- Vorüberlegungen zur Forschungsfrage: Warum interessiert sie mich? Wo werde ich Informationen finden?
- kurze Zusammenfassungen von Texten, bearbeitete Fotos, Abbildungen, Graphiken, Audio- und Videoaufzeichnungen ...
- eine präzise Antwort auf die Forschungsfrage
- Dokumente
- Datum der Bearbeitung und Reflexionen zu allen Dokumenten
- eine Schlussreflexion: Was habe ich vorher gedacht – Was habe ich bei der Forschungsarbeit gelernt? – Wie denke ich jetzt?
- ...

Im Anschluss an die Präsentation münden die erworbenen Einsichten und Erkenntnisse eventuell in weiterführende Fragen, die mit neuen Zielen und Lerninhalten verknüpft werden können.

Die Aufgabe der Lehrkraft[47] besteht in der

- Vorbereitung der Rahmen- und Realisierungsbedingungen wie planerische Vorarbeit, Hilfestellung bei der Beschaffung von Arbeitsmaterial und Arbeitsräumen, Herstellen von Kontakten;
- Beratung bei der Realisierung des individuellen Lernprozesses wie Themenfindung, Formulierung der Schülerfragen an den Lerngegenstand, Hilfestellung beim Arbeitsprozess ...;
- unterstützenden Begleitung bei der abschließenden Auswertung und Präsentation der Arbeitsergebnisse;
- Anleitung einer abschließenden Selbstbewertung wie Reflexion des individuellen Lern- und Erkenntnisprozesses, Unterstützung bei der Deutung der Erkenntnisse, Verbesserungsvorschläge, Moderation beim gedanklichen Austausch der Schüler/innen, Hilfe beim Formulieren von Schlussfolgerungen und zukünftigen Zielvorstellungen.

Übungsaufgabe: Sichten Sie den Lehrplan und suchen Lernbereiche heraus, für die sich Forschungsfragen für die Portfolioarbeit anbieten.

47 *Vgl. Stefan Seitz, Umgang mit unterschiedlichen Lerntypen. Individualisierung durch Förderpläne, Lerntagebuch, Lernportfolio, in: Schulmagazin 5–10 5/2011, 11–13.*

3.4 Das Legebild

Als eine weitere Methode der Ergebnissicherung gilt das Lege- oder Bodenbild. Das Legebild wird in einem Stuhl- oder Sitzkreis als „Mitte" gestaltet. So wird die Aufmerksamkeit der Schüler/innen „konzentriert" und im Gegensatz zum Frontalunterricht das Miteinander der Lerngruppe erfahrbar. Voraussetzung dafür ist allerdings der geordnete Aufbau eines Sitzkreises: Die Anzahl der Schüler/innen entscheidet, ob sie einzeln, paarweise oder in festen Gruppierungen in den Kreis kommen. Ein Ritual wie das Anschlagen einer Triangel, Flüstern des Namens oder bewusstes Anschauen und Wahrnehmen erzeugt eine gesammelte Stimmung in der Klasse, die bewirkt, dass die Schüler/innen sich leise und nicht zu schnell zum Kreis bewegen. Eventuell aufkommende Störungen werden von vornherein unterbunden, wenn lebhafte Schüler/innen zwischen ruhigere Kinder bzw. in der Nähe der Lehrkraft platziert werden. Nach Möglichkeit sollten für die Phase um das Bodenbild herum nicht mehr als 10–15 Minuten eingeplant werden, da viele Schüler/innen die entstandene Dichte und Nähe nicht immer gut aushalten.

Das Bodenbild selbst kann mit vielfältigen Ausdrucksmitteln gestaltet werden, besonders aus dem Bereich der Natur, die das so genannte „Kett"-Material ergänzen. Die Veranschaulichung des Unterrichtsinhaltes geschieht entweder „real" (beispielsweise wird zur Hinführung zum Thema „Erntedank" oder „Schöpfung" ein Apfel mit allen Sinnen erfahren) oder symbolhaft, indem z. B. ein Stück Brot auf die Gemeinschaft mit Jesus und den Gläubigen in der Eucharistie verweist. Ein überreiches Angebot an Materialien wirkt sich auf die Schüler/innen allerdings eher ablenkend und verwirrend aus, gibt Anlass zu Streitigkeiten und lässt die Dauer ihrer gestaltenden Tätigkeit nur schwer eingrenzen. Deshalb sollte für ein überschaubares Repertoire an Legematerialien gesorgt sein, das notfalls abgezählt in kleinen Schachteln oder Körbchen den Schüler/inne/n einzeln oder paarweise ausgehändigt wird.

Jedoch reicht es nicht aus, wenn die Lerngruppe in rein gestalterischer Absicht (z. B. „Du darfst jetzt eine Blume legen!") oder im rein reproduktiven Sinne zu einer Legearbeit angehalten wird (z. B. „Gestalte jeweils einen Vers aus dem Schöpfungspsalm"). Sondern im Anschluss an eine Legearbeit schließt sich zwingend eine mündliche oder noch besser schriftliche Deutung an, die den/die Schüler/in den Inhalt deuten und reflektieren lässt (z. B. „Stelle deinem Nachbarn dein Legebild vor – beantworte seine Fragen"; „Schreibe den Psalmvers weiter"; „Schreibe zu deinem Legebild einen eigenen Psalmvers" oder „Schreibe einen eigenen Psalmvers und gestalte dann ein passendes Bodenbild. Lass deine Mitschüler/innen erzählen, was sie sehen."). Nur so sind eine aktive Aneignung der Unterrichtsinhalte sowie ein Bewusstwerden des erfolgten Lernzuwachses gewährleistet.

Das Lege- oder Bodenbild …

dient der Veranschaulichung

versinnbildlicht das Miteinander

zentriert die Aufmerksamkeit der Schüler/innen

lädt zu einer beziehungsvollen, konzentrierten Lern- und Arbeitsatmosphäre ein

kann mit einer Vielfalt von Materialien gestaltet werden

regt zur Imagination und Identifikation an

macht auf den Symbolcharakter von Gegenständen und Inhalten aufmerksam und weckt Achtsamkeit

führt zur Öffnung in die religiöse Dimension hinein

bietet den Schüler/inne/n kreative Ausdrucksmöglichkeiten

ermöglicht handelndes Lernen mit allen Sinnen

sollte immer Anlass für eigenständige, individuelle Deutungen und Reflexionen sein

Legematerialien

Kastanien, Eicheln, Beeren
Herbstlaub
Muscheln
Steine (runde und spitze, große und kleine)
runde Glassteine in verschiedenen Farben und Formen
Blattformen oder Kreise, ausgeschnitten aus Filzstoffen
Rechenstäbchen
Strohhalme
Perlen
Bauklötze
dünne farbige Chiffontücher
„Kett"-Tücher
geometrische Formen aus Pappe, mit Goldpapier beklebt
Kugeln aus Holz oder Knetmasse, in Stanniolpapier eingewickelt
Federn
Baumscheiben
Teelichte
Holzringe
Rundstäbe
Knotenpuppen aus Taschentüchern
Figuren und Gegenstände aus Holz
Baumwoll- oder Satinbänder
Wollfäden und Seile
Christus-Ikone, Heiligenbild

KAPITEL 4

Umgang mit Störungen im Religionsunterricht

» Rezepte zur Störungsprävention

» Regeln für das Religionszimmer

» Denkzettel

» Das beachten wir bei der Gruppenarbeit

» Fallbeispiele zum Umgang mit Disziplinproblemen

4. Umgang mit Störungen im Religionsunterricht

Disziplinschwierigkeiten sind auch oder gerade im Religionsunterricht keine Seltenheit – in diesem Fach werden vielfältige affektive Methoden angewandt, zudem wird es häufig von Fachlehrkräften erteilt, die im Gegensatz zur Klassenleitung wöchentlich nur ein- bis zweimal kurz in der Klasse präsent sind. So sind die Schüler/innen versucht, die Anforderungen des Religionslehrers/ der Religionslehrerin nicht in gleichem Maße zu akzeptieren wie die der Klassenlehrkraft. Berufsanfänger/innen sind darüber hinaus in der schwierigen Situation, dass sie eine Klasse neu übernehmen, aufgrund ihrer Ausbildungssituation oft fehlen müssen und eventuell auch nur im Beisein einer Betreuungs- oder Praktikumslehrkraft unterrichten dürfen.

In diesem Kapitel geht es nicht darum, mögliche erzieherische Sanktionen für das Fehlverhalten von Schüler/inne/n aufzuführen, sondern um das Vorstellen von Ritualen und präventiven Maßnahmen, die helfen sollen, disziplinären Eskalationen vorzubeugen. Dabei ist zu beachten, dass Ordnungsformen erst eingeführt und dann immer wieder durchgeführt werden müssen. Als Grundlage dafür dienen visualisierte Regeln – sie sind zumeist fester Bestandteil eines jeden Klassenzimmers, allerdings nicht im Religionszimmer. So ist ein Beispiel über „Regeln im Religionszimmer“ angefügt, die natürlich individuell ergänzt bzw. verändert werden können – je nachdem, welche Verhaltensweisen der Schüler/innen im Unterricht unverzichtbar erscheinen. Für ältere Schüler/innen ist ein „Denkzettel“ als Selbstbeobachtungsbogen konzipiert, der zur Reflexion des eigenen Sozial- und Lernverhaltens anregen soll. Probleme bereitet auch die Sozialform der Gruppenarbeit, die gerade von angehenden Religionslehrer/innen/n aufgrund der hohen Störanfälligkeit gemieden wird. Klassen, in denen vorzugsweise frontal unterrichtet wird, fällt es schwer, sich auf entdeckendes, dialogisches Lernen umzustellen; aber mit Hilfe von entsprechenden Regeln, die zuvor besprochen und immer wieder eingeübt werden, ist es auf Dauer möglich, themengleich oder thementeilig zu arbeiten bzw. zu lernen.

Als Beispiele visueller Ordnungshilfen sind fünf Piktogramme beigefügt – ihr Einsatz hat den Vorteil, dass die Lehrkraft durch ihre verbale Zurückhaltung die Ruhe in der Klasse fördert, indem sie die Symbole als stumme Impulse an die Tafel heftet. Das Zeichen für „Stillarbeit“ kann zur besseren Wahrnehmung farbig ausgemalt werden; die Punkte auf den Piktogrammen für den „Sitzkreis“, also den Kreis auf dem (Teppich)boden, den Teppichfliesen oder Sitzkissen sowie für den „Stuhlkreis“ können mit farbigen Klebepunkten optisch gut sichtbar gestaltet werden. Es empfiehlt sich, solche visuellen Ordnungshilfen in Folie einzuschweißen, um sie bei häufigerem Einsatz vor vorzeitigem Verschleiß zu schützen. Um das lästige Suchen nach Klebestreifen oder Magnetknöpfen zu vermeiden, hat es sich als sinnvoll erwiesen, auf der Rückseite Magnetstreifen anzukleben.

Obwohl es grundsätzlich an selbst erlebten Disziplinkonflikten nicht mangelt, sind noch drei Fallbeispiele zu unterrichtlichen Störsituationen aufgeführt, die in Arbeitsgruppen zur Diskussion anregen sollen.

Störungen im Religionsunterricht

Mögliche Ursachen

bei den Schüler/innen/n	bei dem/der Lehrer/in	in der Schule
• inkonsequente Erziehungsmethoden der Eltern • über- oder unterfordernder Unterricht • Hyperaktivität • Müdigkeit (zu langes Fernsehen) • familiäre Situation (z. B. Scheidung oder Konflikte mit den Eltern) • Einstellung (der Eltern) zur Kirche	• Lehrerverhalten unterscheidet sich maßgeblich von der Klassenlehrkraft • mangelndes Durchsetzungsvermögen (z. B. fühlt sich bei Strenge „unchristlich“) • unsicheres und ängstliches Auftreten • inkonsequente und ungerechte Behandlung der Schüler/innen	• große bzw. zusammengesetzte Lerngruppen • zu kleine Klassen- oder Religionszimmer • ungünstiger Stundenplan (Randstunden) • kaum Rückhalt im Kollegium („Bei mir stören die Schüler/innen nie!“) • Stellung des Fachs bzw. der Fachlehrer/innen in der Schule

Daraus resultierende Verhaltensfehler der Schüler/innen[48]

Regelverletzungen	Verletzung der Würde eines anderen
• hineinrufen, ohne sich zu melden • Zuspätkommen und Unterrichtsversäumnisse • lautes Reden in der Stillarbeitsphase • nicht still sitzen können • verweigernde Arbeitshaltung • fehlende Hausaufgaben	• verbale Provokationen • Auslachen und Bloßstellen • körperliche Gewalt • Zerstörung von Gegenständen • Erpressungen • sexuelle Belästigungen und Obszönitäten

Interventionsmöglichkeiten der Lehrer/innen

präventive Maßnahmen	direkte Reaktionen	didaktisch-methodische Maßnahmen
• Klassenregeln und Rituale • Vertrag mit den Schüler/innen/n schließen • Auflockerungsmaßnahmen (z. B. Bewegung) • Verstärkung von positiven Verhaltensweisen • rechtzeitiges Reagieren auf Regelverletzungen • intensive Unterrichtsvorbereitung • eindeutige und bestimmte (Körper-)sprache	• Schüler/innen voneinander wegsetzen • Schüler/in ermahnen – auf sein/ihr Verhalten ansprechen • auf Regeln im (Religions-)Zimmer verweisen • konkrete Konsequenzen äußern • Schüler/innen stärker in das Unterrichtsgeschehen einbeziehen	• Rhythmisierung des Unterrichts durch Methodenwechsel • Rücknahme der Lehrer/innenverbalität zugunsten der Schüler/innenaktivität • subjektbezogener Unterricht, der auf die Interessen der Schüler/innen eingeht

48 *Vgl. Manfred Bönsch, Pädagogik als Balanceakt. Verantwortbare, aber notwendige Interventionen gegen Fehlverhalten, in: Schulmagazin 5 bis 10, 9/2002, 51f.*

Rezepte zur Störungsprävention

Prävention durch breite Aktivierung

Akzent auf Unterrichtsführung bzw. Lernmanagement mit dem Ziel der Klassenaktivierung

- Beteiligung der Schüler/innen an der Erstellung von Regeln

- didaktisch-methodische Gestaltung eines motivierenden, gut rhythmisierten Unterrichts: Eigeninitiativen der Schüler/innen wecken; Stillarbeitsphasen einplanen, in denen die Schüler/innen von sich aus zur Ruhe kommen.

- das Gelernte als sinnvoll und lebensnah erfahren lassen

- innere Differenzierung der Lernmöglichkeiten, um individuelle Lernprozesse zu fördern

- Ausdrucksverhalten: Stimme, Mimik, Gestik und Bewegung im Raum, z. B. nicht zu hastig, nicht zu häufig, nicht zu viel sprechen!

- Frageverhalten: anstelle von engführenden W-Fragen lieber (nonverbale) Impulstechnik

- Lehrersprache überprüfen: Vermeidung von Konjunktivsätzen "Würdest du bitte …" und negierender Sprache „Stör nicht immer!", sondern: „Bitte konzentriere dich, damit …"

- klare Instruktionen bei Still- und Gruppenarbeit sowie breite Kontrollen:
  - Stillarbeit: Stichproben, Austausch der Hefte zur gegenseitigen Korrektur, Hochhalten von Heften
  - Gruppenarbeit: Notizen der Einzelnen über eigene Beiträge

- Nach längerer Einzelarbeit oder LZK zusätzliche Aufgaben oder Materialien bereithalten, z. B. zum Thema etwas malen, ein Buch aus der Klassenbücherei lesen, einem/r langsamen Schüler/in helfen ...
  Hinweis: Bitte nicht Hausaufgaben machen oder inflationär Mandalas ausmalen lassen!

- Positive Kommentare: Schülerbeiträge an die Tafel schreiben; Zeichnungen ausstellen; präzises Lob, das sich auf den geleisteten Sachverhalt bezieht; schriftliche Kommentare unter der Probe oder im Heft

- Positives Verhalten durch Ermutigung verstärken:
  - verbal für eine Verhaltensweise, die sonst nicht geklappt hat
  - visuell durch symbolische Belohnungen

Prävention durch Unterrichts"fluss"

Akzent auf Vermeidung eigener Unterbrechungen des eigentlichen Unterrichts

- Unstrukturierte, zusammenhanglose Sitzordnung vermeiden, die sich beispielsweise aus der Auflösung des Klassenverbands in Lerngruppen für den RU und Ethik ergibt!

- Wartezeiten vermeiden:
  - Herrichten und kurzes Ausprobieren der Geräte, die im Verlauf der Stunde verwendet werden vor dem offiziellen Unterrichtsbeginn
  - Klare Anweisungen zum Stundenbeginn geben, welche Lern- und Arbeitsmaterialien sich auf den Tischen befinden sollen (z. B. Federmäppchen und Religionsheft)

- Eigene Arbeitsmaterialien und Medien übersichtlich auf dem Pult bereitstellen, damit keine Pausen durch Suchen entstehen

- Unterbrechungen durch Austeilen von Arbeitsmaterial geschickt im Unterricht platzieren

- Zügigen, akzentuierten Wechsel von einer Aktivität zur anderen (Stundenbeginn, Signale bei Methodenwechsel ...) durchführen

- Klare, deutliche Arbeitsanweisungen geben und von den Schüler/inne/n wiederholen lassen, damit die Arbeitsphase nicht ständig durch Rückfragen unterbrochen wird.

- Komplexere Arbeitsaufträge verständlich und gut sichtbar auf der Tafel oder auf dem AB formulieren
  Bei Hefteinträgen erst Heft und Stift bereit legen lassen, dann Arbeitsauftrag stellen. Achten Sie darauf, dass kein/e Schüler/in vor Beendigung Ihrer Anweisung anfängt!

- Allgegenwärtige Präsenz in der Klasse zeigen, auch bei individueller Zuwendung zu einzelnen Schüler/innen/n oder Gruppen (Signalisieren: Ich komme gleich.)
  Aktivität der ganzen Klasse muss Vorrang haben vor der Beschäftigung mit Einzelnen oder Gruppen!

- Eigene „Störungen" unterlassen: keine langatmigen Zurechtweisungen, sprunghaftes Lehrerverhalten ... Kleine Störungen lieber nonverbal beenden und die Schüler/innen nicht auf die Störung lenken, sondern auf die Aufgabe: „Schreib jetzt bitte den Satz zu Ende!"

- Bestimmte Handlungen durch Reden nicht in ihrem Stellenwert beeinträchtigen, sondern die Aufmerksamkeit auf das Tun von L zentrieren, z. B. nicht reden beim Anzünden einer Kerze, beim Auflegen einer Folie, beim Anschreiben einer Tafelanschrift ...

- Während einer Stillarbeit selbst nur flüstern! Bleiben Sie ruhig einmal hinter Ihrem Pult sitzen und trauen Sie Ihren Schüler/inne/n zu, einmal ohne Sie auszukommen!

- Den Unterricht pünktlich mit dem Stundengong abschließen bzw. abgeschlossen haben! Keine wichtigen Unterrichtsinhalte unbedingt noch schnell unterbringen wollen, sondern lieber einen geeigneten Ausklang finden und nächste Unterrichtsstunde neu ansetzen!

Prävention durch klare Regeln

Akzent auf Erwartungen an das Schülerverhalten, bezogen auf Lernaktivitäten sowie Unterlassung von Störungen

- Einführung von Regeln:
  - So wenig wie möglich, damit die Zahl der vereinbarten Regeln überschaubar ist.
  - So einsichtig wie möglich, damit die Schüler/innen sie als notwendig akzeptieren.
  - So positiv wie möglich: eher Gebote als Verbote aussprechen, d. h. nicht sagen, wie man sich nicht verhalten, sondern wie man sich stattdessen verhalten soll.

- Folgende Sachverhalte sind beispielsweise zu regeln:

  Gesprächsregeln:
  - Sich immer wieder stürmisch meldende Schüler/innen nicht mehr aufrufen, sondern vorher abwinken oder konsequent ignorieren!
  - Nur eine/r spricht! Schüler/innen haben zu akzeptieren, dass im Rahmen eines Gesprächs ausnahmslos nur eine/r das Sagen hat!
  - Nach Hefteintrag nicht hineinrufen lassen „Ich bin fertig", sondern Stift auf den Tisch legen und Arme verschränken lassen.

- Regeln mit dem/r Klassenlehrer/in absprechen, damit die Schüler/innen merken, dass Sie alle an einem Strang ziehen und nicht unnötig verwirrt werden, z. B.
  - Wie gestalte ich einen Hefteintrag?
  - Wie wird der Stuhlkreis aufgebaut?
  - Was darf auf dem Schülertisch liegen?
  - Dürfen die Schüler/innen während des Unterrichts (zu zweit) auf die Toilette gehen?

- Schüler/innen sollen bei der Einführung von Regeln so weit wie möglich beteiligt werden. In höheren Klassen kann ein Selbstbeobachtungsbogen zur Eigenkontrolle ausgefüllt werden.

- Die Regeln sollen frühzeitig in den ersten Tagen und Wochen eingeführt werden.

- Machen Sie die Konsequenzen transparent und achten Sie rechtzeitig auf das Einhalten der Regeln! Grenzüberschreitung muss Folgen haben! Eventuell auf Klassenregeln (Plakat im Klassenzimmer) verweisen!

- Konzentrieren Sie sich nicht auf das Stillsein der Schüler/innen, sondern auf die eigentlichen Lernaktivitäten: präzise Erläuterung der Aufgaben, Nachbesserungen verlangen, prompte Rückmeldungen, aktivierende Unterrichtsstrategien ...

Prävention durch Präsenz- und Stoppsignale

Akzent auf Überwachung des Schülerverhaltens bzgl. der Einhaltung von Regeln

- Überlappung von zwei Tätigkeiten: Das verbale Unterrichten bleibt die Haupttätigkeit, die nonverbale Beeinflussung läuft nebenher.

- Nonverbale Signale senden: Im Klassenraum so stehen, dass man alles gut überblicken kann; sich gelegentlich im Raum bewegen; beim Schreiben an der Tafel zwischendurch zur Klasse blicken oder sich seitlich zur Tafel stellen; während eines Gesprächs mit Einzelnen auch den Blick auf die übrige Klasse richten; nicht in die Unruhe hineinsprechen, sondern zuvor die Klasse „sammeln" und einen Moment der Ruhe und Konzentration herstellen.

- Rituale einführen, damit man mit wenig Aufwand Anweisungen geben kann:

  - **visueller** Impuls, z. B. gelbe und rote Karte, Piktogramm für „Stillarbeit", „Stuhlkreis" oder „Sitzkreis" u. s. w.

  - **akustisches** Signal, z. B. Küchenwecker bei Stillarbeit oder Triangel bzw. Klangschale. Schlagen Sie diese ein- bis zweimal in der Stunde an. Alle halten inne, bis die Schale ausgeklungen ist. Es entsteht ein „Klang der Stille". Dann erst geht es weiter.
    Hinweis: Sorgen Sie mit dem Anschlagen nicht für „Ruhe", dies wäre zu schade. Diese Übung soll nicht disziplinieren, sondern einladen zum Innehalten.

  - **psychomotorischer** Impuls, z. B. gesammelte Haltung der Schüler/innen bei Unterrichtsbeginn oder beim Übergang zum nächsten Unterrichtsschritt: gerade sitzen, Füße auf dem Boden, Arme verschränken, L anschauen lassen ...

- verbale Signale:
  Zwei Elemente des Begrenzens und der positiven Bekräftigung:
  - kurze Bitte im Moment der Störung: „Bitte schaut alle zu mir!"
  - positive Reaktion sofort nach der Aufhebung der Störung: „Prima, jetzt können wir weiterarbeiten" oder ein freundliches Nicken ... Durch die positive Bekräftigung soll das gewünschte Verhalten gefördert, statt lediglich das unerwünschte gehemmt werden.

Auszug aus: Hans-Peter Nolting, Störungen in der Schulklasse (2002) © Beltz Verlag, Weinheim/Basel 2002, 23–73.

Und vor allem: Verständnis und Bemühen um das Kennen lernen der Persönlichkeit der Schüler/innen, um individuelles Eingehen zu ermöglichen!

Achtung: Diese „Rezepte" allein garantieren kein Gelingen eines störungsfreien Unterrichts !

Rezepte zur Störungsprävention

Überlegen Sie mit Ihrem Arbeitspartner/Ihrer Arbeitspartnerin, welche präventiven Maßnahmen für einen reibungslosen Ablauf des Unterrichts hilfreich sind:

vor dem Unterrichtsbeginn:

---

den Unterricht beginnen:

Gesprächsregeln im Frontalunterricht:

Regeln für die Einzelarbeit:

Regeln für die Gruppenarbeit:

---

einen Stuhlkreis bilden:

---

für den Umgang mit Unterrichtsstörungen in der gesamten Lerngruppe:

---

für den Umgang mit Unterrichtsstörungen mit einzelnen Schüler/innen/n:

---

den Unterricht abschließen:

Regeln für das Religionszimmer

Ich melde mich.

Ich höre zu, wenn jemand spricht.

Ich lasse den anderen ausreden.

Ich spreche in ganzen Sätzen.

Ich lache niemanden aus.

Ich laufe nicht umher.

Ich störe niemanden beim Lernen.

Ich ____ .

DENKZETTEL

Name: ____

Ich denke über mich nach!   Tag: ______________   Fach: Religion

So oft habe ich mich gemeldet: ____________________________

Ich habe mich an die Gesprächsregeln gehalten:

Ja ☐   Nein ☐   Meistens ☐

Ich habe andere beim Lernen gestört:

Nein ☐   Ja ☐ ____

____

Mich hat geärgert, dass ___________________________________

____

Mich hat gefreut, dass ____________________________________

____

Das war mir heute im Religionsunterricht wichtig: _______________

____

Das möchte ich in der nächsten Religionsstunde schaffen:

____

____

Unterschrift: ____________________   ____________________

Schüler/in   **Lehrer/in**

Das beachten wir bei der Gruppenarbeit:

Wir bestimmen

- einen Gruppensprecher
- einen Gruppenschreiber
- jemanden, der auf die Zeit achtet
- jemanden, der ______________________________

Wir lesen den Arbeitsauftrag genau durch!

Wir überlegen uns **im Flüsterton**, was zu tun ist.

Wir bearbeiten die Aufgabe.

Wir gehen ordentlich mit dem Material um.

Wir überlegen uns, wie wir unser Ergebnis vorstellen.

Wir stellen unser Ergebnis der Klasse vor.

Stuhlkreis

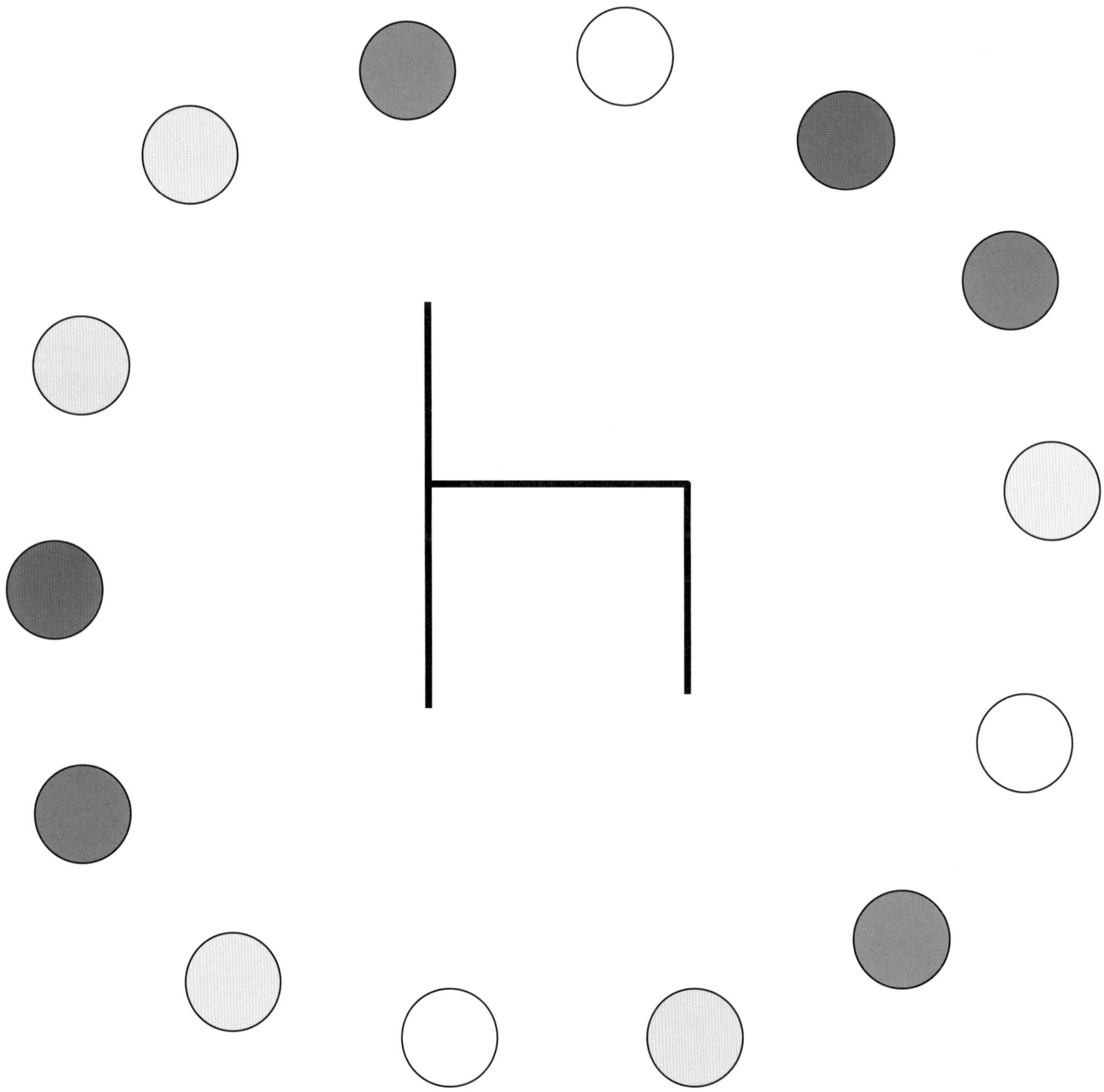

Sitzkreis

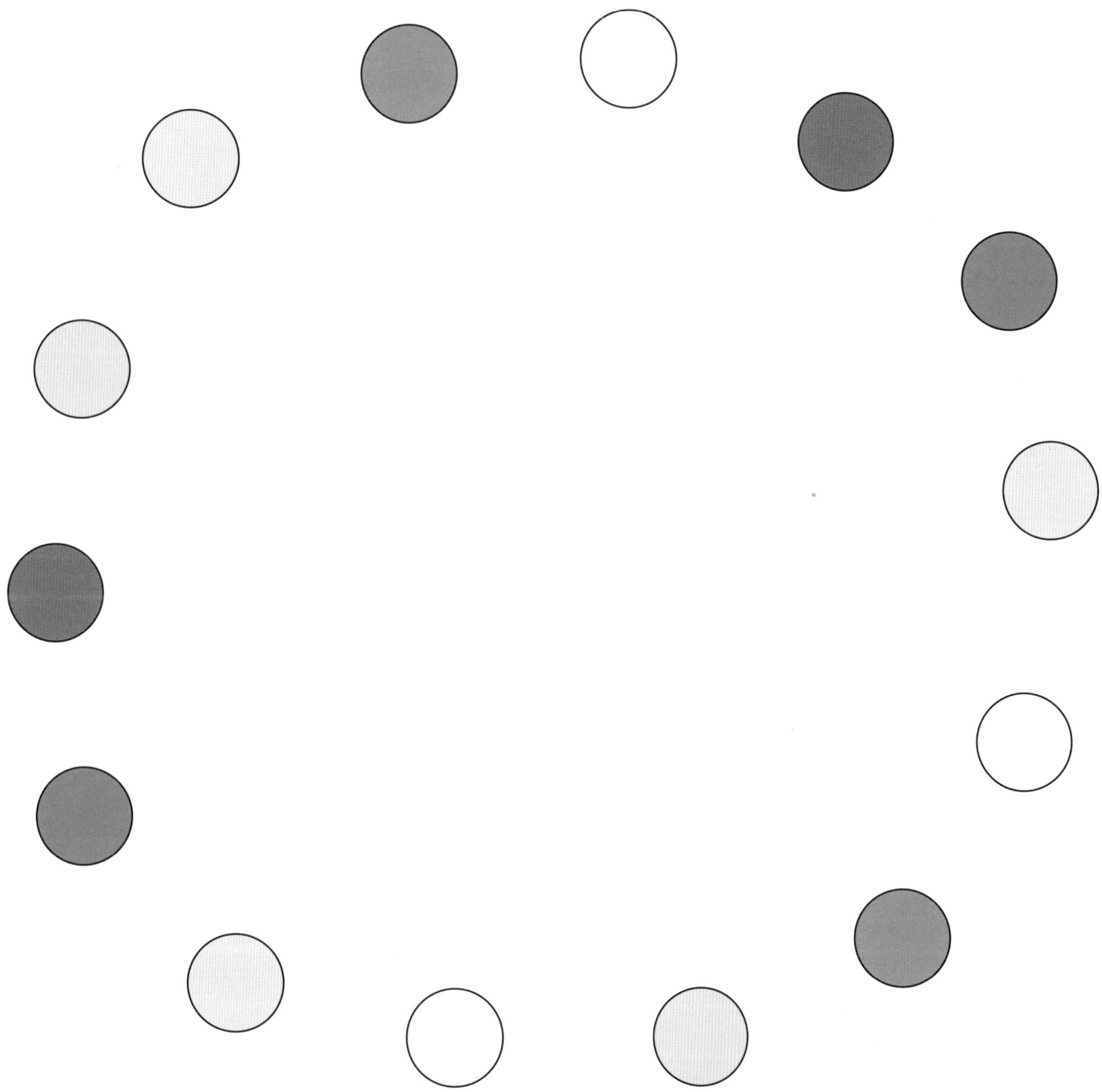

Stillarbeit

Schere, Kleber

Stifte

Fallbeispiele zum Umgang mit Disziplinproblemen

1) Der Stuhlkreis in einer 6. Klasse ist so angeordnet, dass jeweils die Jungen und die Mädchen in einem Block zusammensitzen. Während des Unterrichtsgesprächs stört sowohl die Jungengruppe als auch die Mädchengruppe, indem die Schüler/innen untereinander schwätzen, lachen, sich gegenseitig ärgern. Auf Ihren Versuch, die Sitzordnung dahingehend zu ändern, dass Jungen und Mädchen gemischt sitzen, erklären die Jungen, sie dächten nicht daran, der Aufforderung nachzukommen, weil sie mit den Mädchen nichts zu tun haben möchten.

2) Im Sitzkreis auf dem Boden sollen die Schüler/innen einer 2. Klasse ein Legebild, das bis dahin aus farbigen Tüchern besteht, weitergestalten. Dazu stehen ihnen Materialien, wie Muscheln, Blätter, Kugeln und Kastanien in großen Körben zur Verfügung. Die Schüler/innen stürzen sich nach Ihrem Arbeitsauftrag darauf und es kommt zu Kämpfen. Nachdem Sie wieder mühsam einigermaßen Ordnung hergestellt haben, lassen sich die Schüler/innen nicht dazu überreden, die Legephase nach 10 Minuten abzuschließen.

3) Es ist die 6. Stunde. In einer 4. Klasse stören von 20 Schüler/innen ca. 15 Kinder auf diffuse Weise. Es wird getuschelt, gelacht, blitzschnell zugeschlagen, mit dem Stuhl geschaukelt. Wenn Sie eine Gruppe ermahnt haben, fängt die nächste an. Erinnerungen an aufgestellte Regeln halten höchstens eine Minute vor. Weil Sie gar nicht so schnell durchschauen, wer gerade wieder stört, drohen Sie als Kollektivstrafe eine zusätzliche Hausaufgabe an. Daraufhin bricht ein lautstarker Sturm der Entrüstung aus: Diejenigen, die bisher nicht negativ aufgefallen sind, beschweren sich über die Ungerechtigkeit, die Störer/innen fallen mit ein, um von ihren Störaktionen abzulenken und Sie unter Druck zu setzen.

KAPITEL 5

Bibel im Religionsunterricht

» **Korrelativer Brückenschlag?**

» **Gefahren im Bibelunterricht**

» **Strukturmodell einer biblisch orientierten Religionsstunde**

» **Die Heilung des Taubstummen (nach Mk 7,31–37)**

» **Ausgewählte kreative Grundformen biblischen Lernens**

» **Sachkunde Bibel**

5. Bibel im Religionsunterricht

Zu den grundlegenden Zieldimensionen des Religionsunterrichts gehört es, mit den Schüler/inne/n elementare Zugänge zur lebensdeutenden und befreienden Kraft des Wortes Gottes in den biblischen Überlieferungen zu entdecken[49] und ihre eigenen Erfahrungen mit den in den Bibeltexten zugrunde liegenden (Gottes-)Erfahrungen in einen **Dialog** treten zu lassen. Biblische Erzählungen bergen häufig uns ungewohnte und befremdliche Aspekte, die es zu erschließen und zu deuten gilt. Der kommunikative Lernprozess eines dialogisch geprägten Bibelunterrichts ermöglicht, dass sich die eigene Lebenswelt und die Erzählwelt der Bibel wechselseitig erhellen. So bleibt ein biblischer Text nicht nur im literarischen Bereich des Lesens und distanzierten Kennenlernens stecken, ohne dass der/die Schüler/in erfährt, dass sich das biblische Wort persönlich, in existenzieller Weise an ihn/sie wendet. Elementare Erfahrungen wie Trauer, Freude, Schmerz, Wut, Hoffnung, Angst, bilden dabei die Grundlage, den gemeinsamen Nenner für das korrelative Potenzial zwischen biblischer Botschaft und Lebenswelt der Schüler/innen. Ihnen eröffnet sich durch eine produktive Auseinandersetzung die Chance, neue Deutungsmöglichkeiten für ihr Leben zu gewinnen, was ihrem Verlangen nach Identitätsentwicklung sowie Orientierung für ihr Weltverständnis Rechnung tragen würde.

Als religionsdidaktischer Ansatz für diesen doppelpoligen Lernprozess bietet sich das Modell der **Elementarisierung** an *(s. Kapitel 1)*. Didaktische Elementarisierung lässt Religionsunterricht so gestalten, dass eine Interaktion zwischen Inhalt und Adressat geschehen kann. Damit diese dialogische Auseinandersetzung exegetisch fundiert durchgeführt wird, ist zunächst die fachwissenschaftliche Erschließung des Textes vorzunehmen, also die Arbeit mit wissenschaftlichen Kommentaren, um dem theologischen Gehalt der biblischen Worte in vollem Umfang gerecht zu werden. Zugleich ist aber auch der Blick auf die lebensweltlichen Zusammenhänge bei den Schüler/inne/n zu lenken sowie auf ihre entwicklungspsychologischen Voraussetzungen, da Kinder und Jugendliche nur das „einleuchtend, überzeugend, nachdenkenswert [finden], was im Horizont ihrer eigenen Erfahrungs- und Lebenswelt Sinn macht."[50]

Diesen „korrelativen Brückenschlag"[51] zwischen biblischer Botschaft und heutiger Lebenswelt leistet eine erfahrungsorientierte, existentielle Bibeldidaktik im Sinne einer Identifikation. Durch das Anbahnen von Identifikationsprozessen ist die Chance gegeben, dass Schüler/innen einen Zugang finden zu den Lebensumständen der biblischen Person. Damit erscheint ihnen eine biblische Erzählung mit der jeweiligen Situation nicht nur gegenübergestellt, sondern sie werden mit ihren eigenen Erfahrungen und Erlebnissen mit hinein genommen und fühlen sich von analogen Umständen und Befindlichkeiten der Identifikationsfigur selbst existentiell betroffen. Ein Negativbeispiel, wie der „korrelative Brückenschlag" sicherlich nicht vollzogen wird, zeigt das entsprechende Stundenmodell zum Thema „Jesus heilt den Taubstummen" (Mt 7,31–27), das gängige Unterrichtsprozesse hinterfragen lässt *(s. S. 112f)*. Anschließend werden die „Gefahren" eines Bibelunterrichts, die in einem solchen Stundenaufbau lauern, noch einmal zusammengefasst und damit bewusst gemacht. Das „Strukturmodell einer biblisch orientierten Religionsstunde"[52] zeigt schematisch die Verlaufsplanung einer Unterrichtseinheit, in der sich kognitive und affektiv-symboldidaktische Elemente korrelativ ergänzen sowie erschließen und damit bei den Schüler/inne/n einen Identifikationsprozess initiieren sollen. Beispielhaft präzisiert wird dieses Verfahren in der Unterrichtsstunde für eine 2. Jahrgangsstufe „Die Heilung des Taubstummen" (nach Mk 7,31–37). Es wird ausdrücklich dar-

49 *Vgl. Grundlagenplan für den katholischen Religionsunterricht in der Grundschule, Zentralstelle Bildung der deutschen Bischofskonferenz (Hg.), 1998, 32.*
50 *Johannes Woyke, Elementarisierung als Kern der Unterrichtsvorbereitung. Hinweise für den evangelischen Religionsunterricht, unter: www.fb1.uni-siegen.de/evantheo/mitarbeiter/woyke/downloads/tagespraktikum/tagespraktikum.html?lang=de (Stand: 27.10.2010).*
51 *K. Bürgermeister, H.-P. Eggerl, T. Glück, R. Lentner, Mittendrin statt nur dabei. Identifikation im Bibelunterricht, in: PRISMA RU. Impulse für den Religionsunterricht, Passau 2005, 18.*
52 *Vgl. a. a. O., 17–25.*

auf hingewiesen, dass der Begriff „taubstumm“ nur im biblischen Kontext verwandt wird; die korrekte Bezeichnung im Alltag lautet „gehörlos“. Der für 2 – 3 Stunden angelegten Unterrichtseinheit vorangestellt sind zunächst pragmatische Fragen, die sich ein/e Lehrer/in bei der Planung dieses Themas stellen könnte. Im Anschluss daran folgt als mögliche Antworthilfe sowie als Grundlage für die didaktisch-methodische Entwicklung das Elementarisierungsmodell mit seinen thematisch ausgearbeiteten vier Dimensionen.

Die ausgewählten Grundformen biblischen Lernens stellen methodische Varianten vor, wie die Schüler/innen die biblische Botschaft für ihr Leben bedeutsam werden lassen und eigene Zugänge zum befreienden Handeln Jesu finden können. Die didaktisch-methodischen Hinweise zur biblischen Sachkunde sind als Impulse für die Aneignung biblischen Sachwissens gedacht.

Korrelativer Brückenschlag?[53]

Stundenthema: Jesus heilt den Taubstummen (Mk 7,31-37)
Lernbereich 1/2 6: Die Zuwendung Jesu zu den Menschen – die Botschaft vom Reich Gottes[54]
Kompetenzerwartungen: Die Schüler/innen
- erschließen biblische Geschichten der Zuwendung Jesu zu den Menschen und bringen in unterschiedlichen Darstellungsformen zum Ausdruck, wie Menschen das Handeln Jesu erleben.
- verbinden das Handeln Jesu mit seiner Botschaft vom Reich Gottes.

Lernschritte	Lerninhalte	Be"denken"
Einstieg	*Konfrontation* mit dem Fotoausschnitt eines Menschen, der seine Hand ans Ohr hält *L-Info*: Der Mensch möchte hören, aber er kann es nicht. Er ist taub. *Impuls*: Halte dir die Ohren zu und denke darüber nach, was der Mensch alles nicht hören kann. *Impuls*: Er kann auch nichts reden. Er ist stumm. Du kannst dir denken, wie der Mensch sich fühlt: ausgeschlossen, **traurig**, einsam ...	*a) Schülergemäßer Zugang?* *Schüler/innen fassen Hörübung als* ***Spiel*** *auf, erkennen aber nicht die* ***existentielle Notsituation****.*
Hinführung	*Impuls*: Wenn du an dein Leben denkst, fällt dir sicher auch ein, wann du **traurig** warst. Erzähle! Lisa erzählt von ihrem sterbenden Kaninchen. *L.*: Ich erzähle euch jetzt von einem Mann, der auch **traurig** war und sich einsam fühlte. Die Geschichte steht in der Bibel.	*b) Grunderfahrungen „traurig sein" und „hoffen" können als Verbindung angesehen werden, aber: Schüler/inerfahrung* ***additiv*** *zur Erfahrung des Menschen auf dem Foto – Bibelerfahrung* ***additiv*** *zur Schüler/inerfahrung*
Erschließung	*LE* der Perikope Anschließend: Sicherung und Deutung	*c) Mangelnde* ***Übertragbarkeit biblischer Gehalte****:* *Perikope endet gut – aber was ist, wenn Lisas Kaninchen stirbt?*
Vertiefung	*Impuls*: Lass Jesus zu dir sprechen und etwas sagen, damit du nicht mehr **traurig** bist und auch hoffen kannst.	*Verkümmert dann die Perikope nicht einfach zu einem möglicherweise* ***historischen Ereignis****, das mit uns heutigen Menschen nichts mehr zu tun hat?*

53 *Vgl. a. a. O., 17–25.*
54 *LehrplanPLUS. Grundschule. Der LehrplanPLUS befindet sich noch in der Überarbeitungsphase und wird voraussichtlich 2014 in Kraft treten. Hrsg. Bayerisches Staatsministerium für Unterricht und Kultus.*

Lernschritte	Lerninhalte	Be"denken"
Transfer	*Impuls*: So wie Jesus das Elend des Menschen sieht, sollen auch wir handeln. Dir fallen bestimmt auch Situationen in deinem Leben ein, in denen du nicht vorbeigehen darfst, sondern helfen solltest.	*d) unangemessener **Perspektivwechsel**: vom Hilfsbedürftigen zum Helfenden* *e) Gefahr unechter **Religionsstunden-Ich-Antworten***
Ausdrucks- und Gestaltungsphase	*Arbeitsauftrag*: Du darfst jetzt malen, was der ehemals taubstumme Mann alles hören kann oder schreiben, was er sagen kann. Präsentation der Ergebnisse	*f) Verkürzung der **theologischen Aussage**: Es geht nicht nur um die körperliche Heilung, sondern um vielschichtigere Aspekte (z. B. Jesu befreiende Botschaft vom Reich Gottes, die auch den/die Schüler/in existentiell betrifft).*

Gefahren im Bibelunterricht[55]

1. Addition statt Identifikation

Schülererfahrung additiv zur Bibelerfahrung – Bibelerfahrung additiv zur Schülererfahrung: „Das hast du bestimmt auch schon mal erlebt?!"

2. Korrelationsproblem: Mangelnde Übertragung biblischer Gehalte

Die biblische Geschichte geht dank Jesu Hilfe gut aus – wie ist es in der Lebenswelt der Schüler/innen? „Welche Hoffnung gibt uns die Geschichte für unsere Ängste?"

3. Gefahr unangemessener Moralisierung

„Dir fallen bestimmt auch Möglichkeiten ein, wie du helfen kannst!"

4. Gefahr unechter Religionsstunden-Ich-Antworten

„Ich helfe meiner Mutter beim Abspülen." (Spülmaschine vorhanden)
„Ich helfe dem Blinden über die Straße."

5. Gefahr der Überlagerung der Bibelbotschaft durch aktuelle Betroffenheit

„Gestern habe ich in RTL gesehen, wie ein blinder Mann auf die U-Bahn-Gleise gestürzt ist und überfahren wurde. Das war viel schlimmer."

---

55 *Vgl. a. a. O., 17–25.*

Strukturmodell einer biblisch orientierten Religionsstunde[56]

Artikulation – Phase im Identifikationsprozess	Inhalte – Sachaspekte – Lernwege – Medien
Einstieg ***"Außensicht":*** Darstellung der Situation – der Umstände der Identifikationsfigur	▪ Abbildung einer ausgeprägten Befindlichkeit (z. B. Trauer, Angst, Ausgestoßensein, Geborgenheit ...) ▪ Alltagsworte aus dem Leben der Schüler/innen, die der biblischen Situation entsprechen ▪ Schlüsselworte oder -sätze aus dem biblischen Text ▪ Frage, die im biblischen Text gestellt wird ▪ ...
Hinführung mit Formulierung der Zielangabe – Zielfrage ***Annäherung der Schüler/innen an die Situation:*** Schüler/innen äußern, was sie individuell wahrnehmen ***Explizites Identifizieren*** ▪ ***Situations- und Befindlichkeitsäußerung*** ▪ ***Zukunftsgerichtete Äußerungen:*** „Ich wünsche …", „Ich hoffe …", „Ich befürchte …" u. s. w.	Schüler/innen stellen Bezug zu ihrer Lebenswelt her, indem sie ähnliche Situationen darstellen. Das Unterrichtsgespräch mündet in der Zielangabe oder Zielfrage. ▪ Schüler/innen schreiben Sprech- oder Gedankenblasen und ordnen sie dem Bild zu. ▪ Schüler/innen schreiben einen eigenen Text oder eine Geschichte zu den biblischen Schlüsselsätzen oder -worten. ▪ Schüler/innen versuchen, die zentrale Frage des biblischen Textes vorläufig zu beantworten. ▪ Schüler/innen lassen Stabfiguren sprechen. ▪ Schüler/innen ordnen den entsprechenden Situationen oder Befindlichkeiten Symbole zu (z. B. Stein für Leid). ▪ ...
Erschließung der biblischen Botschaft ***Präsentation des biblischen Textes*** ***Decodierung*** ***Deutung***	 Lehrererzählung: Dabei werden die methodischen Elemente und Medien der vorangegangenen Phasen immer wieder miteinbezogen (z. B. durch perspektivisches Sprechen), sodass der/die Schüler/in merkt: In der Perikope komme ich selber vor – ich bin gemeint! Textarbeit anhand von Arbeitsaufträgen

56 *Vgl. a. a. O., 17–25.*

Artikulation – Phase im Identifikationsprozess	Inhalte – Sachaspekte – Lernwege – Medien
Vertiefung der biblischen Kernaussage ***Positionierung zur Identifikationsfigur durch Annäherung oder Abgrenzung***	▪ (schriftliche) Auseinandersetzung mit der Perikope unter einem anderen Aspekt ▪ Rollenspiel, Standbild, musikalische Gestaltung im Hinblick auf die Identifikationsfigur, z. B. Liedrufe ▪ Satzanfänge, die Zustimmung oder Abgrenzung ausdrücken, weiter schreiben ▪ individuelle Beantwortung der Zielfrage ▪ Überprüfung der vorläufigen Schülerantworten (*s. Hinführung*) ▪ Veränderung im symbolhaften Ausdruck ▪ ...
Ausdrucks- und Gestaltungsphase ***Eindruck braucht (individuellen) Ausdruck und danach den Austausch***	*Angebote zur Auswahl:* ▪ Identifikationsfigur erzählt – singt – tanzt – das Geschehen einer anderen Person (zugleich als nochmalige Sicherung) ▪ Formen kreativen Schreibens (z. B. Tagebucheintrag, Brief, Elfchen, Gedicht, Akrostichon ...) ▪ Formen kreativen Gestaltens mit Farben und Formen (z. B. Bild weiter malen, kolorieren, übermalen, verändern, Collage gestalten, Tonfigur formen ...) ▪ Formen musikalischen Ausdrucks (z. B. Rap schreiben, weitere Liedstrophen dichten, Bewegungen zu Liedzeilen finden ...) ▪ Dankgebet, Psalmwort schreiben ▪ ...
Ausklang ***„Außensicht" im Hinblick auf die Situation der Identifikationsfigur in weitergeführter oder veränderter Form analog zum Einstieg***	▪ Bodenbild mit Kerze sowie Symbolen der Hoffnung und des Vertrauens gestalten ▪ Dankgebete bzw. Psalmworte in Form einer Litanei vortragen ▪ Lied singen mit selbst gefundenen Bewegungen und evtl. neuen Strophen ▪ Meditative Elemente durchführen, z. B. Metaphermeditation, meditativer Schreittanz, Liedrufe singen beim Vortragen eines Textes ... ▪ ...

Die Heilung des Taubstummen (nach Mk 7,31–37)

Fragen, die sich der/die Lehrer/in bei der Planung der Stunde stellen könnte:

Meine Schüler/innen in der 2. Klasse wissen doch gar nicht, wie es ist, **sprach-** und **gehörlos** zu sein?!

Wie ist zu vermeiden, dass die Schüler/innen Jesus als „**Zauberer**“ oder „**Wunderheiler**“ ansehen, der Krankheiten einfach verschwinden lässt?

Was sollen sich Schüler/innen einer 2. Jahrgangsstufe unter dem biblischen Begriff „**Reich Gottes**“ vorstellen?

Welche Bedeutung hat die Heilung des Taubstummen durch **Jesus** für das **Leben meiner Schüler/innen**? Erwarten sie jetzt auch „Wunder“?

Die vier Dimensionen der didaktischen Elementarisierung setzen sich mit diesen Fragen bei der Planung der Unterrichtseinheit auseinander:

Die Heilung des Taubstummen (nach Mk 7,31–37)[57]

Didaktische Elementarisierung

Sache ⟷ **Schüler/innen**

Sache	Schüler/innen
Elementare Strukturen	
▶ Wundergeschichten sind keine historischen Berichte, sondern Verkündigung des gegenwärtig wirksamen Christus. ▶ Erzählschema des Heilungswunders: - Einleitung: Situation, Auftritt der Personen - Exposition: Vorbereitung des Wunders - Hauptteil: Eigentliche Wunderhandlung durch Wort und Tat – Feststellung der Wundertat - Schluss: Wirkung des Wunders auf Zeugen ▶ Der Lobpreis der Menge (V. 37) bietet die theologische Interpretation des Wunders. Jesus erfüllt die alttestamentlichen Verheißungen (vgl. Jes. 35,5f.; Gen 1,31): In Jesus macht Gott alles neu. Gott führt seine Schöpfung zum Heil.	▶ Die personale Beziehung zu Jesus steht im Vordergrund: „Sei geöffnet!" ist eine Anrede an den bislang zum Hören unfähigen Menschen, nicht an dessen kranken Organe. ▶ Wenn Jesus die Ohren des Gehörlosen öffnet, heißt das, dass er das Verständnis, das zum Glauben notwendig ist, schenken kann.
Elementare Erfahrungen	
▶ Menschen in biblischer Zeit sprechen von Krankheitsdämonen, die sie heimsuchen und für ihr soziales Elend verantwortlich sind. Als „taubstumm" wurde ein Mensch bezeichnet, der nur mit Mühe zu reden vermochte oder stumm war. Der Ausfall des Gehörs ließ in Folge die Sprechfähigkeit verkümmern.	▶ Kinder werden sprachlos, wenn - sie erfahren, dass ihnen keiner richtig zuhört; - sie nicht beachtet oder verletzt sind und dadurch ängstlich und mutlos werden. ▶ Kinder hören nicht mehr hin, wenn - sie einer Informationsflut ausgesetzt sind; - sie vorwiegend Kränkungen erfahren. ▶ Kinder öffnen sich gegenüber Menschen, denen sie vertrauen können, die für sie da sind.
Elementare Zugänge	
▶ Durch die Ortsangabe „Dekapolis" (V. 31) gibt der Evangelist Markus den Leser/inne/n die Öffnung der Frohen Botschaft ins heidnische Gebiet deutlich zu verstehen. ▶ In den antiken Heilpraktiken ist die Berührung mit Speichel für die Therapien von Augen und Zunge charakteristisch und damit den Zuhörern vertraut. ▶ „Taub" ist, wer das Wort Gottes nicht hört, und „stumm" ist, wer das Bekenntnis des Glaubens nicht weitersagt.	▶ Schüler/innen im GS-Alter sind generell aufgeweckt, kommunikativ, hilfsbereit, kennen aber Situationen des „Sich-Verschließens". ▶ „Taub" und „stumm" sein soll nicht abschwächend als Symbol verstanden sein („Manchmal bin ich wie taub …"), sondern elementar-existentiell genommen werden. ▶ Biblische Erzählung soll als Begegnungs- und Hoffnungsgeschichte präsentiert werden, mit deren Aussage sich die Schüler/innen identifizieren können.
Elementare Wahrheit	
▶ An Jesu Wirken wird seine Botschaft von der Zuwendung und Liebe Gottes sichtbar und erfahrbar. ▶ Der Taubstumme, dem Ohren und Mund geöffnet werden, stellt den Menschen dar, der Heilung und Hoffnung erfährt und den Glauben empfängt. ▶ Mit Jesus bricht eine neue Schöpfung an für jene, die sich ihm öffnen.	▶ Die Schüler/innen werden sich eigener Situationen des Verschlossenseins und heilsamer Begegnung bewusst. ▶ Wer sich Jesus und dem Reich Gottes öffnet, dessen Leben wird verändert. Jesus bringt leidenden Menschen Heilung und Hoffnung. Er macht uns heil. Er macht alles neu.

57 *Vgl. Joachim Gnilka, Das Evangelium nach Markus, Leipzig 1980, 295–299.*

Stundenthema[58]: **Jesus heilt den Taubstummen (Mk 7,31–37)**

Lernbereich 1/2 6:	Die Zuwendung Jesu zu den Menschen – die Botschaft vom Reich Gottes[59]
Kompetenzerwartungen:	Die Schüler/innen - erschließen biblische Geschichten der Zuwendung Jesu zu den Menschen und bringen in unterschiedlichen Darstellungsformen zum Ausdruck, wie Menschen das Handeln Jesu erleben. - verbinden das Handeln Jesu mit seiner Botschaft vom Reich Gottes.
Kompetenzen:	Die Schüler/innen - nehmen pantomimisch den Zustand innerer Verschlossenheit wahr. - werden auf Situationen aufmerksam, in denen sie sich ihrer Umwelt gegenüber verschlossen haben. - erfahren die Situation des gehörlosen und stummen Mannes nach Mk 7,31f. - erkennen die befreiende Heilung durch Jesu Handeln nach Mk 7,33 ff. - reflektieren Situationen, in denen sie sich ihrer Umwelt gegenüber geöffnet haben. - gestalten kreativ den Zustand des Sich-Öffnens. - stellen Zusammenhänge zwischen Jesu Handeln und seiner Reich-Gottes-Botschaft her. - nehmen Anteil an Jesu befreiender Botschaft vom Reich Gottes.

Lernschritte	Lerninhalte	Methoden	Medien
Einstieg	Konfrontation mit Satzstreifen, die pantomimisch umgesetzt werden: ICH KANN NICHT REDEN. ICH WILL NICHTS HÖREN. ICH VERSTEHE DICH NICHT. ICH BIN GANZ VERSCHLOSSEN. Pantomime, z. B. • Mund zuhalten • Ohren zuhalten • Kopf hinter den Händen verbergen	Sitzkreis Pantomime	Satzkarten
Hinführung	Im UG erzählen Schüler/innen von Situationen, in denen es ihnen ähnlich erging. Nach jedem Wortbeitrag legen sie ein entsprechendes Symbol neben die Satzkarte (z. B. Stein, Reißzwecke …)	UG	Lege-material WK
Zielangabe unter Einbeziehung von Schülerbeiträgen	So ging es einem Mann, der **TAUB** und **STUMM** war. Überlege, welche Gedanken und Fragen dieser taube und stumme Mann haben könnte. Besprich dich mit deinem Nachbarn. Gedanken und Fragen werden gesammelt, vorgetragen und auf Satzkarten geschrieben.	LV Impuls PA UG	Satzkarten (SK)

58 *Vgl. a. a. O., 295–299.*
59 *LehrplanPLUS. Grundschule. Der LehrplanPLUS befindet sich noch in der Überarbeitungsphase und wird voraussichtlich 2014 in Kraft treten. Hrsg. Bayerisches Staatsministerium für Unterricht und Kultus.*

Lernschritte	Lerninhalte	Methoden	Medien
Erschließung I	Erzählen der Perikope: **Dabei werden die WK miteinbezogen:** Der Mann denkt sich … ICH KANN NICHT REDEN. ICH WILL NICHTS HÖREN. ICH VERSTEHE DICH NICHT. ICH BIN GANZ VERSCHLOSSEN. Der Mann wünscht sich von Jesus:	LV Impuls Sch lesen vor PA UG	Mk 7,31ff WK Gedankenblasen
Erschließung II	Erzählen der Perikope **Effata! Öffne dich – Jesus spricht dich an!** Der Mann kann jetzt sprechen. Er sagt (in Analogie zu den WK): WK werden neu formuliert: ICH KANN REDEN. ICH WILL ALLES HÖREN. ICH VERSTEHE DICH. ICH BIN GANZ OFFEN.	Liedruf (F. Kett) mit Bewegungen singen Impuls Sch ergänzen oder drehen WK um	Mk 7,33f WK Mk 7,35 WK WK
Sicherung unter Einbeziehung der Schülerbeiträge	Du hast gehört, dass der Mann jetzt reden und hören kann. Er erinnert sich an seine Gedanken und Fragen.	Impuls UG	Satzkarten
Vertiefung/ Transfer	Suche dir einen Satz aus. Erzähle, wann du sagen könntest: Ich kann reden. Ich möchte alles hören. Ich verstehe dich. Ich bin ganz offen. Schüler/innen erzählen und legen ein entsprechendes Hoffnungssymbol um die Satzkarte, z. B. Sonne, Schmuckstein …	AA UG	Legematerial
Ausdrucks- und Gestaltungsphase	**Angebote materialgeleiteten Lernens in Form einer Lerntheke:** 1. Denkt an die Pantomime zum tauben und stummen Mann. Gestaltet jeweils ein Standbild, wie er sich jetzt im Umgang mit Menschen zeigt: Ich kann mit jemandem reden. Ich höre einem anderen zu. Ich verstehe einen anderen. Ich bin ganz offen für einen Menschen.	Lerntheke in EA, PA oder GA	Medien und Materialien entsprechend der einzelnen Stationen

Lernschritte	Lerninhalte	Methoden	Medien
	2. Spiele auf einem Xylophon das Lied „Effata“ – auch die einzelnen Strophen. Wir öffnen unsere Ohren, unseren Mund, unsere Augen, unsere Hände, unser Herz für Jesus. Finde passende Bewegungen. 3. Stell dir vor, der Mann möchte jetzt mit Jesus reden. Er erzählt ihm … 4. Lies noch einmal die Wünsche, die der taube und stumme Mann hatte. Schreibe ein Dankgebet, das er sagen könnte. 5. Sei ein Künstler und gestalte mit Knetmasse einen Menschen, der sich öffnet.		
Präsentation	Präsentation der Ergebnisse	UG	
Vertiefung (im Hinblick auf den Reich-Gottes-Aspekt)	Der Mann kann jetzt hören. Er hört, wie Menschen von Jesus sagen: Schüler/innen vermuten und schreiben auf „Schriftrollen“, z. B.: Jesus hilft …	Impuls EA UG	
	Präsentation des Bibeltextes 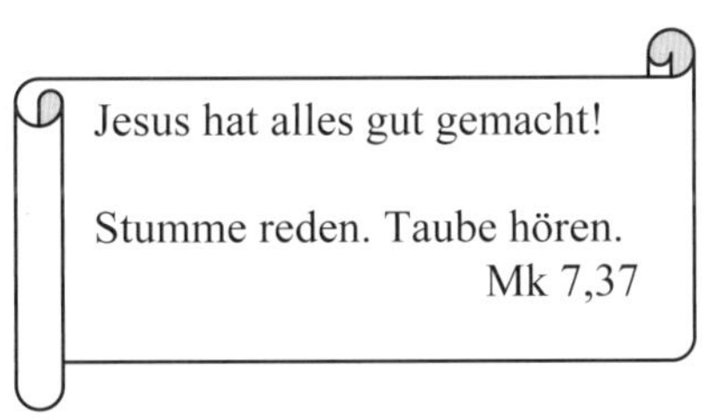 		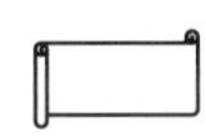 Mk 7,37 WK
	Schüler/innen setzen ihren Satz in Bezug zum Bibeltext.	UG	
Sicherung	Reich – Gottes – Sätze schreiben: Er hat alles gut gemacht. ________________ Male ein Bild dazu.	EA	AB
Präsentation	Präsentation und Besprechung der Ergebnisse	UG	
Abschluss	Das Lied „Ephata – Öffne dich“ wird mit Bewegungen gesungen.		Lied

Geplantes Bodenbild I

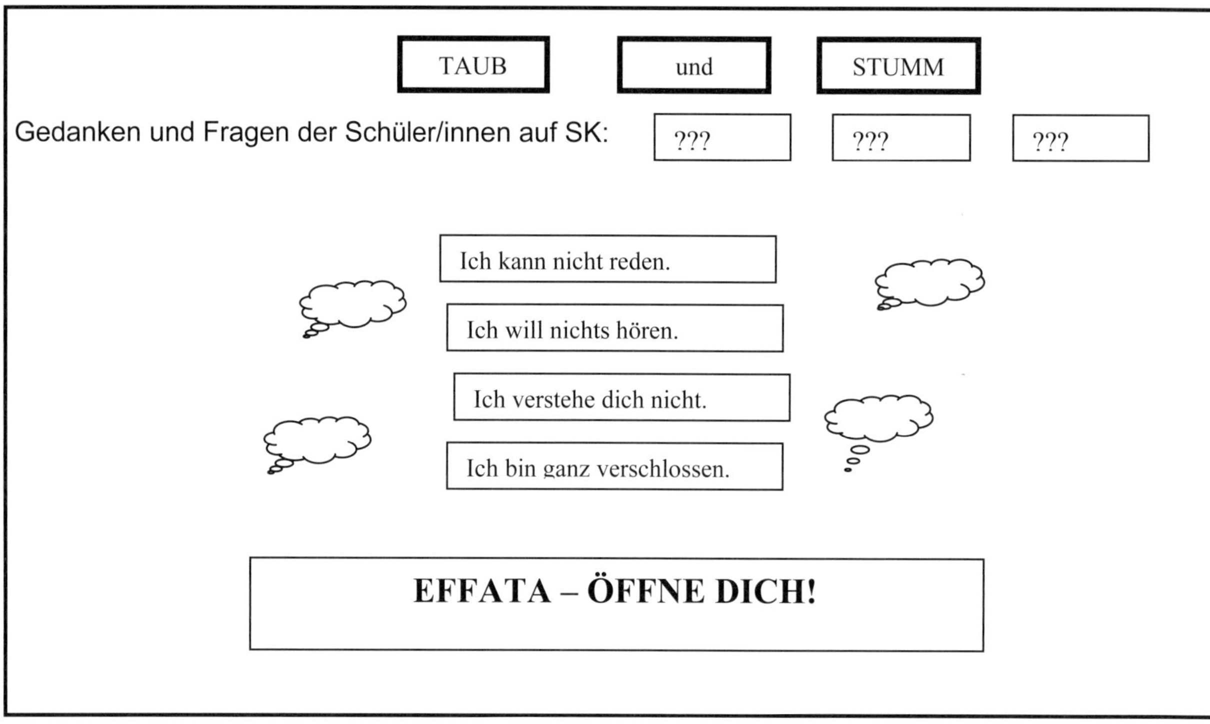

Geplantes Bodenbild II

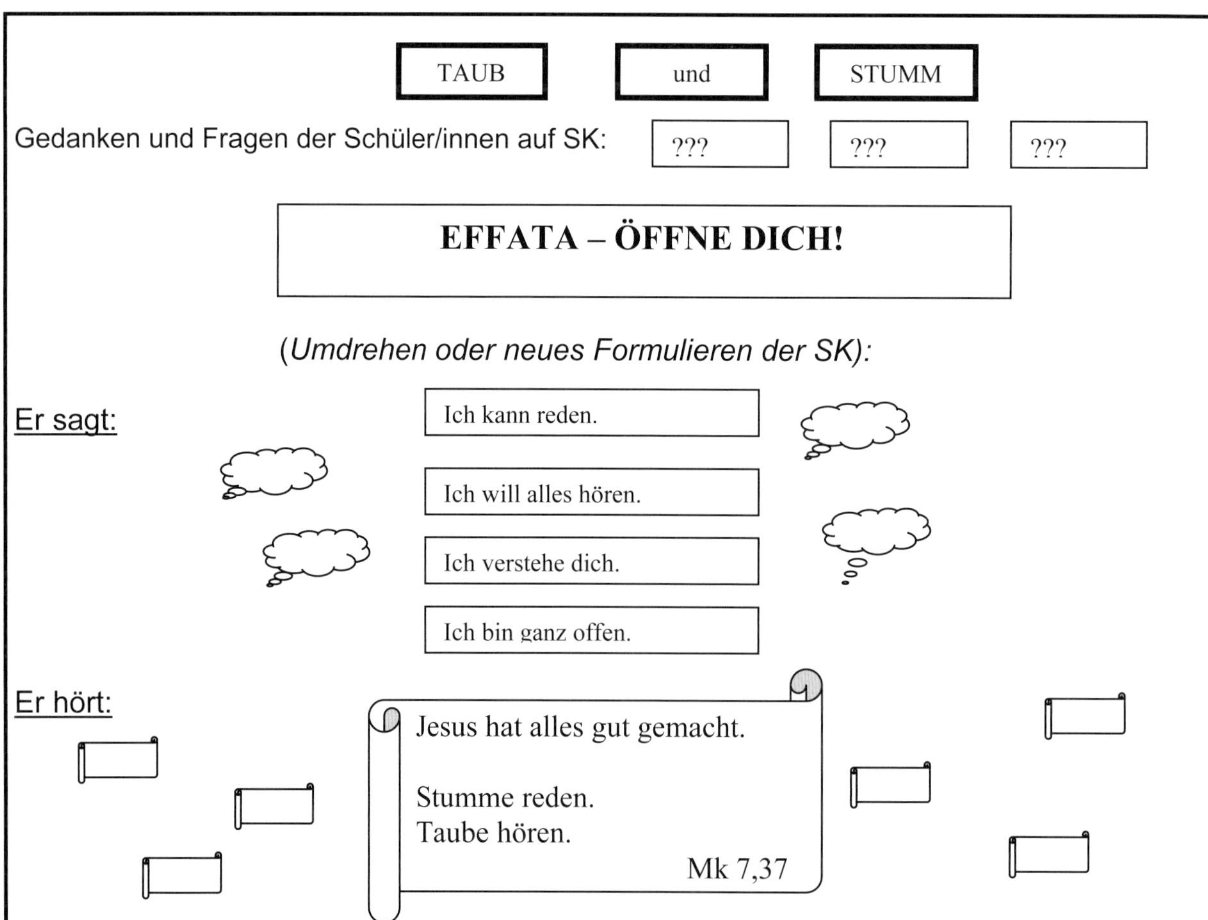

Jesus zeigt uns die Welt, so wie Gott sie will.
Wir nennen diese Welt das „**Reich Gottes**".

Die Menschen sagen:

Jesus hat alles gut gemacht.

Schreibe weiter:

Er ______________________________

____

Male ein Bild:

Ausgewählte kreative Grundformen biblischen Lernens[60]

- **Textpuzzle:** Der Bibeltext wird in (kleinere) Abschnitte geschnitten. Die Schüler/innen fügen die durcheinander geratenen Teile in der richtigen Reihenfolge zusammen (evtl. an der Tafel).

- **Biblischen Text perspektivisch erzählen:** Ein biblischer Text wird aus der Perspektive einer Erzählfigur neu erzählt bzw. weiter erzählt.

- **Reizwortgeschichte:** Zu einem zentralen Begriff der biblischen Erzählung bzw. zu mehreren Schlüsselworten (z. B. gekrümmt sein; Der barmherzige Vater; Steh auf! Ich bin da ...) schreiben die Schüler/innen eine eigene Geschichte. Anschließend werden sie mit der biblischen Perikope verglichen. Wo gibt es Gemeinsamkeiten – Unterschiede?

- **Einen zentralen Satz gestalten:** Die Schüler/innen markieren einen Satz, der ihnen gefällt, mit Textmarker. Anschließend gestalten sie den Satz in Schreibkunst (Kalligraphie). Danach suchen sie ein passendes Bild im Internet oder in einer Zeitung.

- **Fragen an einen Text richten:** Die Schüler/innen schreiben Fragen auf, die nach bestimmten Kategorien oder Inhalten gesammelt werden. In Kleingruppen wird versucht, diese Fragen mit Hilfe von Lexika, Internet oder Diskussionen zu beantworten.

- **Metaphorisches Schreiben:** Die Schüler/innen suchen sich Gegensatzpaare (z. B. Angst – Hoffnung; Ausgestoßensein – Angenommensein; Ablehnung – Liebe; Schuld – Versöhnung) und schreiben dazu metaphorische Sätze: „ ... ist wie ...“

- **Erstellen einer Interlinearversion:** In Leerzeilen unter jedem Bibelvers
  - notieren die Schüler/innen zu Schlüsselwörtern des Textes Assoziationen und eigene Erfahrungen *oder*
  - gestalten den Bibelvers farblich bzw. symbolhaft.

- **Ein eigenes Gebet oder Psalmwort schreiben:** Im Anschluss an eine Perikope (z. B. Wunderheilung) schreiben die Schüler/innen ein eigenes Gebet oder ein Psalmwort, wie es in der Bibel stehen könnte.

- **Musikalische Gestaltung:** Eine biblische Erzählung wird mit Hilfe von Orff-Instrumenten, Körperinstrumenten oder Gegenständen (Topf, Flasche, Stein ...) verklanglicht.

- **Gestalten mit Ton:** Eine biblischen Person bzw. eine elementare Befindlichkeit (z. B. Freude, Trauer, Schmerz ...) wird mit Ton (oder Plastilin) zum Ausdruck gebracht.

60 *Vgl. Franz W. Niehl, Arthur Thömmes, 212 Methoden für den Religionsunterricht, München 1998.*

Sachkunde BIBEL

Didaktisch-methodische Hinweise:

- Es empfiehlt sich, das biblische Sachwissen als Lehrplanthema oder Kapitel im Schulbuch nicht auf einmal zu erarbeiten, sondern **im inhaltlichen Kontext** einer biblischen Erzählung zu behandeln.
  Beispiel:
  Werkzeuge und Arbeiten zur Zeit Jesu nicht als Arbeitsblatt mit unzusammenhängenden Tätigkeiten präsentieren, sondern die Abbildung eines Ruderbootes mit Fischernetzen bei der Erzählung von der Berufung der Jünger (Mk 1,16–20) oder Eigenschaften des Ackerbaus beim Gleichnis vom Sämann (Mt 13,3–9) vorstellen.

- Sachwissen, das dazu dient, (gesellschaftliche) Zusammenhänge zu verstehen, wird von den Schüler/inne/n im Sinne **selbsttätigen Lernens** erschlossen.
  Beispiel:
  Der Stellenwert der Berufsgruppe der Zöllner oder Pharisäer wird von den Schüler/inne/n im Glossar des Schulbuchs, im Lexikon oder im Internet durch entsprechende Arbeitsaufträge erschlossen.

- Um Sachwissen anschaulich und nachhaltig zu präsentieren, sollte von der **Lebenswelt** der Schüler/innen ausgegangen werden.
  Beispiel:
  Vergleich der eigenen Wohnung mit einem Haus in Israel als Vorbereitung zum Heilungswunder des Gelähmten (Mt 9,1–8);
  Vergleich einer Kirche mit einer Synagoge;
  Vergleich Sonntag - Sabbat;
  Welche Arbeiten mussten Kinder früher verrichten – wie leben Kinder heute? (Stellenwert der Kinder in der Perikope „Jesus und die Kinder“, Mt 19,13–15).

- Sachwissen wird mit **bereits vorhandenem Wissen** verknüpft.
  Beispiel:
  Die geographische Lage Nazarets und Betlehems wird mit der Weihnachtserzählung verbunden. Das Backen eines Fladenbrots lässt biblische Brotgeschichten assoziieren.

- Spuren Jesu werden im **eigenen Leben** entdeckt.[61]
  Beispiel:
  Kinder gestalten gestisch oder bildnerisch das Vater-unser, das Jesus uns gelehrt hat; Schüler/innen lesen in der Kinderbibel über das Leben Jesu;
  Schüler/innen erfahren im Kindergottesdienst vom Leben und Wirken Jesu – sie erzählen, spielen, singen und überlegen, wie sie nach dem Beispiel Jesu handeln könnten.

---

61 *Vgl. fragen – suchen – entdecken. Religion in der Grundschule 1. Arbeitshilfen, Barbara Ort, Ludwig Rendle (Hg.), München, Donauwörth 2002, 106.*

KAPITEL 6

Arbeit mit Texten

- » Didaktische Aufbereitung eines Mediums
- » Ein Grundmodell des Umgangs mit Texten im Religionsunterricht
- » Schüler/innen erschließen sich einen biblischen Text
- » Kreatives Schreiben
- » Effektiv lesen – aber wie? 5-Schritte-Lesemethode
- » 6 Schritte, wie du einen Text verstehen lernst
- » Einen Text schreiben zu Stichworten

6. Arbeit mit Texten

Zu den Quellen des Religionsunterrichts zählen, neben Legenden und Lebensberichten von beispielhaften Menschen sowie Schriftelementen christlicher Spiritualität, Texte aus der Heiligen Schrift. In den unteren Klassen werden biblische Geschichten erzählt und gestalterisch, musikalisch oder bildnerisch vertieft. Wenn ab dem 2.–3. Schuljahr biblische Texte von den Schüler/inne/n gelesen werden, ist eine altersgemäße Textvorlage Voraussetzung für die selbsttätige Erschließung der Inhalte. Eventuell muss ein Text schülergerecht umformuliert bzw. auf wesentliche Aspekte reduziert werden. Zentrale Begriffe und Sätze, die Kindern und Jugendlichen auf Anhieb nicht verständlich sind, werden entweder vorher oder im Anschluss an das Lesen mit ihnen erarbeitet, um die Kohärenz nicht zu zerstören.

Als Beispiel für die Arbeit mit einem biblischen Text dient die Perikope „Gott offenbart sich Mose" (Ex 3,1–15). Zunächst wird ein Arbeitsblatt (AB) in einer klar gegliederten äußeren Form zu diesem Thema präsentiert, die die Motivation der Schüler/innen, sich mit einem Text auseinanderzusetzen, erhöhen soll. Natürlich ist der Einsatz von Arbeitsblättern in allzu großer Vielzahl zu vermeiden; Schüler/innen sollen schließlich lernen, eine Heftseite oder ein Blatt selbst einzuteilen sowie in ganzen Sätzen zu denken und zu schreiben. Gelegentlich ist es aber sinnvoll, Schüler/inne/n aufgrund klar strukturierter, formaler und inhaltlicher Vorgaben zum logisch stringenten Denken und Schreiben anzuhalten. Demnach sind die Arbeitsaufträge auf dem thematischen Arbeitsblatt bewusst so gestaltet, dass selbsttätiges, individuelles Lernen stattfinden kann und – abgesehen von der biblisch-theologischen Kompetenz mit expliziter Identifikation – auch die allgemeinen Kompetenzen wie Wahrnehmungskompetenz, Ausdruckskompetenz sowie Verstehens- und Deutekompetenz gefördert werden.

Eine geeignete Methode, Schüler/innen Textinhalte verinnerlichen und in eine produktive Wechselbeziehung zu ihren eigenen Erfahrungen treten zu lassen, ist das kreative Schreiben. Die Schüler/innen werden angehalten, sich intensiv mit einem biblischen Text auseinanderzusetzen und dann Aspekte, die die elementare Wahrheit einer Perikope zum Ausdruck bringen, subjektbezogen weiterzuentwickeln und darin für sich ihre eigene lebensbedeutsame Wahrheit zu entdecken. Entsprechende inhaltliche Vorschläge zum o. g. Bibeltext sind den beiden Seiten zum Aspekt „ICH-BIN-DA – Vertiefende Möglichkeiten kreativen Schreibens" zu entnehmen.

Schüler/innen tun sich häufig schwer, sich auf narrative Texte oder Sachtexte einzulassen, d. h. zunächst den Lese- und danach den Deutungsprozess durchzuführen. Als Anleitung, einen Text zu decodieren bzw. sogar selbst einen kurzen Text zu schreiben, dienen drei Arbeitsblätter, die kleinschrittig nachvollziehbar den Schüler/inne/n entsprechende Methoden vorgeben.

Die Unterrichtsmaterialien, die einen Sachtext zur Person Jesus nach dem didaktischen Prinzip „Vom Eindruck zum Ausdruck zum Austausch" sowie „Vom Ausdruck zum Austausch zum Eindruck"[62] decodieren, deuten und kreativ zum Ausdruck bringen lassen, bieten Schüler/inne/n die Chance, sich in einem aktiven Prozess kreativ in differenzierender Weise und damit lernintensiv mit einem zentralen Thema des Religionsunterrichts auseinanderzusetzen. Gedacht sind die Leseblätter und Arbeitskarten für den Einsatz in der Sekundarstufe I, aber der Einsatz einzelner Arbeitskarten ist auch in der Grundschule möglich, beispielsweise Arbeitskarte 1, 4, 5, 6, 8 und 10.

---

62 Hans Mendl, Im Mittelpunkt der Mensch, Verlag Josef Duschl, www.verlag-duschl.de, Winzer 2004, 66.

Didaktische Aufbereitung eines Mediums: Der Text[63]

1) Ich begegne dem Text

Auch die sich vorbereitende **Lehrkraft** soll den Text in seiner Ganzheit in Ruhe aufnehmen. Sie sollte ihn – selbst wenn sie ihn schon kennt – mehrmals lesen, ihn nachformulieren (evtl. schriftlich in Stichworten).

- Wie wirkt der Text auf mich?
- Welche literarische Gattung stellt der Text dar (Erzählung, Parabel, Legende, Märchen, Lehrtext, Gebet, Brief, Lied, Zeitungsbericht, Reportage, Gesetzestext etc.)?
- Welche Gliederung und Struktur weist der Text auf?
- Welche sonstige Eigenart zeigt sich im Text?
- Welche theologischen und sonstigen Fragen wirft der Text auf?
- In welchen Kontexten hat bzw. hatte der Text eine besondere Bedeutung?
- Worum geht es meines Erachtens in dem Text?

2) Den Text mit den Augen und Ohren der Schüler/innen aufnehmen

In Gedanken versetze ich mich in die Lage der **Schüler/innen**:

- Wie wirkt der Text vermutlich auf die Schüler/innen? Was löst er in ihnen aus?
- Können sich die Schüler/innen mit ihren Erfahrungen in dem Text wiederfinden? Wenn ja, in welcher Weise?
- Lösen Worte, Begriffe, Sätze, Passagen bei den Schüler/inne/n Verständnisschwierigkeiten aus (Unterstreichen bzw. Festhalten der Schwierigkeiten)?
- Baut ein Verständnis des Textes auf Voraussetzungen, welche die Schüler/innen nicht kennen?

3) Welche Lernziele und Kompetenzen können die Schüler/innen mit dem Text erreichen?

4) Welche unterrichtlichen Handlungsmöglichkeiten ergeben sich vom Text her?

Auflistung von **didaktisch-methodischen Arrangements** in den einzelnen Unterrichtsphasen (*s. Kap. 1*)

63 *Hans Schmid, Die Kunst des Unterrichtens, 99 f.*

Ein Grundmodell des Umgangs mit Texten im Religionsunterricht[64]

1. Motivation
Den Text in das Zentrum des gemeinsamen Interesses rücken:
Zu jedem Text müssen die Schüler/innen „motiviert" werden
➔ Hinführung zum Text.

2. Die Schüler/innen nehmen den Text auf
Der Text muss von den Schüler/innen/n innerlich wahr- und aufgenommen werden:
Mehrere Male den Text lesen nach dem Prinzip:
das Gleiche in immer anderer Weise (leise – laut lesen, mit verteilten Rollen lesen etc.).

3. Eindruck
Die Schüler/innen sollen verschiedene Eindrücke und Gefühle äußern können, die das Lesen des Textes bei ihnen auslöst.
Wichtig: Hier gibt es kein „richtig" oder „falsch"; Eindrücke dürfen nicht bewertet werden!

4. Nacherzählen/Nachformulieren mit eigenen Worten
Die Schüler/innen vergegenwärtigen den Text nochmals, gestalten ihn aber auch schon in ihrer eigenen Sprache.

5. Immanente Deutung
Die Schüler/innen deuten den Text aus den bisherigen Erschließungsschritten, z. B.:
- „Welche Überschrift können wir dem Text geben?"
- „Worum geht es in dem Text?"

6. Kontextuelle Deutung
Deutung und Interpretation des Textes vor dem Hintergrund verschiedener Kontexte: des Stunden- oder Lehrplanthemas, der Lernziele, der Biographie des Autors, sonstiger Fragestellungen etc.

7. Sicherung
Das Erarbeitete wird mündlich oder im Heft gesichert.

8. Vertiefung
Auseinandersetzung mit dem Text unter einem anderen Aspekt.

9. Ausdruck – Gestaltung
Die Schüler/innen gestalten ihre mit dem Text gemachten Erfahrungen: Malen, kreatives Schreiben, Singen, Spielen …

10. Ausklang

64 A. a. O., 79 f.

Das Arbeitsblatt

Definition

Das AB ist eine methodische Form, um Schüler/innen mit Hilfe didaktisch strukturierter, schriftlich oder bildnerisch zu lösender Arbeitsaufträge zu selbsttätigem Lernen anzuleiten.

Struktur

- Medium, das bearbeitet werden soll mit Titel und Quellenangabe
- Arbeitsauftrag
  - Fragen – Anweisungen – Impulse
  - Sozialform (EA, PA, GA)
  - Dauer der Bearbeitung
  - Arbeitsweise (z. B. unterstreichen, Sätze schreiben, diskutieren ...)
  - Darstellung der Ergebnisse
- Raum für die Bearbeitung bzw. die Ergebnisse (Ergebnisfeld)
- Angaben der Unterrichtssituation (z. B. Feld für Namen, Klassenbezeichnung, Datum, Nummerierung)

Didaktische Funktion

- Aufnehmen und Aneignung von Informationen und Wissen
- Üben, Anwenden, Vertiefen und Übertragen von Themen (Vorsicht: Einfache Lückentexte sind in ihrer Aussagekraft begrenzt.)
- Durchdenken von Problemstellungen unter Anknüpfung des Vorwissens und eigener Erfahrungen

Methoden

- Beschriften von Bildern
- Vergleichen von Bildern
- Zuordnen von Begriffen und Bildern
- Erlesen eines Textes und anschließendes Bearbeiten von Aufträgen, Anweisungen und Fragen
- Anstreichen wichtiger Begriffe
- Ausmalen zusammengehöriger Gegenstände mit gleicher Farbe
- Beschriften von Landkarten
- Aufschreiben selbstformulierter Texte
- Ordnen von Abbildungen oder Sätzen der Reihe nach (durch Nummerieren oder Ausschneiden)
- Notieren von Beobachtungen
- Eintragen von Begriffen in Spalten
- Einzeichnen von Skizzen und Bildern

Kriterien für ein gelungenes AB

Formale Kriterien

- Jede/r Schüler/in bekommt sein/ihr eigenes AB im Format des Schülerarbeitsheftes. Achten Sie darauf, dass Sie vorher die Ränder beschneiden!
- Das AB soll ansprechend gestaltet sein: Lesbarkeit der Texte, Einhaltung von Rand und Schriftgröße, optische Strukturierung der Gestaltungselemente.
- Abgebildete Quellen, Dokumente, Texte sollen in der Regel einen Quellenverweis erhalten.
- Informationen, die die Schüler/innen nicht betreffen (z. B. Nummerierung der Arbeitsblätter im Ordner), sollten wegretuschiert werden.

Inhaltliche Kriterien

- Das AB soll in klarer Beziehung zum vorher behandelten Unterrichtsinhalt stehen.
- Das AB soll nicht immer das gleiche Arbeitsschema enthalten, sondern in seiner Aufgabenstellung variieren.
- Der Arbeitsauftrag soll kurz, konkret und vor Allem verständlich formuliert und in sich gegliedert sein. Erster Arbeitsauftrag (im Allgemeinen): „Lies dir den Text durch!"
- Das AB soll die Selbsttätigkeit der Schüler/innen fördern und möglichst häufig eigenständige Lösungen und Formulierungen der Schüler/innen zulassen.
- Das AB soll die Chance zur Differenzierung nutzen, indem es Rücksicht nimmt auf die individuellen Lernvoraussetzungen der Schüler/innen.
- Ergebnisse des AB vorlesen lassen und besprechen! Ein AB ist nur so gut, wie es gelingt, seine Ergebnisse in den weiteren Unterrichtsverlauf zu integrieren.
- AB ordentlich einkleben oder einordnen lassen!

65 *Vgl. Robert Schelander, Arbeitsblätter, in: Methodisches Kompendium für den Religionsunterricht, Gottfried Adam, Rainer Lachmann (Hg.). Göttingen 2002, 285–293.*

Schüler/innen erschließen sich einen biblischen Text

Gott offenbart sich Mose am Horeb

Mose weidete die Schafe seines Schwiegervaters. Eines Tages trieb er die Schafe weit hinaus, bis an den Rand der Wüste, und kam an den Gottesberg.
Da sah er plötzlich einen Dornbusch, der in hellen Flammen stand und doch nicht verbrannte. Mose sagte sich: „Ich will hingehen und mir ansehen, warum der Dornbusch nicht verbrennt; das ist eine seltsame Erscheinung!"
Als Jahwe das sah, rief Gott ihn mitten aus dem Dornbusch an: „Mose, Mose! Komm hier nicht näher! Zieh deine Sandalen von den Füßen, denn da, wo du stehst, ist heiliger Boden! Ich bin der Gott deines Vaters, der Gott Abrahams, der Gott Isaaks und der Gott Jakobs."
Da verhüllte Mose sein Gesicht, denn er fürchtete sich, Gott anzuschauen.
Jahwe sprach: „Ich habe das Elend meines Volkes in Ägypten gesehen. Ich kenne das Leid der Menschen. Ich bin gekommen, um sie zu retten und in ein schönes, weites Land zu führen, in dem Milch und Honig fließen."
„Und jetzt geh! Ich sende dich zum Pharao. Führe mein Volk, die Israeliten, aus Ägypten heraus!" Mose erschrak: „Wer bin ich, dass ich das könnte?" Gott aber sprach: „Ich bin mit dir."
Da sagte Mose zu Gott: „Ich werde also zu den Israeliten kommen und ihnen sagen: Der Gott eurer Väter schickt mich zu euch. Da werden sie mich fragen: Wie heißt er? Was soll ich ihnen darauf sagen?"
Da antwortete Gott dem Mose: „Ich bin der ‚Ich-bin-da' und er fuhr fort: „So sollst du zu den Israeliten sagen: Der ‚Ich-bin-da' hat mich zu euch geschickt."

nach Exodus 3,1–18

Arbeitsaufträge:

1a) Wie würden Sie den Text präsentieren und erschließen lassen?

1b) Überlegen Sie sich Arbeitsaufträge für die Schüler/innen, evtl. sogar die Gestaltung eines Arbeitsblatts.

2) Überlegen Sie sich zu vorliegendem Text eine Möglichkeit des kreativen Schreibens.

Mose weidete die Schafe seines Schwiegervaters. Eines Tages trieb er die Schafe weit hinaus, bis an den Rand der Wüste, und kam an den Gottesberg.

Da sah er plötzlich einen Dornbusch, der in hellen Flammen stand und doch nicht verbrannte. Mose sagte sich: „Ich will hingehen und mir ansehen, warum der Dornbusch nicht verbrennt; das ist eine seltsame Erscheinung!"

*Welche **Frage** stellt sich Mose? Unterstreiche mit einem gelben Stift.*
Hast du eine Antwort?

____

____

Als Jahwe das sah, rief Gott ihn mitten aus dem Dornbusch an: „Mose, Mose! Komm hier nicht näher! Zieh deine Sandalen von den Füßen, denn da, wo du stehst, ist heiliger Boden! Ich bin der Gott deines Vaters, der Gott Abrahams, der Gott Isaaks und der Gott Jakobs."
Da verhüllte Mose sein Gesicht, denn er fürchtete sich, Gott anzuschauen.

Schlage im Lexikon von fse 3 das Wort **JAHWE** nach und erkläre es:*

____

____

Jahwe sprach: „Ich habe das Elend meines Volkes in Ägypten gesehen. Ich kenne das Leid der Menschen. Ich bin gekommen, um sie zu retten und in ein schönes, weites Land zu führen, in dem Milch und Honig fließen."
„Und jetzt geh! Ich sende dich zum Pharao. Führe mein Volk, die Israeliten, aus Ägypten heraus!" Mose erschrak: „Wer bin ich, dass ich das könnte?" Gott aber sprach: „Ich bin mit dir."

Da sagte Mose zu Gott: „Ich werde also zu den Israeliten kommen und ihnen sagen: Der Gott eurer Väter schickt mich zu euch. Da werden sie mich fragen: Wie heißt er? Was soll ich ihnen darauf sagen?"
Da antwortete Gott dem Mose: „Ich bin der **‚Ich-bin-da'** und er fuhr fort: „So sollst du zu den Israeliten sagen: Der **‚Ich-bin-da'** hat mich zu euch geschickt."

nach Exodus 3,1–18

**) fragen – suchen – entdecken, Band 3 (siehe Literaturverzeichnis)*

Arbeitsaufträge:

1) **Lies** jeden einzelnen Abschnitt noch einmal leise durch!

2a) Finde mit deinem Partner zu jedem Abschnitt eine **Überschrift**!

2b) Welche Überschrift würdest du dem gesamten Bibeltext geben?

3a) Unterstreiche die Worte Gottes **blau** und die Worte Mose **rot**!

3b) Mose bekommt einen **Auftrag**. Schreibe ihn als Überschrift auf deine nächste Heftseite!

3c) Wie **reagiert** Mose? Beschreibe mit eigenen Worten und bilde ganze Sätze!

4) Schreibe eine **Geschichte**, die so anfängt:

Einmal traute ich mich nicht ______________________________

____.

Da ____

____.

Doch ich ____

____.

Aber ____

____.

Und ich ____

____.

Schneide den Rahmen aus und klebe ihn in dein Heft.

5) Schreibe Mose eine **E-Mail**, in der du ihm Mut machst. Beachte dabei besonders den Namen Gottes „**ICH BIN DA**". Drucke die E-Mail aus und klebe sie in dein Heft.

Hefteintrag (Doppelseite)

Eingeklebtes AB

„Mose am brennenden Dornbusch“

mit den bearbeiteten Arbeitsaufträgen 2a, 2b und 3a)

Überschrift (Arbeitsauftrag 3b)

Reaktion des Mose in ganzen Sätzen (Arbeitsauftrag 3c)

Geschichte mit Satzstartern (Arbeitsauftrag 4)

Eingeklebte E-Mail zum Namen Gottes „Ich bin da“ (Arbeitsauftrag 5)

Kreatives Schreiben

Definition

Kreatives Schreiben meint **Textarbeit**, die neben der **Selbsttätigkeit** auf die **Kreativität** der Schüler/innen abzielt, wobei neben dem kreativen Verarbeiten mit Farbe, Musik, Rollenspiel hauptsächlich Wert gelegt wird auf das eigenständige Schreiben.

Methodische Anforderungen

1) Im Schreiben bringen die Schüler/innen ihre **eigenen Gedanken, Empfindungen und Gefühle** zum Ausdruck. Das Unterrichtsthema wird so zum Thema der Schüler/innen.
2) **Ganzheitlichkeit** ist angestrebt: Kopf (Gedanken), Herz (Gefühle) und Hand (Darstellung).
3) Durch die Eigentätigkeit wird das Thema mit der **Lebensgeschichte** (ob bewusst oder unbewusst) der Schüler/innen konfrontiert.
4) Im anschließenden Vergleichen und Besprechen (PA, GA oder Plenum) kann der je eigene Standpunkt eingebracht werden. Durch diese intensive Auseinandersetzung wird der Lernprozess vertieft. Vor allem die **Affekte** der Schüler/innen werden angesprochen.

Varianten kreativen Schreibens[66]

Texte verfremden
- Texte von damals in meine Sprache übertragen (Vater-unser)
- Texte als Nachricht oder Zeitungsartikel gestalten (Bekehrung des Saulus)
- Texte reduzieren (Kernworte eines Textes, z. B. Psalms werden unterstrichen und von den Schüler/innen in einem eigenständig geschriebenen Text wieder verwendet)

Aus einer Perspektive schreiben
- Fiktive Briefe verfassen (zum Thema Sinnfrage, zu einem Konflikt einen Rat geben)
- Als Person einer Geschichte einen Tagebuchbericht oder eine E-Mail schreiben
- Als Zuschauer/Randfigur ein Ereignis (als SMS) kommentieren

Texte weiterschreiben
- Gedichte zu Ende schreiben
- Eine Geschichte mit offenem Schluss weiterschreiben
- Die Vorgeschichte rekonstruieren – z. B. Warum ist dieser Mensch in diese Situation geraten?
- Mit eigenen Texten auf Texte antworten
- Einen Gerüstkurztext weiterschreiben:[67]

  Die Schüler/innen erhalten auf Folie ein Gerüst und ergänzen:
  An einem Sabbat ...
  Da sitzt eine Frau ...
  Diese Frau ...
  Jesus sieht ...
  Sofort ...
  Empört ...

---

66 *Vgl. Ludwig Sauter, Kreatives Schreiben, in: Ludwig Rendle (Hg.), Ganzheitliche Methoden im RU, München, 2007, 154–160.*

67 *Vgl. Renate Gottschaller, Bei Texten verweilen – mit Texten kommunizieren, in: Religionsunterricht mit Profil. Festschrift Prälat Konrad Ernst, RPS Passau (Hg.) 2002, 69ff.*

Diese Satzanfänge sollen zu einem zusammenhängenden Text vervollständigt werden. Zwischen den Satzanfängen können beliebig Sätze eingefügt werden. So kann jede Perikope ganz persönlich nacherzählt werden.

Zu Themen eigene Texte verfassen

- Gebete schreiben und ein Klassengebetbuch erstellen
- Wortbilder erstellen
- Ein Schreibgespräch verfassen (Meditatives Schreiben)
- Elfchen schreiben

Ein Elfchen besteht aus 11 Wörtern, die folgendermaßen angeordnet werden:

1. Zeile – ein Wort
2. Zeile – zwei Wörter
3. Zeile – drei Wörter
4. Zeile – vier Wörter
5. Zeile – ein Wort

- Symbolwort beschriften

Die Umrissschrift eines Symbolwortes (z. B. Segen) wird mit eigenen Assoziationen vollgeschrieben.

- Konturenbilder ausschreiben

Ein Ergebnissatz, ein Assoziationsgedanke, ein möglicher Handlungsschritt wird formuliert und mit kleiner Schrift so oft in das Konturenbild geschrieben, bis die gesamte Fläche ausgefüllt ist. Das Bild kann von L vorgegeben werden (als Umrisszeichnung) oder von den Schüler/inne/n selbst gezeichnet sein (z. B. Dornbuschflammen, die mit Bedeutungen des Jahwe-Namens ausgeschrieben werden).

- Reizwortgeschichte schreiben

Zu einem Thema (z. B. Angst) werden unterschiedliche Begriffe in Form von Verben, Substantiven und Adjektiven auf Kärtchen vorgegeben. Jede/r Schüler/in zieht sich jeweils ein Kärtchen (also insgesamt 3) und schreibt eine erfundene oder selbst erlebte Geschichte zu den Begriffen.

ICH-BIN-DA

Vertiefende Möglichkeiten kreativen Schreibens

• Metaphermeditation

Ich bin da wie die Sonne, die dir Wärme gibt.
Ich bin da wie eine Flamme, die nie verlöscht.
Ich bin da wie eine Blume, die dein Herz erfreut.
Ich bin da wie eine Wolke, die dich mit Liebe umhüllt.
Ich bin da wie ein Licht, das deinen Weg erleuchtet.
Ich bin da wie ein Herz, das immer für dich schlägt.
...

• Schreibspirale

Um Gott als die Mitte und den Ursprung des Lebens auch visuell darzustellen, kann man die metaphorischen Sätze in Form einer Spirale aufschreiben lassen.

• Umschreibungen finden

Suche eigene Umschreibungen des Namens Gottes in Sätzen, z. B.
Ich-helfe-dir; Ich-beschütze-dich; Ich-verlasse-dich-nicht ...

• Akrostichon

Suche dir ein Bild von Gott aus (s. Metaphermeditation)!

Der Name des gewählten Bildes oder der Metapher wird senkrecht auf ein Blatt Papier geschrieben und gibt somit in gewisser Weise die Länge des Textes vor. Jeder Buchstabe ist der Beginn des Anfangswortes einer neuen Zeile, z. B.

Herr und Gott
Eins sein mit dir in
Rauhen
Zeiten

Wie viele Worte jeweils in eine Zeile geschrieben werden, ist freigestellt.

• Schreibgespräch

Auf einem DIN-A3-Blatt steht als Überschrift: „ICH BIN DA". In Kleingruppen schreiben die Schüler/innen schweigend nacheinander einen Satz, eine Frage, einen Begriff ... dazu und geben das Blatt immer weiter.

- **Text weiterschreiben**

Gott (Jahwe) sagt:

Auch wenn manches daneben gegangen ist,
auch wenn du nicht weißt, was auf dich zukommt,
ich verspreche dir: ICH BIN BEI DIR.

Wenn du dir ganz hilflos vorkommst,
ich verspreche dir: ICH BIN BEI DIR.

Wenn du viel zu tun hast,
und wenn du nicht viel zustande bringst,
ich verspreche dir: ICH BIN BEI DIR.

Wenn du Schönes erlebst,
ich verspreche dir: ICH BIN BEI DIR.

Wenn du dich über deine Erfolge freust,
und wenn du traurig bist über dein Versagen,
ich verspreche dir: ICH BIN BEI DIR.[68]

Satzmuster: Wenn du ...,
ich verspreche dir: ICH BIN BEI DIR.

- **Das Glaubensbekenntnis des Mose schreiben – ein eigenes Glaubensbekenntnis schreiben**[69]

Ich glaube an Gott,
der mir im Dornbusch begegnet ist,
der mir Unglaubliches zutraut,
der mich führt, auch wenn ich unsicher bin,
der mit mir unterwegs ist,
zu dem ich gehen kann, wenn ich mich nicht mehr auskenne,
der mich nie allein lässt ...

So können viele Beiträge zu einem **großen** Glaubensbekenntnis verschmelzen und über das Schuljahr Grundlage des Betens in Klasse und Gruppe werden.

Daraus kann auch bewusst das ganz **persönliche** Glaubensbekenntnis erwachsen, das jede/r Schüler/in für sich schreibt:

Ich, N.N., glaube an Gott,
der ...

68 Konrad Bürgermeister u. a., Bei Sinnen sein. Zu sich und zu Gott finden, 1998, 84.
69 Vgl. a. a. O., 69.

Effektiv lesen – aber wie?

5-Schritte-Lesemethode[70]

1. Schritt: Überfliegen

Überfliege den Text. Konzentriere dich dabei auf die Nomen.
Markiere die Nomen mit Textmarker.

2. Schritt: Fragen

Überlege dir Fragen, auf die dir der Text vielleicht Antworten geben kann. Es kann aber auch sein, dass der Text deine Fragen nicht beantwortet.
Schreibe dir zwei bis drei Fragen auf.

3. Schritt: Lesen

Jetzt lies dir den Text gründlich durch.
Überprüfe, ob deine Fragen beantwortet werden.

4. Schritt: Zusammenfassen

Schaue nach jedem Abschnitt kurz auf und überlege dir, was du gerade gelesen hast. Ist dir alles klar?
Fasse den gelesenen Abschnitt mit eigenen Worten zusammen.

5. Schritt: Wiederholen

Kannst du die wichtigsten Informationen vor der Klasse wiederholen?

---

70 *Vgl. Vera Winkler-Theiß, Lesen mit System. Eine Übungssequenz zur Leseförderung, in: Schulmagazin 9/2009, 13–18.*

6 Schritte, wie du einen Text verstehen lernst[71]

Du findest auf diesem Blatt sechs Tipps, die dir beim Markieren helfen. Bring sie in die richtige Reihenfolge, indem du die Ziffern 1 - 6 in die richtigen Kreise schreibst. Schneide dann die sechs Kästchen aus und klebe sie von 1 - 6 untereinander sauber in dein Heft.

○ 

Lies den Text
erst einmal
in Ruhe durch,
damit du weißt,
worum es geht.

○ 

Hast du alle Wörter verstanden?
Kläre unbekannte Begriffe
(entweder durch Fragen,
Nachschauen in einem Buch
oder im Internet).

○ 

Unterstreiche
zuerst wichtige Stellen
mit Bleistift, denn dann
kannst du immer noch
etwas ändern.

○ 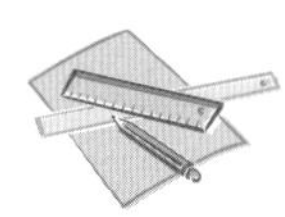

Lege dir einen Bleistift,
Lineal, Radiergummi,
Textmarker und ein Blatt
auf deinen Platz.

○ 

Lies dir das Unterstrichene
nochmals durch und markiere
mit Textmarker nur die
allerwichtigsten Begriffe
(= Schlüsselbegriffe).

○ 

Schreibe deine
Schlüsselbegriffe
auf ein Blatt
und versuche mit ihrer Hilfe
den Text nachzuerzählen.

71 *Auszug aus: Heinz Klippert u. a., Methoden lernen in der Grundschule (2003) © Beltz Verlag. Weinheim/Basel, 196.*

Einen Text schreiben zu Stichworten[72]

Arbeitsanweisungen in Einzelarbeit:

1. Wähle ein Themenwort aus (z. B. beten, Jesus, Abraham, Angst ...) und schreibe dieses Wort auf.

2. Schreibe drei Minuten lang auf, was dir zu deinem Themenwort einfällt.

3. Unterstreiche die drei wichtigsten Stichworte und nummeriere sie in der Reihenfolge, in der du sie verwenden willst.

4. Schreibe einen kurzen Text (10 bis 15 Minuten Schreibzeit). Unterstreiche die Stichworte, die du verwendet hast.

5. Setze eine Überschrift über deinen Text.

Arbeitsanweisungen in Partnerarbeit:

6. Wer fertig mit dem Schreiben ist, sucht jemand anderen, der ebenfalls fertig ist. Die Texte werden gegenseitig vorgelesen.

   Überlegt gemeinsam:

   - Passt die Überschrift?
   - Wie wurden die drei Stichworte verbunden?
   - Ist der Text verständlich?

7. Korrigiert in euren Texten die Rechtschreibung. Jede Schülerin und jeder Schüler kann den eigenen Text korrigieren oder einen fremden Text.

Arbeitsanweisung in Einzelarbeit:

8. Schreibe den korrigierten Text mit der Hand oder mit dem Computer ab.

72 Anregungen von: Erika Altenburg, Zum Schreiben ermutigen, in: Fördermagazin 1/2010, 27.

„Verstehst du auch, was du liest?" (Apg 8,30)

Schüler/innen erarbeiten sich eigenständig einen Sachtext über Jesus[73]

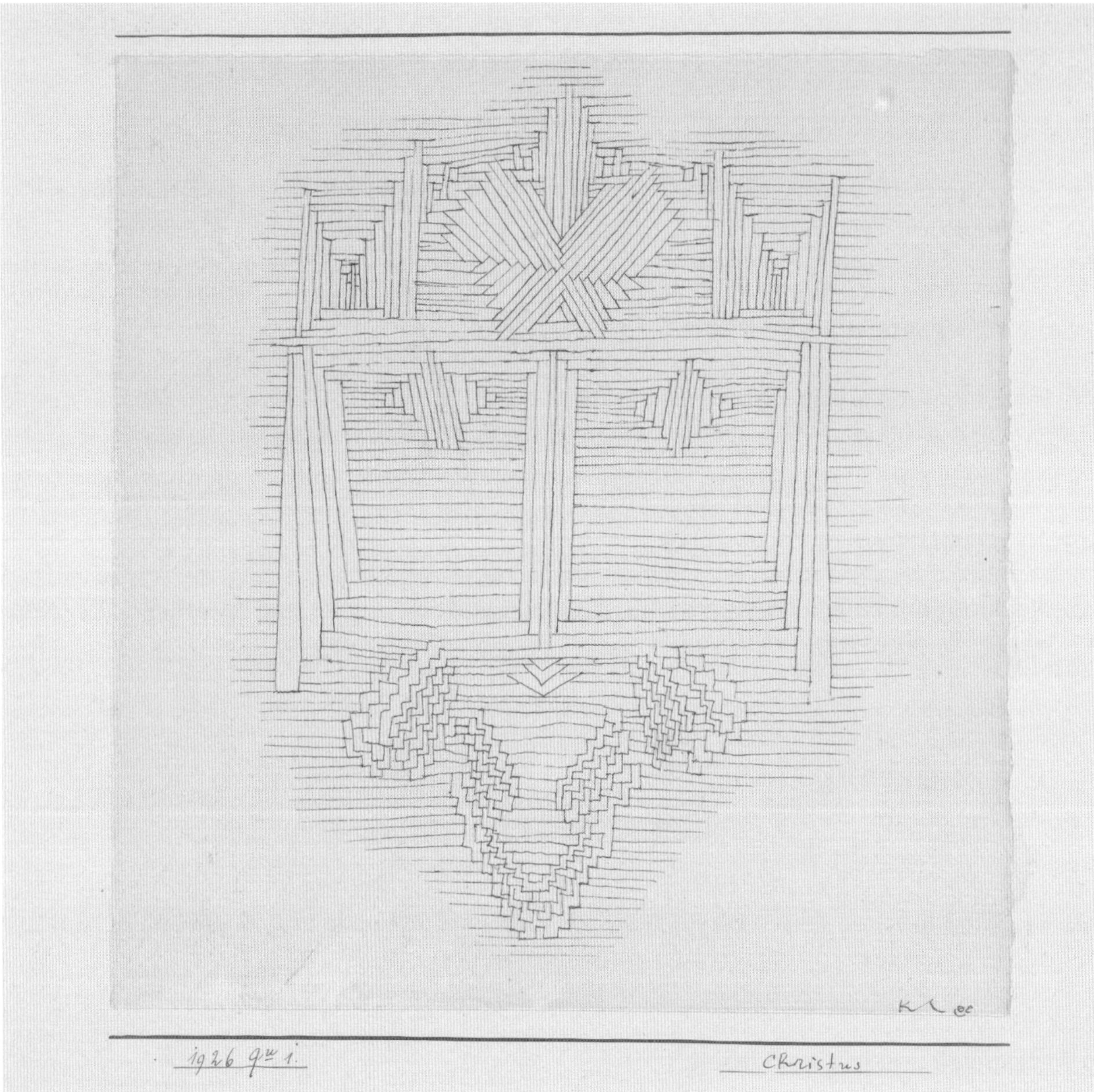

Paul Klee, Christus, 1026, 71, Feder auf Papier auf Karton, 16, 1/16,3 x 15,6 cm Zentrum Paul Klee, Bern.

Die folgenden Leseblätter und Arbeitskarten geben Lehrer/inne/n und Schüler/inne/n Anregungen, wie in selbstständiger, schüleraktiver und differenzierender Weise ein Sachtext erschlossen werden kann.

Ggf. ist auch der Einsatz von einzelnen Arbeitskarten in der Grundschule möglich, zum Beispiel Arbeitskarte 1, 4, 5, 6, 8, 10.

73 Vgl. Andreas Büchl, Rebecca M. Fuchs, Harriet Gandlau, Christian Sigl, „Verstehst du auch, was du liest?" (Apg 8,30), in: Informationen für den Religionsunterricht (IfR) 63/2009, 29–43.

Kurztext

(Finde deine eigene Überschrift)

Die Geschichten von Jesus
sind wie eine gute Nachricht,
ein Evangelium.

Der Name Jesus bedeutet:
Gott ist Hilfe.

Vor zweitausend Jahren
war das Land Israel
von römischen Soldaten besetzt.
Damals wurde Jesus in Bethlehem
von Maria geboren.
Er wuchs in Nazareth auf.
Jesus ging bei Josef
in die Lehre als Zimmermann.

Mit dreißig Jahren
ging Jesus von zuhause weg.
Er wanderte durch Israel.
Dabei erzählte er
vom Königreich Gottes,
von Gottes Liebe
zu den Menschen.

In Jerusalem wurde er verhaftet.
Dort starb er am Kreuz.

Christen glauben,
dass Jesus auferstanden ist und jetzt bei Gott lebt.

Randnotiz

Langtext

Randnotiz

(Finde deine eigene Überschrift)

Schon viele haben versucht, von Jesus zu erzählen.
Die Geschichten von Jesus sind wie eine gute Nachricht, ein Evangelium. Jesu Worte und Taten haben Matthäus, Markus, Lukas und Johannes für uns aufgeschrieben. Wir können die vier Evangelien im zweiten Teil der Bibel, im Neuen Testament lesen.

Vor zweitausend Jahren war das Land Israel von römischen Soldaten besetzt. In Israel lebten die Juden, ein Volk von Bauern, Handwerkern, Hirten und Fischern. Sie sehnten sich nach einem Retter, der ihr unterdrücktes Land von der römischen Herrschaft befreit. Damals wurde Jesus in Bethlehem von Maria geboren. Das feiern wir an Weihnachten. Der Name Jesus bedeutet: Gott ist Hilfe. Er wuchs in Nazareth auf. Jesus ging bei Josef, dem Mann von Maria, in die Lehre als Zimmermann.

Mit dreißig Jahren ging Jesus von zuhause weg und ließ sich von Johannes taufen. Er wanderte mit seinen Jüngern durch Israel. Dabei erzählte er vom Königreich Gottes, in dem alle Menschen Gottes Liebe und Hilfe erfahren. Er verkündete wie der Prophet Jesaja im Alten Testament, dass die Kranken gesund werden und die unglücklichen Menschen nicht mehr leiden müssen.
Er forderte die Menschen auf, ihren Besitz an arme Leute zu verteilen.
Er erzählte von dem barmherzigen Gott, der allen verzeiht. Jesus nannte Gott „Abba“, das bedeutet „Vater“. „Das Reich Gottes ist nahe!“, predigte er. Es ist auch heute noch die „frohe Botschaft“, das Evangelium.

Zum Paschafest zog Jesus nach Jerusalem. Dort wurde er nach dem letzten Abendmahl verhaftet und zum Tode verurteilt. Er starb am Kreuz. Der römische Hauptmann, der alles miterlebt hatte, sagte nach seinem Tod: „Dieser Mann war wirklich Gottes Sohn!“.
An Jesu Tod denken wir am Karfreitag. Drei Tage später ist der Stein vom Eingang seines Grabes weggerollt und das Grab leer. Christen glauben, dass Jesus auferstanden ist und jetzt bei Gott lebt.
Das feiern wir an Ostern.

Startkarte

1. Schreibe mit folgenden Worten eine Reizwortgeschichte über Menschen heute:
   Hilfe, aufwachsen, weggehen, erzählen, jetzt leben

2. Schreibe deine Geschichte auf eine neue linke Seite deines Heftes. Schreibe für jedes Reizwort mindestens einen Satz.

3. Finde eine eigene Überschrift, und notiere sie über deiner Geschichte.

4. Lies deine Geschichte vor.

5. Nimm dir nun den Sachtext (Kurztext oder Langtext) und klebe ihn auf die rechte Seite neben deine Geschichte. Lies dann den Text leise durch.

6. Verbinde gemeinsame Worte von deiner Geschichte und dem Sachtext mit einem Wollfaden.

7. Such dir nun mindestens drei Stationen, an denen du arbeiten möchtest. Benutze entweder den Kurz- oder den Langtext.

Schlusskarte

- Du hast dich ausführlich mit dem Leben Jesu beschäftigt.
- Zu Beginn hast du eine eigene Geschichte über das Leben von Menschen heute geschrieben.

1. Du erhältst zum Abschluss eine Arbeitsfolie.

2. Schreibe folgende Sätze auf die Folie:
   Für mich war neu, dass ...
   Gemeinsamkeiten entdecke ich ...
   Unterschiede entdecke ich ...
   Ich frage mich jetzt, ob ...

3. Lege die Folie über die Seite mit deiner eigenen Geschichte.

4. Vervollständige die angefangenen Sätze mit deinen Gedanken. Du kannst sie den anderen vorlesen.

5. Klebe die Folie zum Aufklappen über deine Geschichte.

Arbeitskarte Sachtext Jesus 1

- Lies dir den Text leise durch.
- Einige Wörter sind in anderer Schrift geschrieben. Diese Wörter nennen wir Schlüsselworte.

Arbeitsaufträge:

1. Male die Schlüsselworte in Farben deiner Wahl aus.
2. Schreibe die Schlüsselworte an die entsprechende Stelle in der Randnotiz.
3. Finde im Text selber drei Schlüsselworte und markiere sie.
4. Schreibe die neuen Schlüsselworte an die entsprechende Stelle in der Randnotiz.
5. Male zu deinen Schlüsselworten ein passendes Zeichen oder Symbol.

Arbeitskarte Sachtext Jesus 2

- Lies dir den Text leise durch.
- Einige Wörter sind in anderer Schrift geschrieben. Diese Wörter nennen wir Schlüsselworte.

Arbeitsaufträge:

1. Suche im Internet zu den Schlüsselworten entsprechende Bilder.
2. Klebe die Bilder in dein Heft. Schreibe die entsprechende Textstelle dazu.
3. Markiere das entsprechende Schlüsselwort im Text mit einer Farbe.
4. Finde eine passende Überschrift.

Arbeitskarte Sachtext Jesus 3

- Lies dir den Text leise durch.
- Einige Wörter sind in anderer Schrift geschrieben. Diese Wörter nennen wir Schlüsselworte.

Arbeitsaufträge:

1. Verfasse anhand der Schlüsselworte einen eigenen Text zum Leben Jesu.
2. Du kannst auch deinen Lieblingssatz aus dem Text einbauen.
3. Schreibe deinen Text auf Moderationskarten (DIN-A5). Benutze zu jedem Schlüsselwort nur eine Moderationskarte.
4. Trage der Klasse deinen Text als Nachrichtensprecher oder Moderator vor.

Arbeitskarte Sachtext Jesus 4

- Lies dir den Text leise durch.

Arbeitsaufträge:

1. Markiere einen Satz, der dir gefällt, mit Leuchtstift.
2. Gestalte den Satz in Schreibkunst (=Kalligrafie) in dein Heft.
   Begründe deine Wahl:
   Dieser Satz gefällt mir besonders, weil ...
3. Wähle eine der Aufgaben aus:
   - Suche zu deinem Satz ein passendes Bild im Internet.
   - Gestalte zu deinem Satz eine Collage aus Zeitungsbildern.
   - Male ein eigenes Bild zu deinem Satz.

   Erläutere im Heft jeweils dein Bild:
   Das Bild soll ausdrücken ...

Arbeitskarte Sachtext Jesus 5

- Such dir einen Arbeitspartner.
- Lest gemeinsam den Text leise durch.

Arbeitsaufträge:

1. Schreibt Fragen an den Text. Benutzt folgende Fragewörter ...
   Wer ... ?
   Was ... ?
   Wann ... ?
   Wo ... ?
   Warum ... ?

   ... und vervollständigt sie mit euren Gedanken.
2. Wie beantwortet ihr eure Fragen? Gebt euch gegenseitig Antworten auf eure Fragen.
3. Arbeitet mit *Arbeitskarte 6* weiter.

Arbeitskarte Sachtext Jesus 6

- Lies dir den Text leise durch.
- Nimm deine Fragesätze zur Hand.

Arbeitsaufträge:

1. Schreibt ein Interview. Verwendet dazu das Arbeitsblatt.
2. Wie würde Jesus wohl antworten? Schreibt seine möglichen Antworten unter die entsprechende Frage.
3. Vielleicht fallen euch noch weitere Fragen ein. Stellt Jesus auch eure Fragen von *Arbeitskarte 5.*
4. Lest der Klasse euer Interview als Gespräch (Dialog) vor.

Arbeitskarte Sachtext Jesus 7

- Lies dir den Text leise durch.

Arbeitsaufträge:

1. Schlage die Bibelstellen in der Einheitsübersetzung nach:
   Mt 1,21 *Lk 2,7* *Mk 6,3*
   Lk 3,23 *Joh 19,30* *Mk 16,9*
2. Jede Bibelstelle passt zu einem Satz im Text.
3. Schreibe die jeweils passende Bibelstelle an die entsprechende Stelle des Textes in die Randnotiz.
4. Arbeite mit *Arbeitskarte 8* weiter.

Anm.: Fällt dir das Nachschlagen der Bibelstellen schwer, kannst du die Bibelstellen auch auf der Hilfskarte nachlesen.

Arbeitskarte Sachtext Jesus 8

- Lies dir den Text leise durch.

Arbeitsaufträge:

1. Du bist Reporter der Jerusalemer Abendzeitung und schreibst einen Artikel über das Leben Jesu.
2. Du kannst Jesus zu Wort kommen lassen.
3. Verarbeite in deinem Artikel auch Bibelstellen, die du auf der *Arbeitskarte 7* kennen gelernt hast.
4. Gestalte deinen Zeitungsartikel auf einer DIN-A4 Seite in deinem Heft (Überschrift, Bild, Text ...).

Arbeitskarte Sachtext Jesus 9

Arbeitsaufträge:

1. Lies die einzelnen Textstreifen in Ruhe durch.
2. Schneide die Textstreifen aus und bring sie in die richtige Reihenfolge.
3. Klebe die Textstreifen in dieser Reihenfolge in dein Heft.
4. Finde für jeden Textstreifen eine passende Überschrift.
5. Gib dem Gesamttext eine Überschrift.

Arbeitskarte Sachtext Jesus 10

- Schau dir das Bild genau an. Es heißt: „*Christus*" und ist von Paul Klee. „*Christus*" heißt übersetzt: Der zum König Gesalbte.

Arbeitsaufträge:

1. Finde eine eigene Überschrift zum Bild. Schreibe sie oben auf eine neue Seite deines Heftes.
2. Beschreibe den Aufbau des Bildes. Schreibe vier Sätze ins Heft. Beginne jeden Satz mit "*Ich sehe ...*"
3. Lege mit deinem Partner das Bild aus Holzteilen nach.
4. Klebe das Bild mit farbigen Papierstreifen in dein Heft.
5. Arbeite mit *Arbeitskarte 11* weiter.

Anm.: Fällt dir das Nachlegen des Bildes schwer, kannst Du für die Aufgaben 3 und 4 auch eine Kopie des Bildes als Vorlage nehmen.

Arbeitskarte Sachtext Jesus 11

- Schau dir das Bild genau an.

Arbeitsaufträge:

1. Nimm dir noch einmal ein Blatt mit vermischten Textstreifen wie bei *Arbeitskarte 9*. Suche dir mit deinem Partner passende Textstreifen aus. Schreibt sie mit Filzstiften auf die Holzteile des Bildes, das ihr vorhin nachgelegt habt (vgl. *Arbeitskarte 10)*.
2. Klebt nun das Bild Streifen für Streifen mit Holzleim auf eine feste Unterlage.
3. Sei auch du ein Künstler. Gestalte ein eigenes Bild mit dem Titel: „*Christus*" in deinem Heft. Du kannst verschiedene Materialien zum Malen oder Zeichnen verwenden.

Arbeitskarte Sachtext Jesus 12

- Lies dir den Text leise durch.

Arbeitsaufträge:

1. Du hast viel von Jesus gelesen und gehört.
2. Bilde mit 3 Mitschülern eine Gruppe.
3. Überlegt euch nun Fragen zum Text.
4. Notiert sie auf Wortkarten.
5. Sucht euch eine Gruppe zum Spielen.
6. Nun braucht ihr einen Spielplan, Spielfiguren und einen Würfel.
7. Das Spiel kann beginnen.
8. Kommt ihr während des Spiels mit einer Spielfigur auf ein grau unterlegtes Feld, müsst ihre eine Frage der gegnerischen Mannschaft beantworten. Bei einer richtigen Antwort dürft ihr noch mal würfeln. Sonst ist die andere Gruppe dran.

zu Arbeitskarte 6

- Stell dir vor, du könntest Jesus zu seinem Leben interviewen.
- Wie würde er deiner Meinung nach folgende Fragen beantworten?
- Welche Fragen würdest du ihm stellen?
- Lass Jesus antworten.

Lieber Jesus!

Danke, dass Sie sich Zeit für ein paar Fragen nehmen.

- Wie meinen Sie das: Das Reich Gottes ist nahe?

- Können Sie kurz erklären, was Ihre frohe Botschaft von Gott ist?

- Wie gehen Sie mit der Ablehnung durch manche Menschen um?

- Weitere Fragen:

zu Arbeitskarte 7

Hilfskarte zum Nachlesen der Bibelstellen

Mt 1,21

Sie wird einen Sohn gebären; ihm sollst du den Namen Jesus geben; denn er wird sein Volk von seinen Sünden erlösen.

Mk 6,3

Ist das nicht der Zimmermann, der Sohn der Maria und der Bruder von Jakobus, Josef, Judas und Simon? Leben nicht seine Schwestern hier unter uns? Und sie nahmen Anstoß an ihm und lehnten ihn ab.

Mk 16,9

Als Jesus am frühen Morgen des ersten Wochentages auferstanden war, erschien er zuerst Maria aus Magdala, aus der er sieben Dämonen ausgetrieben hatte.

Lk 2,7

Und Maria gebar in Bethlehem ihren Sohn Jesus, den Erstgeborenen. Sie wickelte ihn in Windeln und legte ihn in eine Krippe, weil in der Herberge kein Platz für sie war.

Lk 3,23

Jesus war etwa dreißig Jahre alt, als er zum ersten Mal öffentlich auftrat. Man hielt ihn für den Sohn Josefs.

Joh 19,30

Als Jesus von dem Essig genommen hatte, sprach er: Es ist vollbracht! Und er neigte das Haupt und starb.

Kurztext zu Arbeitskarten 9 und 11

✂ --

In Jerusalem wurde er verhaftet.
Dort starb er am Kreuz.

✂ --

Vor zweitausend Jahren
war das Land Israel
von römischen Soldaten besetzt.
Damals wurde Jesus in Bethlehem
von Maria geboren.
Er wuchs in Nazareth auf.
Jesus ging bei Josef
in die Lehre als Zimmermann.

✂ --

(Finde deine eigene Überschrift)

Die Geschichten von Jesus
sind wie eine gute Nachricht,
ein Evangelium.

✂ --

Christen glauben,
dass Jesus auferstanden ist und jetzt bei Gott lebt.

✂ --

Der Name Jesus bedeutet:
Gott ist Hilfe.

✂ --

Mit dreißig Jahren
ging Jesus von zuhause weg.
Er wanderte durch Israel.
Dabei erzählte er
vom Königreich Gottes,
von Gottes Liebe
zu den Menschen.

Langtext zu Arbeitskarten 9 und 11

✂ --

Mit dreißig Jahren ging Jesus von zuhause weg und ließ sich von Johannes taufen. Er wanderte mit seinen Jüngern durch Israel. Dabei erzählte er vom Königreich Gottes, in dem alle Menschen Gottes Liebe und Hilfe erfahren. Er verkündete wie der Prophet Jesaja im Alten Testament, dass die Kranken gesund werden und die unglücklichen Menschen nicht mehr leiden müssen.
Er forderte die Menschen auf, ihren Besitz an arme Leute zu verteilen.
Er erzählte vom barmherzigen Gott, der allen verzeiht. Jesus nannte Gott „Abba“, das bedeutet „Vater“. „Das Reich Gottes ist nahe!“, predigte er. Es ist auch heute noch die „frohe Botschaft“, das Evangelium.

✂ --

(Finde deine eigene Überschrift)

Schon viele haben versucht, von Jesus zu erzählen.
Die Geschichten von Jesus sind wie eine gute Nachricht, ein Evangelium. Jesu Worte und Taten haben Matthäus, Markus, Lukas und Johannes für uns aufgeschrieben. Wir können die vier Evangelien im zweiten Teil der Bibel, im Neuen Testament lesen.

✂ --

Zum Paschafest zog Jesus nach Jerusalem. Dort wurde er nach dem letzten Abendmahl verhaftet und zum Tode verurteilt. Er starb am Kreuz. Der römische Hauptmann, der alles miterlebt hatte, sagte nach seinem Tod: „Dieser Mann war wirklich Gottes Sohn!“.
An Jesu Tod denken wir am Karfreitag. Drei Tage später ist der Stein vom Eingang seines Grabes weggerollt und das Grab leer.
Christen glauben, dass Jesus auferstanden ist und jetzt bei Gott lebt.
Das feiern wir an Ostern.

✂ --

Vor zweitausend Jahren war das Land Israel von römischen Soldaten besetzt. In Israel lebten die Juden, ein Volk von Bauern, Handwerkern, Hirten und Fischern. Sie sehnten sich nach einem Retter, der ihr unterdrücktes Land von der römischen Herrschaft befreit.
Damals wurde Jesus in Bethlehem von Maria geboren. Das feiern wir an Weihnachten.
Der Name Jesus bedeutet: Gott ist Hilfe.
Er wuchs in Nazareth auf. Jesus ging bei Josef, dem Mann von Maria, in die Lehre als Zimmermann.

✂ --

zu Arbeitskarte 12

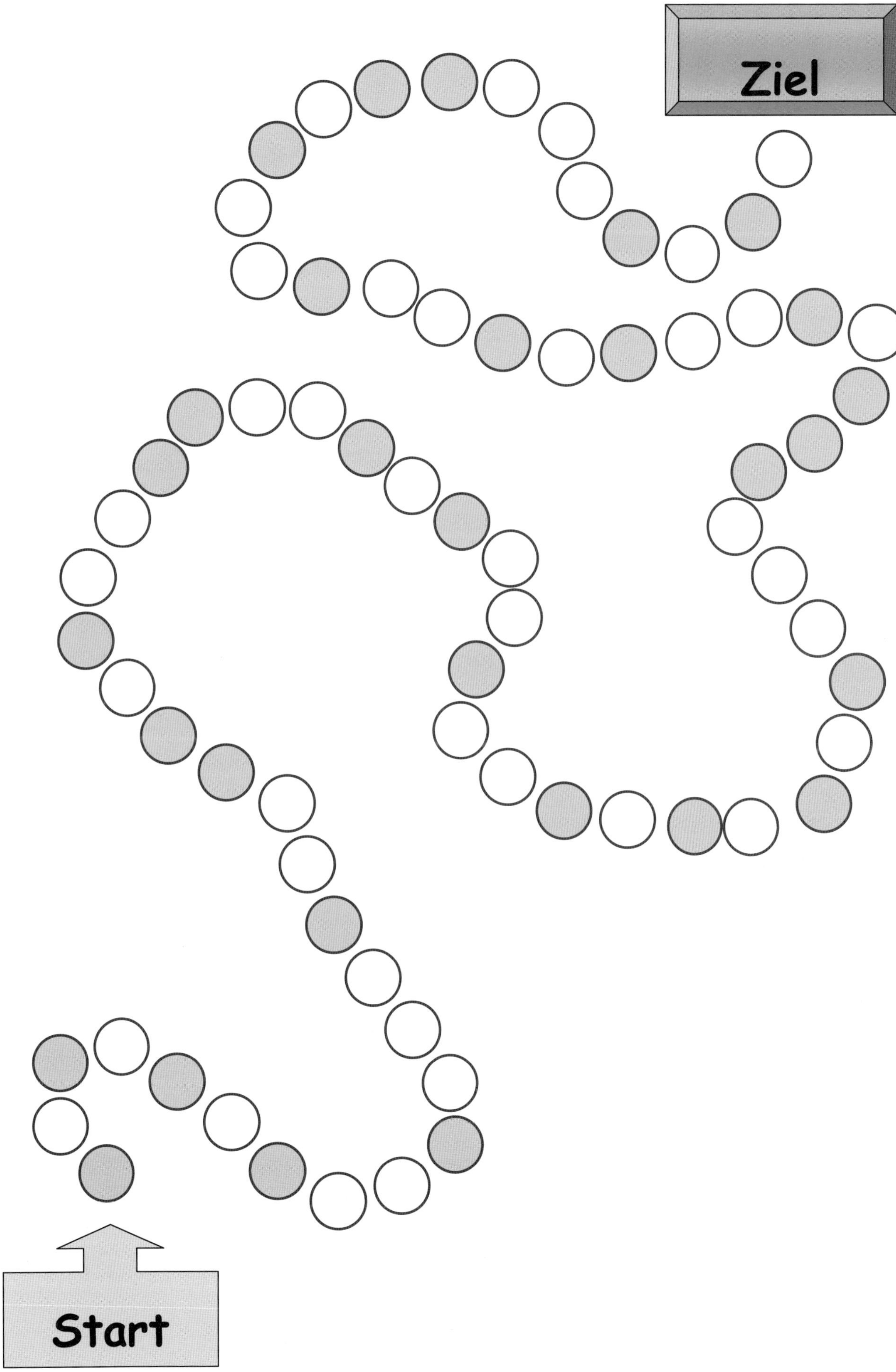

KAPITEL 7

Methoden der Arbeit mit Bildern

» Ein Grundmodell des Umgangs mit Bildern im RU

» Methoden der Arbeit mit Bildern

» Ernst Barlach, Der Müde
Interpretation
Vorschläge zur praktischen Umsetzung und Vertiefung

» Max Bill, Fünfzehn Variationen über ein Thema
Das Thema
Interpretation
Vorschläge zur praktischen Umsetzung und Vertiefung

7. Methoden der Arbeit mit Bildern

Ein Bild, das im Religionsunterricht gezeigt wird, sollte von seinem künstlerischen Anspruch her nicht nur einfach eine Illustration zu einer bestimmten Bibelstelle oder einem religiösen Motiv darstellen. Wenn Formen und Strukturen einer Abbildung restlos in Worte gefasst werden können, bietet es keinen Anreiz mehr zum intensiven Wahrnehmen und Sich-Auseinandersetzen mit dem Bildgehalt.[74] Die Darstellungsform eines Bildes sollte aufgrund ihres tieferen Sinngehaltes zu differierenden Interpretationen führen, die die Grundlage einer dialogischen Begegnung zwischen Bild und Betrachter/in bilden. „Das gelingt der Bildsprache dann besser, wenn das Bild auf die Kraft seines sinnlich-ästhetischen Ausdrucks vertraut, und nicht um vordergründig bessere Verständlichkeit bemüht den Preis von Eindeutigkeit und Bestimmtheit zahlt, sondern weiß, dass gerade auch Offenheit der Aussage Orientierung bieten kann."[75]

Damit es zu diesem echten Dialog kommen kann, der elementare Erfahrungen und Lebensfragen der Schüler/innen thematisiert, sollen Bilder nicht nur als visueller Impuls für einen Einstieg oder als mündliche Zusammenfassung der Unterrichtsinhalte eingesetzt werden, sondern der Stunde in Form eines zentralen Mediums dienen. Die Schüler/innen, die im Alltag einer Bilderflut von Videofilmen, Computerspielen, Comics und Werbung ausgesetzt sind, werden so zum intensiven, konzentrierten Betrachten eines Bildes oder eines Details herangeführt. Bilder bieten die Möglichkeit, Unterrichtsinhalte sowohl in kognitiver Weise zu erschließen, als auch affektiv-emotional zu verinnerlichen und vertiefen. Sie gelten als lernwirksamer als sprachbetonte Medien, weil die visuellen Reize bildhafte Denkprozesse anstoßen.

Voraussetzung für eine solch nachhaltige, lerneffektive Auseinandersetzung mit einem Bild ist die entsprechende Präsentation:
Um die Motivation der Schüler/innen zu erhöhen, sollte der Overheadprojektor oder Beamer erst eingeschaltet werden, wenn alle Lichtquellen verdunkelt sind und die Klasse von ihrem Verhalten her zur Ruhe und Aufmerksamkeit bereit ist. Deckt man bei einer Foliendarstellung auf dem Tageslichtprojektor das die Folie umgebende „Fremdlicht" mit einem Rahmen aus Pappe ab, so wird der Blick des Betrachters/der Betrachterin auf die Projektion fokussiert; farbige Abbildungen gewinnen durch die sie umgebende Dunkelheit an Leuchtkraft und Brillanz. Weiterhin ist darauf zu achten, dass die Wandfläche oder die Leinwand von der Projektion nicht überschnitten und womöglich noch die Decke des Klassenzimmers oder die Tafel miteinbezogen werden.

Das folgende Kapitel beschäftigt sich zunächst mit unterschiedlichen Zugängen und Lernwegen im Umgang mit Bildern, dann wird die konkrete Arbeit mit einer gegenständlichen Graphik (Ernst Barlach, „Der Müde") sowie einem nichtgegenständlichen Kunstwerk (Max Bill, „fünfzehn variationen über ein thema") vorgestellt. Der Blick auf die Vielfalt religionspädagogischer Methoden zur Bildbetrachtung und -erschließung lässt die Frage aufkommen, inwieweit hier ein gegenstandsloses Bild ohne vordergründige religiöse Dimension „verzweckt" wird. Max Bill selbst hat das aus der mathematischen Denkweise hervorgegangene „thema" in 15 Variationen abgewandelt und mit konkreten Bildmitteln neu interpretiert. Ihm ging es dabei um ein „reines Spiel von Form und Farbe"[76], indem ein „einziges Thema, das heißt eine einzige Grundidee zu fünfzehn sehr verschiedenen Gebilden führt"[76], das die Möglichkeit, „noch weitere Variationen aus dem gleichen Thema zu entwickeln"[76], zulässt.

---

74 *Vgl. Günter Lange, Zum Umgang mit Bildern der Kunst im Religionsunterricht, unter: http://www.uni-leipzig.de/ru/lange/rukunst.htm (Stand 07.07.2011).*
75 *Hans-Bernhard Petermann, Ein Zeichen geben – Skizzen zur Erschließung religiöser Bilderbücher am Beispiel der Noah-Geschichte, in: „Im Himmelreich ist keiner sauer". Kinder als Exegeten, Anton A. Bucher u. a. (Hg.), Jahrbuch für Kindertheologie Bd 2, Stuttgart 2003, 155.*
76 *Max Bill, Zürich, November 1938, in: Max Bill, Retrospektive. Katalog zur Ausstellung, Frankfurt 1987, 81.*

Um sich nicht bei dem nach mathematischen Gesetzen gestalteten Bild dem Vorwurf der bloßen religionspädagogischen Vereinnahmung auszusetzen, müssen Zugänge gefunden werden, die dem Kunstwerk gerecht werden. Dazu gehört eine intensive Bildbetrachtung ebenso wie eine gründliche Erschließung mittels vielfältiger sinnenhafter Weisen, die dem Kunstwerk einen Eigenwert und eine Eigenwirkung einräumen.[77] Erst im Anschluss an die werkimmanente Analyse kann das Kunstwerk aufgrund seiner neuen Sicht der Wirklichkeit, die die gewohnte Wahrnehmungs- und Erfahrungsweise aufbricht, mit einem religionspädagogischen Thema in eine wechselseitige Beziehung treten, indem es die Schüler/innen zur Interpretation und Orientierung in der ihn bestimmenden gesellschaftlichen Wirklichkeit befähigen soll.

77 *Vgl. Annegret Reese-Schnitker, Alexander Schimmel, Mit zeitgenössischer Kunst lernen, in: KatBl 135 (2010), 366.*

Ein Grundmodell des Umgangs mit Bildern im RU[78]

1. ***Erstbegegnung mit dem Bild***
   Die Subjektivität der Schüler/innen begegnet der Objektivität des Bildes.
   Unter Umständen Bemerkungen und Impulse, welche die Erstbegegnung erleichtern.

2. ***Das Bild in Ruhe anschauen***
   Stilles Betrachten und Abtasten des Bildes:
   „Lassen wir uns etwas Zeit und schauen uns das Bild zunächst einmal an!"

3. ***Immanente Beschreibung***
   Das, was wir sehen, „zeichnen" wir in Worten gemeinsam nach. Wir „gehen" beschreibend im Bild „spazieren". Scheinbar „Unwichtiges" und „Selbstverständliches" soll genannt werden:
   - Beschreibung der Farben, Formen, Gesten, des Bildaufbaus, der Struktur etc.
   - Beschreibung der auf dem Bild dargestellten Personen und Geschichten etc.
   Impuls: Ich sehe …

4. ***Kontextuelle Betrachtung***
   Die Lehrkraft bringt Informationen in den Erschließungsprozess ein, die im Bild nicht unmittelbar ersichtlich sind oder nicht abgeleitet werden können, d. h. von außerhalb kommen:
   - ikonographische Bedeutung von Farben, Linien, Gesten, Symbolen, Gewändern etc.
   - biblischer Bezugstext
   - Entstehungssituation des Bildes
   - biographische Informationen zum/zur Künstler/in und seinem/ihrem Anliegen
   - Bedeutung des Bildes in verschiedenen Epochen und bei verschiedenen Menschen (Wirkungsgeschichte)

5. ***Deutung des Bildgehalts aus der bisher rekonstruierten Bildgestalt***
   Worum geht es in diesem Bild? Wie hat der/die Künstler/in das Thema dargestellt und gedeutet? Was ist hervorgehoben? Welche Probleme und Überzeugungen kommen dabei zum Ausdruck? Welche Glaubensüberlieferung spiegelt sich in dem Bild?
   Impuls: Ich meine …

6. ***Bildbegegnung***
   Die Bilderschließung soll wieder zur Subjektivität der Schüler/innen zurückführen:
   „Wo finde ich mich in dem Bild wieder?", „Was zieht mich an, womit habe ich Schwierigkeiten?"
   „Wenn die Personen auf dem Bild sprechen könnten, was würden sie sagen?" (wichtig dabei, die wörtliche Rede zu verwenden) etc.

7. ***Sicherung – Vertiefung***
   Das Erarbeitete wird (im Heft) gesichert.
   Arbeitsaufträge, die Bild und Bibeltext sich gegenseitig erschließen lassen und die elementare Wahrheit herausstellen, werden ausgeführt.

8. ***Ausdruck – Gestaltung***
   Die Schüler/innen gestalten ihre mit dem Bild gemachten Erfahrungen: Meditative Gestaltung von Umrisszeichnungen, Kolorieren, Malen mit Modifikationen, kreative Texte etc.

9. ***Ausklang***

78 *Hans Schmid, 129ff.*

Methoden der Arbeit mit Bildern

Sukzessive Bildbetrachtung
Nur ein Detail vom Bild wird zunächst vorgestellt und interpretiert. Schrittweise wird so das ganze Bild zugänglich gemacht.

Detaillierte Bildbetrachtung
Aus Pappe wird ein Quadrat (= Fenster) oder eine Lupe herausgeschnitten und auf die Abbildung gehalten bzw. geheftet. Durch das Fenster oder die Lupe wird ein Bildmotiv fokussiert.

Verfremdung des Bildes durch eigene Farbgebung
Eine Konturzeichnung des Bildes wird mit den Farben, die die Schüler/innen selbst auswählen, koloriert und anschließend die Farbwahl begründet.

Wörterbörse
Assoziativ werden von jedem/r Schüler/in drei Begriffe zum Bild auf eine Wortkarte geschrieben. In Partnerarbeit tauschen sich die Schüler/innen aus und setzen sich mit ihren Begriffen auseinander. Im Plenum kommt es dann zu einer Diskussion über die unterschiedlichen Begriffe und Ansichten.

Klangcollage
Mit (Orff-)Instrumenten werden passende Klänge in einem bestimmten Rhythmus zu Bildmotiven, Farben oder Formen erzeugt, z. B.
sprudelnder Quell ⇨ schnelle hohe Töne eines Glockenspiels
steiniger Weg ⇨ langsame, dumpfe Töne auf einer Trommel
diagonale Linie von links unten nach rechts oben ⇨ aufsteigende Tonfolge

Bild ergänzen
Ein Bildsegment (z. B. die linke obere Ecke) wird den Schüler/inne/n ausgehändigt mit der Aufforderung, daraus ein vollständiges Bild zu gestalten. Anschließend werden die Arbeiten der Schüler/innen mit dem Original und der Intention des Künstlers verglichen.

Legebild
Eignet sich besonders bei ungegenständlichen, eher geometrischen Bildern: Mit Tüchern, farbigen Papieren und entsprechenden Gegenständen wird das Bild auf dem Boden nachgestaltet. Im weiteren Verlauf lassen sich Bibelworte, Satzkarten oder Begriffe um das Bodenbild zur Weiterarbeit legen.

Interview mit dem Bild
Eine Gruppe von Schüler/inne/n richtet Fragen an das Bild. Eine andere Gruppe versucht, diese Fragen angemessen zu beantworten.

Ausdrucksbild
Emotionen wie Wut, Angst, Trauer, Ohnmacht, Freude werden nur mit Farben und Formen expressiv zum Ausdruck gebracht (Wasserfarben, Pastellkreiden, Filzstifte und Eddings, Tafelkreiden, Fingerfarben ...)

Bildübermalung
Eine Abbildung wird von den Schüler/inne/n durch Übermalen, Ausschneiden, Weitermalen, Hinzufügen … nach eigenem Empfinden neu gestaltet. Was ändert sich an der Bildaussage?

Ernst Barlach, Der Müde

Lithographie, 1916, aus der Folge „Der Bildermann", 293 x 217 mm

Ernst Barlach, Der Müde

Lithographie, 1916, aus der Folge „Der Bildermann", 293 x 217 mm

Interpretation[79]

Das Werk Ernst Barlachs kreist im Wesentlichen um den Menschen. Dabei geht es weniger um Personen mit individuellen Zügen, sondern in knapp vereinfachter ausdrucksstarker Form gestaltete Typen und Charaktere von symbolhafter Bedeutung. Die Figuren sind meist von irgendwelchen Anbindungen an materielle Gegebenheiten, Situationen oder an ein Umfeld befreit. Es zählt allein der seelische Ausdruck, der in ihnen sichtbar wird – starke, elementare Gefühle wie Leid, Schmerz, aber auch Sehnsucht und Freude.

„Der Müde" passt entsprechend in die Schaffensweise Barlachs. Die Abbildung ist fast ganz ausgefüllt von seiner Gestalt. Man kann sehen, dass er sich irgendwo niedergelassen hat, bekommt jedoch keinerlei Informationen über den Ort und die Situation. Vorn und hinter ihm sehen wir lediglich horizontal und diagonal gezeichnete flüchtige Striche. Nur er und seine Müdigkeit stehen zunächst im Mittelpunkt.
Ebenso wie der Hintergrund bleibt auch seine Kleidung ganz unbestimmt. Er trägt ein völlig zeitloses Gewand, das bis zu den Knien reicht. Darunter schaut ein Paar knöchelhoher Stiefel hervor. In den Händen hält er einen schweren Stock, wie man ihn bei einer längeren beschwerlichen Wanderung verwendet, hier liegt vielleicht das Symbol für eine Zeit der Mühsal und Anstrengung, die hinter ihm liegt.
Die Haltung des Mannes weist auf starke Erschöpfung hin – da scheint der Titel „Der Müde" noch recht behutsam. Er lehnt sich – anscheinend am Ende seiner Kräfte – an eine nur angedeutete Lehne. Die Beine sind weit auseinander gefallen, kraftlos. Sie reichen bis zum Bildrand, das eine ist sogar angeschnitten. Die Hände umfassen den Stock, gleichsam als Stütze, sonst würden sie hilflos herabhängen. Auf den ersten Blick scheinen die Augen abgewandt, seitlich blickend, erst bei genauerem Betrachten wird deutlich, dass die Augen geschlossen sind – der Mann ist völlig seiner Erschöpfung hingegeben.

Die Gestalt des Müden füllt das Bild in der Diagonale von links unten nach rechts oben aus. Im linken oberen Teil ergibt sich dadurch der freie Raum, in den eine engelhafte weibliche Gestalt gleichsam hineinschwebt. Auch sie ist nicht im Einzelnen durchgezeichnet. Man sieht nur ihren Oberkörper in der Waagerechten auf den Mann zukommen. Eine Hand legt sie dem „Müden" liebevoll um die Schulter, die andere umfasst sein Kinn. Die Gesten sind von einer unendlichen Behutsamkeit; dazu passt das Gesicht von einem strahlenden Weiß, das dem Müden zugewandt ist und ihn mitleidig betrachtet. Hier zeigt sich symbolhaft, was Zuwendung, Mitfühlen, Nähe in einer Situation der Erschöpfung oder Einsamkeit bedeuten. Dabei weist die unausgeprägte Gestalt des Engels darauf hin, dass Gott seine Boten in unterschiedlichen Erscheinungen schickt: In jedem mir zugewandten Menschen, in jedem liebevollen Wort, in jeder guten Erfahrung kann mir ein Engel begegnen.

---

79 Nach Sigrid Berg, Mit Engeln durchs Jahr, München und Stuttgart 1998, 124–127.

Ernst Barlach, Der Müde, 1916

Vorschläge zur praktischen Umsetzung und Vertiefung

- **Sukzessive Bildbetrachtung** – Begleitet von Hintergrundmusik wird zunächst die Abbildung des Engels gezeigt. Nach einem Unterrichtsgespräch (Ist die Figur gleich als Engel identifizierbar? Wie hat der Künstler das erreicht? Intention des Engels?) wird das gesamte Bild aufgedeckt und besprochen.

- **Bildtitel suchen** – Die Schüler/innen suchen evtl. in PA oder GA einen Titel für die Abbildung und begründen gegenüber der Klasse ihre Wahl.

- **Kolorieren** – Die Schwarz-Weiß-Abbildung wird mit den Farben koloriert, die nach Meinung der Schüler/innen die Stimmung der Zeichnung bzw. ihre eigene Befindlichkeit zum Ausdruck bringt.

- **Bildübermalung** – Die Kopie der Abbildung wird mit Wasserfarbe, Fingerfarben, Wachsmalkreiden und/oder Sprühfarbe überdeckt bzw. wesentliche Bildelemente werden auf diese Weise akzentuiert.

- **Collage** – Einzelne Bildelemente wie der „Müde“, der Engel oder der Stock werden ausgeschnitten und mit anderen Bildausschnitten, z. B. aus Illustrierten in einen neuen inhaltlichen Kontext gestellt. Eventuell werden mit einem Kohle- oder schwarzem Filzstift Linien ergänzt.

- **Identifikation** – Die beiden Figuren werden ausgeschnitten und auf einem weißen Blatt so einander zugeordnet, dass eine neue Beziehung entsteht (evtl. die eigene Gottesbeziehung?). Die Abbildung wird somit zu einem eigenen Bild umgestaltet, u. a. auch durch Anmalen, Übermalen, etwas wegstreichen oder hinzufügen, markieren ...

- **Standbild** – Die Haltung des „Müden“ wird nachgestellt.
  Dann überlegen sich die Schüler/innen weitere Haltungen, die entsprechend der Abbildung Müdigkeit bzw. ähnliche elementare Erfahrungen darstellen und stellen sie vor.
  Auflösung des Bildes: Durch eine Berührung erwacht der „Müde“ ...

• Psalmverse

Mutlos sein und sich elend fühlen – Angenommen sein und vertrauen
Die Schüler/innen suchen sich ein Psalmwort aus und schreiben es über/unter die fotokopierte Abbildung in ihr Heft. Anschließend formulieren sie schriftlich ihre Gedanken zu diesem Bild und dem Psalmwort.

Die Schüler/innen schreiben ein eigenes Psalmwort zu dem Bild, so wie es in der Bibel stehen könnte.

Ps 31,14	*Ich höre, wie viele über mich lästern.*
Ps 25,16	*Ich bin so einsam, und mir ist so elend.*
Ps 31,13	*Ich bin wie ein zerbrochenes Gefäß.*
Ps 22,7	*Ich bin wie ein Wurm, kein Mensch mehr, von den Leuten verspottet und verachtet.*
Ps 22,16	*Du hast mich in den Staub geworfen.*
Ps 22,20	*Bitte bleib nicht fern, du kannst mich stärken.*
Ps 38,9	*Ich habe keine Kraft, ich bin völlig zerschlagen.*
Ps 39,3	*Ich bin verstummt und still, ich schweige fern der Freude. Ich muss mein Leid in mich fressen.*
Ps 40,13	*Ich habe mehr Fehler als Haare auf dem Kopf.*
Ps 13,3	*Wie lange sollen mich meine Sorgen quälen?*
Ps 69,4	*Ich bin müde vom Rufen, meine Kehle ist heiser, mir versagen die Augen, während ich warte auf meinen Gott.*
Ps 69,15	*Zieh mich aus dem Schlamm, lass mich nicht versinken. Rette mich vor denen, die mich hassen.*
Ps 106,5	*Wenn du die Menschen lieb hast, denk auch an mich!*
Ps 31,8	*Du siehst mein Elend an.*
Ps 73,23	*Du hältst mich liebevoll an der Hand.*
Ps 103,3	*Du verzeihst mir meine Fehler.*
Ps 143,8	*Zeige mir den Weg, den ich gehen soll. Ich lege mein Leben in deine Hand.*
Ps 3,4	*Du richtest mich auf.*
Ps 4,2	*Du tröstest mich in Angst.*
Ps 91,4	*Du kennst mich bei meinem Namen.*
Ps 131,2	*Wie ein gestilltes Kind bei seiner Mutter, so still bin ich.*

• Gebet schreiben

Ein Gebetsanfang wird vorgegeben, der von den Schüler/innen/n nach ihrem persönlichen Empfinden fortgeführt wird.[80]

Guter Gott,

nimm die Angst,
wenn ____

richte mich auf,
wenn ____

gib mir Mut,
wenn ____

sei in meiner Nähe,
wenn ____

schenke mir Zuversicht,
wenn ____

gib mir Hoffnung,
wenn ____

80 *Konrad Bürgermeister u. a., Bei Sinnen sein. Zu sich und zu Gott finden, 108.*

- **Segenswunsch** Elija erfährt durch den Engel Gottes Zuwendung und Begleitung (1Kön 19,1–13a). Auch wir wissen uns von Gott begleitet und brauchen seine „Berührung“, seinen Segen.

Irischer Segensspruch Gott sei dir nahe in allem, was dir begegnet.	Irischer Segensspruch Gott schenke dir Menschen, die dich mögen und dir Mut machen.
Irischer Segensspruch Gott sei in dir, in deinem Herzen, um dich zu trösten, wenn du allein bist.	Irischer Segensspruch Gott sei neben dir immer und ewig, um wie ein guter Freund dich zu lieben.
Gottes guter Segen sei mit dir, um dich zu schützen, um dich zu stützen auf all deinen Wegen!	Fang mich auf, wenn ich mich fallen lasse! Fang mich auf, wenn ich ins Leere fasse! Fang mich auf in meinen Dunkelheiten! Fang mich auf in meinen schweren Zeiten!

Arbeitsaufträge (evtl. in Auswahl)

- Suche dir das Segenswort heraus, das deiner Meinung nach am besten zu dem „Müden“ von Ernst Barlach passt!
- Schreibe es in Schönschrift auf (evtl. auf liniertes Kartonpapier).
- Schreibe deine eigenen Gedanken dazu auf!
- Schreibe das Segenswort weiter!
- Schreibe ein Segenswort auf, schneide es aus, klebe es auf farbigen Karton und überlege dir, wem du es schenken möchtest!

Mein Segenswunsch für dich:

____

____

____

- **Traumbild**

  Einfühlungsübung: Stell dir vor, du seist der „Müde“ und schläfst vor Erschöpfung ein. Plötzlich fängst du an zu träumen.
  Male dein eigenes Traumbild!
  Evtl. Bezug zu Gen 46,1–4: Jakob erfährt in einer nächtlichen Vision: „Ich bin mit dir auf deinem Weg.“

- **Identifikation durch Gedanken**

  Beim Unterrichtsthema „Elija“ oder „Hiob“ schreiben die Schüler/innen mögliche Gedanken der biblischen Gestalten auf und kleben sie zum „Müden“ in die Abbildung.

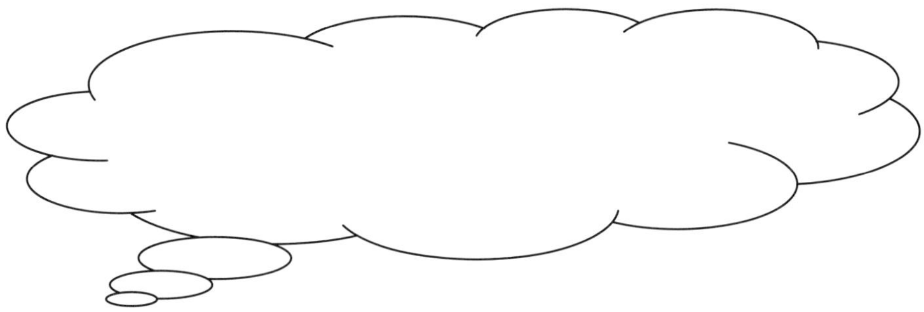

- **Kreatives Schreiben**

  Ein Textanfang wird vorgegeben und von den Schüler/inne/n weitergeführt:

Das kann ein Engel sein:

Einer, der zu dir kommt,
wenn du allein bist,

einer, der dein Gesicht streichelt,
wenn du ängstlich bist oder traurig,

einer, der zu dir hält,
wenn die anderen dich auslachen ...

einer, der ______________________________

wenn ______________________________

Sigrid Berg, Mit Engeln durchs Jahr, © 1998, Kösel-Verlag, München, in der Verlagsgruppe Random House GmbH, 164.

- **Gedicht**

Das Gedicht von Rose Ausländer lädt dazu ein, ein eigenes Bild zu gestalten, in dem der/die Schüler/in sich selbst malt und seine/ihre Erfahrung mit einem „Engel“ in unterschiedlicher Erscheinung.
Als anspruchsvolle differenzierende Maßnahme kann auch ein eigenes Gedicht *(s. auch 2. Strophe)* geschrieben werden.
Überlegung zum letzten Vers: Wie können wir einander zu Engeln werden?

Der Engel in dir

Der Engel in dir
freut sich über dein
Licht
weint über deine Finsternis

Aus seinen Flügeln rauschen
Liebesworte
Gedichte Liebkosungen

Er bewacht
deinen Weg

Lenk deinen Schritt
engelwärts

Rose Ausländer, Der Engel in dir.
Aus: dies., Ich höre das Herz des Oleanders. Gedichte 1977–1979

- **Psalmvers Engel (Ps 91,11)**

Wenn ich mir einen Engel wünsche ...
Die Schüler/innen schreiben weiter:

Seinen Engeln hat Gott befohlen,
dich zu behüten auf all deinen Wegen.

Seinen Engeln hat Gott befohlen,

____

Seinen Engeln ____________________

____

- **Schwarz-Weiß-Gestaltung zur (Gottes-) Begegnung**

Auf Packpapier gestalten die Schüler/innen entsprechend der Schwarz-Weiß-Lithographie eine Begegnung zwischen Kontrastpaaren, z. B. müde – wach; ängstlich – hoffnungsvoll; verzagt – mutig; zurückziehen – entgegenkommen etc. Um den Gegensatz intensiver herauszuarbeiten, wird schwarzer Kohlestift und weiße Tafelkreide verwendet. Dabei sollten nicht nur Umrisse skizziert, sondern flächige Darstellungen – gegenständlich oder abstrakt – gestaltet werden.

Max Bill, fünfzehn variationen über ein thema, 1938

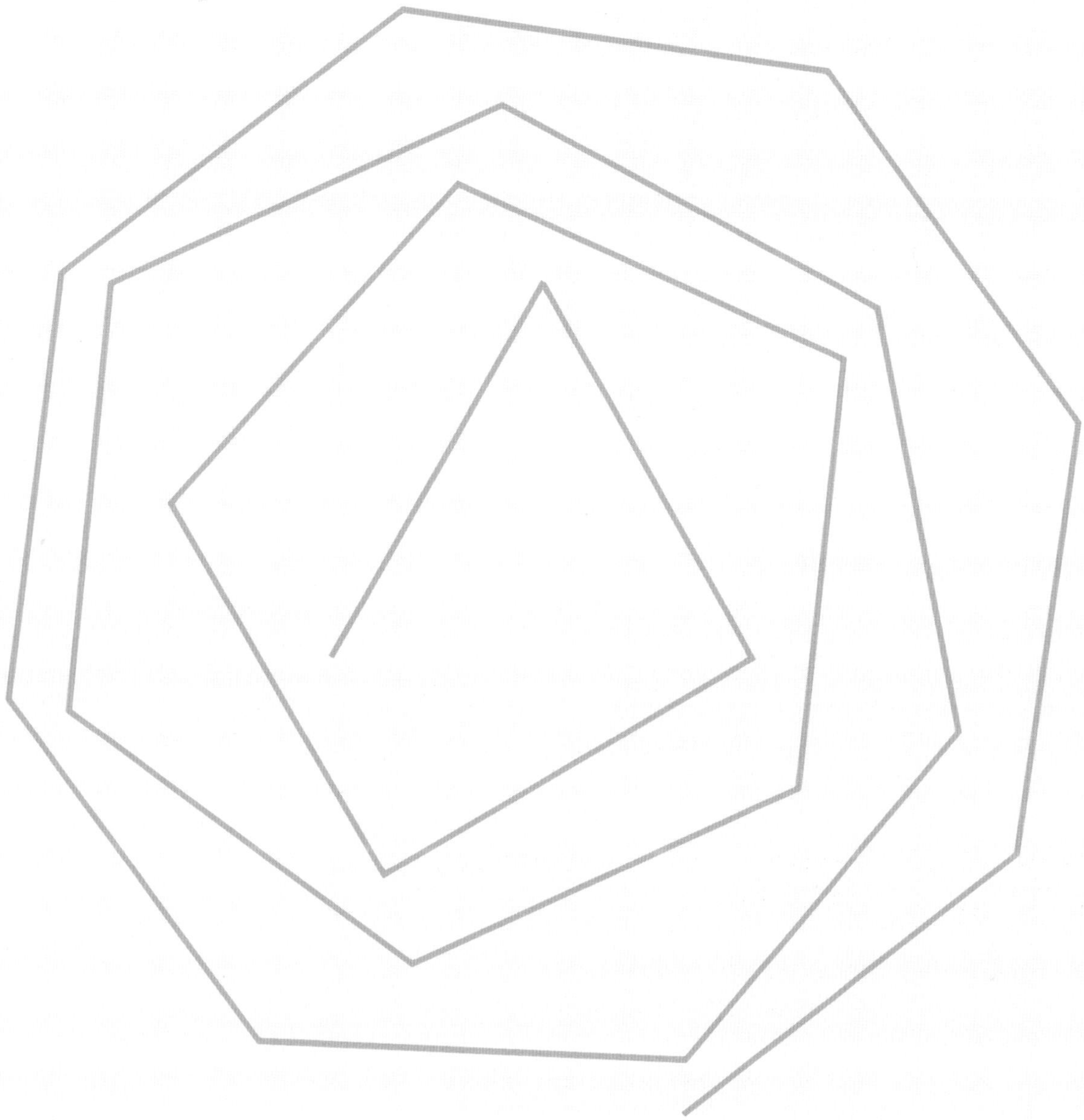

Max Bill, Fünfzehn Variationen über ein Thema © VG Bild-Kunst, Bonn 2013.

Max Bill, fünfzehn variationen über ein thema, 1938

Interpretation:

Der Schweizer Künstler Max Bill (1908–1987) gilt als ein Vertreter der „Konkreten Kunst", eine aus der mathematischen Denkweise hervorgehenden Kunstrichtung. Dabei geht die geometrische Kunst nicht von einem Abstraktionsvorgang aus, sondern basiert auf dem unmittelbaren Umgang des Künstlers mit den konkreten Bildmitteln, wie Fläche, Linie, Volumen, Raum und Farbe.

Das serielle Kunstwerk „fünfzehn variationen zu einem thema" zeigt als Grundthema eine spiralenähnliche Entwicklung in Form einer schwarzen Linie, die von einem gleichseitigen Dreieck in ein gleichseitig-gleichwinkliges Achteck überführt. Grundidee der „variationen" ist das Spiel einfachster Elemente, die die Unbegrenztheit und gleichzeitig die logische Beweisführung der Variationsmöglichkeit der „Konkreten Kunst" darlegen sollen.[81]

Religionspädagogischer Bezug:

In der Form der Spirale „wird das ständige Kreisen um eine Mitte in endloser Wiederholung durchbrochen bzw. überstiegen. Als Bewegung nach innen bringt sie Verdichtung, Konzentration, Introversion. Als Bewegung nach außen bedeutet sie Weitung, Extraversion".[82]

Ziel einer Spirale ist somit entweder die Mitte, aber auch die Weite. Auf dem Weg zur Mitte beginnen wir an irgendeinem Punkt und gehen weiter, wobei der Weg uns das Nachdenken über uns selbst, das Zu-sich-selbst-finden und die (meditative) Suche nach dem Eigentlichen und Wesentlichen, nach Gott ermöglicht. Somit wird die Spirale zum Symbol der Gotteserfahrung des Menschen. Der Weg nach außen bedeutet den Aufbruch aus der Geborgenheit in das Leben, hin zu den Mitmenschen, die Öffnung vom Ich zum Du.

Das spiralförmige *thema* von Max Bill ist nicht rund geformt, sondern hat Ecken und Kanten – Stationen auf dem Weg zum Verweilen, zum Ausruhen und zur Neuorientierung. Der spiralähnliche Ablauf, der immer wieder durch Eckpunkte in eine andere Richtung geleitet wird, hilft uns innezuhalten und unsere Sichtweise zu reflektieren und verändern. Letzlich gelangen wir auf diesem Weg aber immer zu unserer Mitte, die uns Halt und Sinn vermittelt.

81 Vgl. Max Bill, Retrospektive. Skulpturen, Gemälde, Graphik 1928–1987, Kat. Ausst, Frankfurt 1987.
82 Religionspädagogische Praxis 1995/2, 51.

Möglichkeiten zur praktischen Umsetzung und Vertiefung:

- **Bildbetrachtung: Max Bill, *das thema*, aus: 15 variationen über ein thema**
  Die Abbildung (Folie) wird beschrieben und interpretiert (*s. Interpretation*). Zur intensiveren Aneignung fahren die Schüler/innen optisch die Linien nach.

- **Leibbezogene Bildbetrachtung**
  Auf einer Abbildung (AB), die jedem/r Schüler/in zugänglich gemacht wird, fahren die Schüler/innen mit dem Finger die Linien von außen nach innen nach. Dabei stellen sie Beziehungen und Zusammenhänge her zu ihrem eigenen Unterwegs-Sein, zu ihren eigenen Lebenswegerfahrungen. Eine vertiefende Alternative wäre, die lineare Struktur mit (abgebrannten) Streichhölzern oder Wollfäden legen bzw. kleben zu lassen.

- **Lebensweg**
  Die Schüler/innen werden aufgefordert, ihren eigenen Lebensweg von der Geburt über die verschiedenen Stationen des Lebens mit allen Kanten und Richtungsveränderungen innerhalb des „*themas*" bildnerisch darzustellen.

- **Spiralförmige Schreitprozession**
  Das „thema" wird mit Rundstäben auf den Boden gelegt. Nacheinander dürfen die Schüler/innen unter musikalischer Begleitung von einer Linie zur nächsten schreiten.

Bewegungseinheiten:
1) re. Fuß einen Schritt vor
2) li. Fuß einen Schritt vor
3) re. Fuß einen Schritt vor
4) am Platz auf dem li. Fuß zurückwiegen (plié)

Wiederholung, bis die Musik zu Ende ist.

Die Schrittfolge ist zur Suite Nr. 3, Air, D-Dur von J. S. Bach oder zu jeder getragenen, ruhigen Musik im Vierertakt möglich.[83]

- **Mandala**
  Die Schüler/innen gestalten „*das thema*" nach eigenen Vorstellungen farbig. Danach versuchen sie zu erklären, was sie mit den Farben ausdrücken wollten oder lassen vermuten.

- **Bodenmandala: Jesus ist unsere Mitte**
  Die Mitte des „*themas*" wird mit einem Tuch ausgelegt. Darauf wird eine Ikone mit dem Haupt Christi sowie ausgewählte Legematerial wie goldene Kugeln, selbst gebastelte Formen aus Goldfolie, Halbedelsteine, Glassteine ... gelegt.

- **Klangspirale**
  Die Schüler/innen versuchen mit Hilfe von Orff-Instrumenten der Linienstruktur Töne zuzuordnen, so von außen zur Mitte, von hellen zu dunklen Tönen (oder umgekehrt?)

83 Vgl. Josef Kraus, Winfried Schwarz, Elfriede Woller, Wege in die Tiefe, Kath. Schulkommissariat in Bayern (Hg.), München 1993, 34.

- **Biblischer Bezug: Weggeschichten der Bibel, die die Begegnung mit Gott als Wegerfahrung darstellen, aber auch Zweifel und Überlegungen sowie Richtungsveränderungen beinhalten, z. B.**

  - **Israels Weg durch die Wüste** (Auszug aus Ägypten; Durch das Rote Meer; Brot vom Himmel; Wasser aus dem Felsen; Am Berg Sinai; Das goldene Kalb; Mose sieht das Land)

  - **Josef und seine Brüder** (Josef und seine Brüder; Josef in Ägypten; Josef im Gefängnis; Josef vor dem König; Josef rettet Ägypten; Josefs Brüder reisen nach Ägypten; Josef söhnt sich aus)

  - **Abraham** (Gott gibt Abraham sein Versprechen; Abraham im neuen Land; Abraham muss warten; Abraham bekommt Besuch; Gott prüft Abraham)

  - **Rut** (Rut und Noomi in Moab; Rückkehr nach Betlehem; Rut befolgt Noomis Rat und wird Stamm-Mutter Jesu)

  - **Maria** (Verkündigung; Geburt Jesu; Flucht nach Ägypten; Zeit in Nazaret; Kreuzigung Jesu; Auferstehung)

  - **Jesusbegegnungen**: Samariterin am Jakobsbrunnen; Maria Magdalena; die gekrümmte Frau; die Ehebrecherin …

Methode: *„das thema“* in vereinfachter Form mit Rundstäben als Bodenbild legen lassen; die einzelnen Stationen (= Linien) werden mit Symbolen, Wortkarten oder Bildern markiert. Die Mitte wird mit besonders ausgesuchtem Legematerial gestaltet.

- **Gang nach Emmaus**
  „das thema“ wird mit Rundstäben gelegt – diesmal wird von innen nach außen gegangen. Die Mitte wird zum Zeichen der Trauer mit einem schwarzen Tuch bedeckt. Jede/r Schüler/in erzählt, wie sich die Jünger fühlen, was sie sich denken und darf dabei an einen Holzstab einen Stein legen. Am Ende der Spirale wird ein Teller mit einer Scheibe Brot gestellt, die geteilt wird. Daraufhin wird die Osterkerze angezündet und jede/r Schüler/in darf für den Weg in die Spirale den Stein durch ein Teelicht ersetzen, das an der Osterkerze angezündet wurde und formulieren, wie es den Jüngern jetzt ergeht. Zum Schluss wird das schwarze Tuch in der Mitte durch ein gelbes ersetzt, die Osterkerze darauf gestellt und ein Osterlied gesungen.

- **Reich Gottes**
  Als Jesus von den Pharisäern gefragt wurde, wann das Reich Gottes komme, antwortete er: „Das Reich Gottes kommt nicht so, dass man es an äußeren Zeichen erkennen könnte. Man kann auch nicht sagen: Seht, hier ist es! oder: Dort ist es! Denn: Das Reich Gottes ist (schon) mitten unter euch.“ (Lk 17,20f)

In die Mitte des *„themas“* als Legebild werden Reich-Gottes-Karten gelegt, vorgelesen und besprochen:

Die Werke der Barmherzigkeit:

Ich war hungrig und ihr habt mir zu essen gegeben. (Mt 25,35)
Ich war durstig und ihr habt mir zu trinken gegeben. (Mt 25,35)
Ich war fremd und ohne Wohnung und ihr habt mich aufgenommen. (Mt 25,35)
Ich war nackt und ihr habt mir Kleidung gegeben. (Mt 25,35)
Ich war krank und ihr habt mich besucht und mich versorgt. (Mt 25,36)
Ich war gefangen und ihr seid zu mir gekommen. (Mt 25,36)

Jede/r Schüler/in schreibt selbst ein Beispiel, wie er/sie das Reich Gottes erfahren hat und legt es ebenfalls in die Mitte:

Satzmuster: Ich war ...
und ihr habt/du hast ...

Dann versuchen die Schüler/innen zu reflektieren, wie sie aus diesem Geist heraus zum Heil der Menschen handeln und so Gottes Reich an möglichst vielen Orten mitten unter die Menschen kommen zu lassen. Dazu beschriften sie Wortkarten mit **Beispielen**, die sie vom Zentrum des *„themas“* nach außen legen.

Eventuell kann das Bodenbild mit Lichtsymbolik sinnenhaft unterstützt werden.

KAPITEL 8

Umgang mit Symbolen

- **Strukturmodell einer symboldidaktisch orientierten Unterrichtseinheit**
- **Wasser als Gegenstands-, Bekenntnis- und Handlungssymbol**
- **Unterrichtliche Erschließung**
- **Stationenarbeit**
- **Bodenbild**
- **Möglicher Hefteintrag**

8. Umgang mit Symbolen

Erfahrungen mit Symbolen werden schon im frühen Kindesalter gemacht. Die offene Tür, durch die ein Lichtspalt ins dunkle Zimmer dringt, nimmt die Angst vor dem Einschlafen, das Kuscheltier im Arm tröstet über die Abwesenheit der Eltern hinweg. Solche Symbolerfahrungen sind Voraussetzungen für das Verstehen biblischer Erzählungen. Da Symbole im Gegensatz zum Zeichen offen und mehrdeutig sind, ist es Aufgabe des Religionsunterrichts, mit den Schüler/inne/n Zugänge zu Symbolen zu erschließen. Denn christliche Symbole lassen sich nur dann in ihrer heilenden und sinn-orientierenden Kraft erahnen, wenn die Schüler/innen sensibilisiert werden, die Mehrdeutigkeit der Dinge in ihrer Lebenswelt zu sehen. Dieses Hinführen zum Symbol geschieht durch Wahrnehmen, Mitteilen und Gestalten von elementaren Symbolen, also durch das Lernen mit allen Sinnen. Symbole erschließen sich nicht durch Begriffe, sondern durch „Erfahrung" und „Tun". Nicht der Unterricht über Symbole ist gefordert, sondern der mit Symbolen. Nur so kann der/die Schüler/in eine emotionale Beziehung zum Symbol aufbauen. Symboldidaktik ist demnach immer eine Sensibilisierungsdidaktik. Da im Umgang mit Symbolen der ganze Mensch mit Sinnen, Geist, Wille und Gemüt angesprochen wird, eröffnet sich in der Symbolerschließung die Chance, dass der Glaube existentielle Bedeutung gewinnt.

Grund- oder Ursymbole, die auch in der religiösen Sprache der Bibel immer wieder vorkommen, sind u. a. das Haus als Symbol der Geborgenheit, der Tisch als Symbol der Gemeinschaft, Licht als Symbol des Lebens, die Tür als Symbol der Abweisung und Hoffnung und Wasser als Symbol der Reinigung, aber auch der Bedrohung.

Entgegen bisheriger Erkenntnisse der Entwicklungspsychologie (vgl. Stufen des Symbolverständnisses von Fowler im Anschluss an Piaget) gibt es heute Phänomene und Erfahrungen, die für eine Vorverschiebung des Symbolverständnisses sprechen. Grundschulkinder, aber auch Hauptschüler/innen können ein Symbol oder eine metaphorische Wendung gleichzeitig wörtlich oder übertragen verstehen. Voraussetzung dafür ist allerdings, dass die Arbeit mit symbolhafter oder metaphorischer Sprache in einem konkreten, motivierenden und emotional gestalteten Unterricht geschieht. Durch einen ganzheitlichen Umgang mit Symbolen und nicht nur durch die kognitive Leistung des Nachdenkens und Sprechens tauchen sie in die bildhafte Rede ein und werden befähigt, selbst neue Symbole und Metaphern hervorzubringen.[84]

In den folgenden Ausführungen werden Möglichkeiten gezeigt, wie ein Psalmwort mithilfe des Grundsymbols „Wasser" in vier Lernschritten erschlossen werden kann.[85]
Wasser ist die Quelle allen Lebens. Mit dem Wasser verbundene Schöpfungs-, Untergangs- und Rettungserzählungen gehören zum Grundbestand des religionspädagogischen Umgangs mit der Bibel. Durch diese Erzählungen hindurch zieht sich die Auffassung, dass Gott die Quelle allen lebendigen Wassers ist. Durch Wasser schenkt Gott Heil, Fruchtbarkeit, Leben und Segen.

84 *Vgl. Josef Kraus, Entwicklungspsychologische Fragestellungen – Impulse und Neuansätze, in: Handreichung zum Lehrplan Katholische Religionslehre, Kath. Schulkommissariat in Bayern (Hg.), München 2002, 71–74.*

85 *Vgl. Anregungen dazu, in: Thomas Gandlau, Elfriede Woller, Anregungen zu ausgewählten neuen Themen des Lehrplans. Thema 4.6 „In Bildern und Symbolen sprechen", in: Handreichung zum Lehrplan Katholische Religionslehre, Katholisches Schulkommissariat in Bayern (Hg.), München 2002, 190.*

Norbert Weidinger unterscheidet zwischen vier Lernschritten symboldidaktischen Lehrens und Lernens[86] *(s. Strukturmodell)*:

1. unmittelbares und mittelbares Erleben
2. handlungsorientiertes und sinnenhaftes Wahrnehmen
3. selbstständiges Deuten
4. neues, bewusstes Handeln

In der 1. Artikulationsstufe bildet das Durst-Haben als Kontrasterfahrung zum Element „Wasser“ die grundlegende Voraussetzung für das zwingende Bedürfnis nach Wasser. In der 2. Lernstufe erfolgt die Sensibilisierung der entsprechenden Sinne durch Wahrnehmungs- und Einfühlungsübungen, in denen das Element „Wasser“ als Erweiterung und Antipode zur 1. Artikulationsstufe akustisch, optisch und haptisch erfahren wird. So werden eigene Erlebnisse der Schüler/innen vertieft, gedeutet und erweitert, wobei sich Sachebene und Symbolebene bereits mischen können. Schließlich entdecken die Schüler/innen im dritten Lernschritt die Mehrschichtigkeit des Symbols Wasser im Psalmvers hinsichtlich der Beziehung zu Gott, wobei einige Schüler/inne/n die Beziehungsebene zunächst im anthropologischen Bereich realisieren. Zuletzt stehen Überlegungen an, welche Konsequenzen der/die Schüler/in aus dem Entdecken und inneren Erleben des Symbols zieht und wie sie sich auf die zukünftige Gestaltung seines/ihres Lebens und Glaubens auswirken. Die vierte Artikulationsstufe stellt dabei eine Alternative in der fortführenden Arbeit vor: Mit dem Weiterschreiben des Psalmverses 63,2 wird ein weiterer Zugang zur Gebetspraxis der Schüler/innen geschaffen, oder der Psalm sowie das zentrale Symbol dienen als Grundlage für die reflektierende Erinnerung an das Sakrament der Taufe als „Geschenk“ und „Aufgabe“.

86 *Vgl. Norbert Weidinger, Sich religiöse Ausdrucksmöglichkeiten aneignen – Symbolisierungsdidaktik in der Grundschule, in: Handreichung zum Lehrplan Katholische Religionslehre, Katholisches Schulkommissariat in Bayern (Hg.), München 2002, 101.*

Strukturmodell einer symboldidaktisch orientierten Unterrichtseinheit*

Artikulation	Inhalte – Sachaspekte – Methoden – Medien
Einstieg/ Motivation	• Einstieg durch Lied, Gebet, Meditation, Stille- oder Einfühlungsübung Herstellen einer stimmungsvollen Atmosphäre, z. B. durch ruhige Musik, Anzünden einer Kerze ...
Hinführung ***erleben***	• Begegnung mit dem Symbol (Gegenstand, Bild ...) Förderung der Motivation durch verzögerte Konfrontation (sukzessive detaillierte Bildbetrachtung, Aufdecken eines verpackten Gegenstandes) • Vergegenwärtigung des Symbols in seiner Erscheinungsform und Reflektieren des (alltäglichen) Erlebens im Unterrichtsgespräch • Einbringen von Assoziationen, die nicht bewertet werden dürfen
Erschließung ***wahrnehmen***	• Erschließung des Symbols mit möglichst vielen Sinnen, handlungs- und erlebnisorientiert: - visuell, z. B. eine Hand entdecken - akustisch, z. B. mit Instrumenten Wassergeräusche imitieren - taktil, z. B. einen Stein in die Hand nehmen und fühlen - olfaktorisch, z. B. das Bienenwachs einer Kerze riechen - gustativ, z. B. ein Stück Brot schmecken • Empfindungen werden wachgerufen und in Klängen, Formen, Farben nachgespürt sowie zum Ausdruck gebracht, z. B. (Klang)Collage, Finger farbenbild, Tonarbeiten ...
Vertiefung ***deuten***	• Einbindung des Symbols in einen Lebenskontext oder Denk- bzw. Glaubenshorizont, z. B. in einen biblischen Text, eine Legende, eine sakramentale Handlung, ein Fest im Kirchenjahr, in menschliches Zusammenleben ... und dessen (Be-)Deutung *Methode: z. B. kreatives Schreiben im Hinblick auf die elementaren Strukturen* • Bezug der Deutung auf das Leben der Schüler/innen (Vertiefen der Symbolik durch Symbolhandlungen, Formulieren oder Gestalten eigener Interpretationen)
Ausdrucks- und Gestaltungsphase/ Transfer ***(neu) handeln***	• Konsequenzen aus den (neu) gewonnenen Erfahrungen und Erkenntnissen für den richtigen Umgang mit diesen Symbolen sowie für die zukünftige Gestaltung des Lebens und Glaubens • Kreative Umsetzung, z. B. Gestaltung einer Collage, kreatives Schreiben, Weiterdichten von Text- oder Liedzeilen, Erstellen einer (Klassen-) Mappe zum Thema, Projekt ...

**In einer Doppelstunde sollten zumindest die ersten drei Artikulationsstufen behandelt werden. Die Stufe des „neu handelns“ bedarf in der Regel einer weiteren UE. Egal ob Einzelstunde oder Doppelstunde: Es sollte auf jeden Fall Wert auf einen strukturierten Spannungsbogen gelegt werden, sodass das Thema nicht einfach abgebrochen wird, also: Einstieg, Hinführung mit Zielangabe, Erschließung, Vertiefung, Ausdruck- und Gestaltung, Ausklang.*

Wasser als Gegenstands-, Bekenntnis- und Handlungssymbol

Ich habe Durst nach dir, mein Gott, wie dürres Land ohne Wasser (Ps 63,2)

1. Artikulations-stufe	Inhalte	Unterrichtliche Erschließung
erleben	Begegnung mit der Rose von Jericho	Rose von Jericho wird auf einem ockerfarbenen Tuch betrachtet, beschrieben, Gedanken werden assoziiert.
	Imaginationsübung	*Impuls*: Stell dir vor, die Pflanze könnte sprechen: Ich brauche Wasser. Ich möchte leben. Ich habe Durst … (Sprechblasen)
	Konfrontation mit dem Ps 63,2 (1. Teil): Ich habe Durst ...	WK Ich habe Durst – Schüler/innen schreiben eine Durstgeschichte und lesen sie vor. 

2. Artikulations-stufe	Inhalte	Unterrichtliche Erschließung
wahrnehmen	Konfrontation mit dem Ps 63,2 (2. Teil): Ich habe Durst ... wie dürres Land ohne Wasser.	*Impuls:* Ich habe Durst wie dürres Land ohne ___ Schüler/innen ergänzen: Wasser
		Stationen mit dem Gegensatz „Trockenheit, Dürre – Wasser“
	Lernstationen mit dem Gegensatzpaar „Trockenheit, Dürre – Wasser“	*1. Station:* Vertrocknete Rose von Jericho – Rose von Jericho wird bewässert und blüht auf. *AA*: Schreibe in eine Sprechblase, was die Rose jetzt sagen könnte.

2. Artikulationsstufe	Inhalte	Unterrichtliche Erschließung
wahrnehmen	Konfrontation mit dem Ps 63,2 (2. Teil): Ich habe Durst ... wie dürres Land ohne Wasser Lernstationen mit dem Gegensatzpaar „Trockenheit, Dürre – Wasser“	*2. Station:* Gestaltung eines Bodenbildes „vertrocknetes Land“ – „fruchtbares Land“ mit „Kett“- und Naturmaterialien *AA:* Besprecht, was sich verändert hat. *3. Station:* Elfchen schreiben **Durst** – **Wasser** *AA:* Lest euch eure Elfchen gegenseitig vor. *4. Station:* Betrachten eines Wüstenbildes – Malen eines Wasserbildes *5. Station:* Geräusche wahrnehmen: Wüstenwind – Wassergeräusch *AA:* Unterhalte dich mit deinem Partner, was du bei den unterschiedlichen Geräuschen empfindest *6. Station:* Empathieübung: Durst haben – Wasser trinken *7. Station:* Bildergalerie mit „ausgetrockneten“ Menschen (z. B. von Käthe Kollwitz, Paula Modersohn – Becker, Ernst Barlach …) *AA:* Suche dir ein Bild aus, das zur dürren Pflanze passen müsste. Begründe! Schreibe oder male dazu, was die Menschen „aufblühen“ lassen könnte! *Hinweis: Um diese Unterrichtsphase nicht zu ausdauernd zu gestalten, ist es auch möglich, dass jede/r Schüler/in nur eine Station bearbeitet.* *Impuls*: Du hast Situationen der „Trockenheit“ erlebt und Kontakt mit „Wasser gehabt. Schreibe jetzt auf einem „Wassertropfen“ den Satz weiter: Ich habe Durst nach … „Wassertropfen“ werden vorgelesen und kreisförmig in das Bodenbild mit der aufgeblühten Rose von Jericho und einen Wasserkrug gelegt.

3. Artikulationsstufe	Inhalte	Unterrichtliche Erschließung
deuten	Konfrontation mit dem Ps 63,2: Ich habe Durst nach dir wie dürres Land ohne Wasser. Herstellen des biblischen Kontextes	Die Schüler/innen lesen den Psalmvers auf der Satzkarte vor: Ich habe Durst **nach dir** wie dürres Land ohne Wasser. *Spontanphase* *Arbeitsaufträge 1–3:* - Überlege, was eine/r erlebt haben könnte, der/die so etwas sagt. - Überlege, wen er/sie mit „dir“ meinen könnte! - Überlege dir, was er/sie sich für die Zukunft wünscht. Ich habe Durst nach dir, **mein Gott,** wie dürres Land ohne Wasser. **Ps 63,2** *Überlege mit deinem Partner Gründe, warum jemand so zu Gott betet.* *Arbeitsauftrag 4:* - Schreibe einen eigenen Psalmvers: Ich habe Durst nach _________ wie ________________________________. Schüler/innen legen die selbst formulierten Psalmverse ins Bodenbild und lesen sie (freiwillig) in meditativer Weise vor.

4. Artikulationsstufe	Inhalte	Unterrichtliche Erschließung
(neu) handeln	***1. Alternative:*** **Ps 63,2 als Gebetssatz**	Gott, du mein Gott, dich suche ich. Ich habe Durst nach dir wie dürres, ausgetrocknetes Land ohne Wasser. Ps 63,2 🕮 Die Schüler/innen stehen im Kreis um eine Kerze und eine vergrößerte Kopie des Psalmwortes. Der Satz wird meditativ vorgelesen – dann wird in Stille kurz innegehalten. 🕮 Die Schüler/innen erhalten eine Abbildung mit einem „vertrockneten“ Menschen aus der 7. Station der Stationenarbeit.

4. Artikulations-stufe	Inhalte	Unterrichtliche Erschließung
(neu) handeln		AA: Schreibe auf, was der Mensch erlebt haben könnte. Schreibe auf, was er sich wünscht. Dann formulieren die Schüler/innen Gebetssätze mit folgendem Satzmuster: 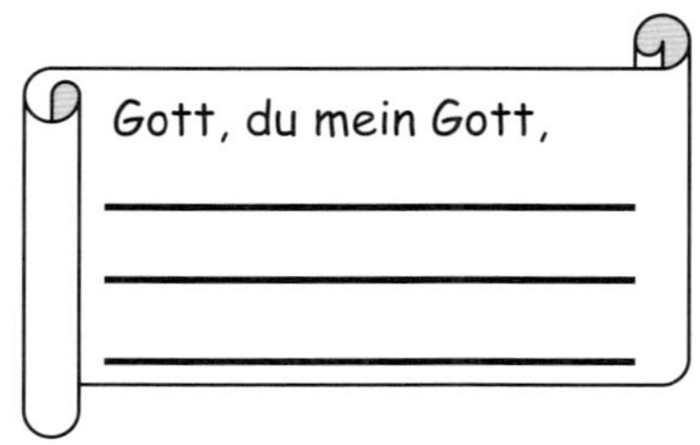 oder 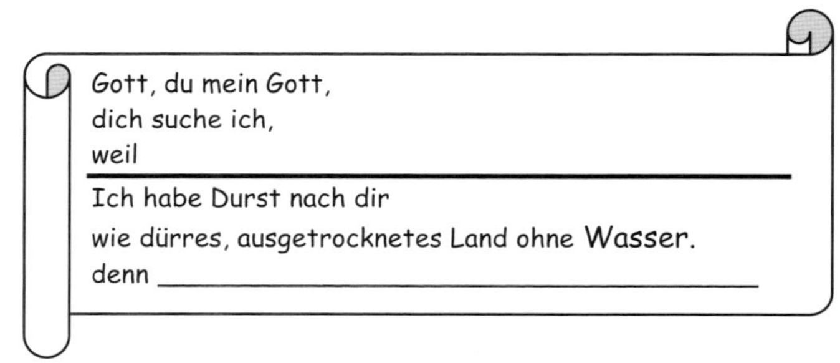 Die Gebetssätze werden (freiwillig) vorgelesen.
	Worte aus Psalmen, z. B. Ps 9,3; Ps 18,30; Ps 30,12; Ps 36,10; Ps 57,8; Ps 73,23; Ps 84,12; Ps 103,3; Ps 4,2; Ps 104,33; Ps 18,36; Ps 146,9	🕮 Die Schüler/innen überlegen, was den Menschen „aufblühen“ lässt. Dazu werden sie mit Worten aus Psalmen konfrontiert, wie z. B. *freuen, springen, fröhlich, still, spielen, schenken, überglücklich, liebevoll, wärmen, leben, behüten, trösten, tanzen, verzeihen, singen, stark …* AA: Suche dir einen Begriff aus und gestalte das Bild weiter mit Farben und Formen, so dass es zu einem Bild der Hoffnung wird!
	o. g. Psalmworte; Gestaltung eines Gebet-buches	🕮 Die Schüler/innen werden mit Psalmworten der Lob- und Danksagung, aus denen die o. g. Worte entnommen sind, konfrontiert. Die Schüler/innen gestalten diese und auch weitere Lob- und Dankgebete zu einem Lob- und Dankgebetbuch.

4. Artikulations-stufe	Inhalte	Unterrichtliche Erschließung
(neu) handeln	***2. Alternative***: **Erinnerung an das Tauf-sakrament** Taufe als Geschenk und Aufgabe	♦ L stellt eine Schale mit Weihwasser in die Mitte. Jede/r Schüler/in darf einmal seinen Finger/ seine Hand eintauchen und abtropfen lassen. Schüler/innen assoziieren wie z. B. Schöpfen von Quellwasser, Abkühlen in Brunnenwasser, Weihwasserbecken in der Kirche, Sakrament der Taufe ... *Arbeitsauftrag*: Schreibe auf, was für dich Taufe bedeutet. ♦ L verteilt Textblatt, auf dem der Pfarrer die Eltern eines Täuflings über die Bedeutung der bevorstehenden Taufe informiert: Liebe Eltern, bald wird ihr Kind getauft. Taufe bedeutet, dass ein Mensch in die Kirche aufgenommen wird: Jede und jeder gehört zur Gemeinschaft der Kirche. In dieser Gemeinschaft sind alle willkommen. Taufe ist für uns alle somit ein **Geschenk**. Gott sagt Ja zu dir, schenkt dir im Hl. Geist seine Liebe und ein Leben mit Gott. Mit dem Geschenk der Taufe ist aber auch eine **Aufgabe** verbunden: Die Aufgabe, das Geschenk Gottes zu leben, indem wir für andere Menschen da sind, sie nicht ausgrenzen und schauen, wo sie Hilfe brauchen. Mit herzlichem Gruß Ihr Pfarrer *Arbeitsauftrag:* Vergleiche deine eigenen Gedanken mit dem Text. Was ist gemeinsam – wo gibt es Unterschiede? Beschreibe mit eigenen Worten: - Warum bezeichnet der Pfarrer die Taufe als „Geschenk“? - Worin besteht die „Aufgabe“?

4. Artikulations-stufe	Inhalte	Unterrichtliche Erschließung
(neu) handeln	Lied „Wo ein Mensch …“ als Konkretisierung der „Aufgabe“	♦ Sch singen Lied:  2. Wo ein Mensch den andern sieht, nicht nur sich und seine Welt, fällt ein Tropfen von dem Regen, der aus Wüsten Gärten macht. 3. Wo ein Mensch sich selbst verschenkt und den alten Weg verlässt, fällt ein Tropfen von dem Regen, der aus Wüsten Gärten macht. Text: Hans-Jürgen Netz, Musik: Fritz Baltruweit, aus: Oekumene heute, Mein Liederbuch 2, 1992, alle Rechte im tvd-Verlag Düsseld
	Symbolhafte Handlung	♦ Die Schüler/innen nehmen einen „Wassertropfen“ (aus blauem Tonpapier vorbereitet) und finden im Nachdenken über die Strophen des Liedes für ihre/n Banknachbar/i/n einen guten Lebenswunsch. Die „Wassertropfen“ werden im Sitzkreis um die Schale mit Wasser ausgetauscht und leise gelesen. ♦ Danach sind alle eingeladen, ihre Hand ins Weihwasser zu tauchen und das Kreuzzeichen als Erinnerung an unsere Taufe zu sprechen (und nachzuvollziehen). Dabei wird den Schüler/inne/n die Taufe als Geschenk bewusst.

Station 1

Du siehst die **Rose von Jericho** in trockenem Zustand.

Aufgaben

- Lege die Rose von Jericho in die Schale.
- Jetzt fülle den Krug mit warmem Wasser und gieße das Wasser langsam in die Schale.
- Was verändert sich? Tauscht eure Beobachtungen miteinander aus.
- Schreibe in eine Sprechblase, was die Rose jetzt sagen könnte.
- Lest euch eure Sprechblasen gegenseitig vor.

Station 2

Bodenbild: Vertrocknetes Land – fruchtbares Land

Aufgaben

- Gestaltet auf dem braunen Tuch mit den vorhandenen Materialien eine vertrocknete Landschaft.
- Jetzt gestaltet die Landschaft um in ein fruchtbares Land.
- Besprecht miteinander, was sich verändert hat.

Station 3

Elfchen Durst – Wasser

Aufgaben

- Schreibe ein Elfchen

DURST

________ ________

________ ________ ________

________ ________ ________ ________

WASSER

- Wenn du noch Zeit hast, markiere die einzelnen Wörter in einer Farbe, die zum Wort passt.
- Lest euch eure Elfchen gegenseitig vor.

Station 4

Wüstenbild – Wasserbild

Aufgaben

- Betrachte aufmerksam das Wüstenbild.
- Unterhaltet euch darüber, was euch auffällt.
- Jetzt übermale das Wüstenbild, sodass es zu einem „Wasserbild“ wird.
  Du kannst die Farben und Formen wählen, die dir gefallen.
- Betrachtet eure Bilder und stellt euch gegenseitig Fragen.

Station 5

Eine **Wüstenmelodie** spielen – eine **Wassermelodie** spielen:

Aufgaben

- Du findest hier unterschiedliche Instrumente.
- Probiere einige aus. Spiele dabei nicht zu laut!
- Wenn du dein Instrument gefunden hast, dann übe eine Melodie, die zu einer **vertrockneten** Pflanze passt.
- Schreibe auf das ockerfarbene Blatt deine Gedanken.
- Jetzt finde eine Melodie, die zu einer Pflanze passt, die viel **Wasser** bekommt.
- Schreibe auf das blaue Blatt deine Gedanken.
- Spielt euch eure Melodien gegenseitig vor.
  Hört die Meinung und Fragen der anderen und lest dann eure Gedanken vor.

Station 6

Bildergalerie mit Menschen

Aufgaben

- Suche dir ein Bild aus, das deiner Meinung nach zur trockenen „Rose von Jericho" passt. Grund?
- Schreibe oder male dazu, was den Menschen „aufblühen" lassen könnte.
- Stellt euch eure Arbeiten gegenseitig vor.

Bodenbild I

Ich habe Durst

wie dürres Land ohne Wasser.

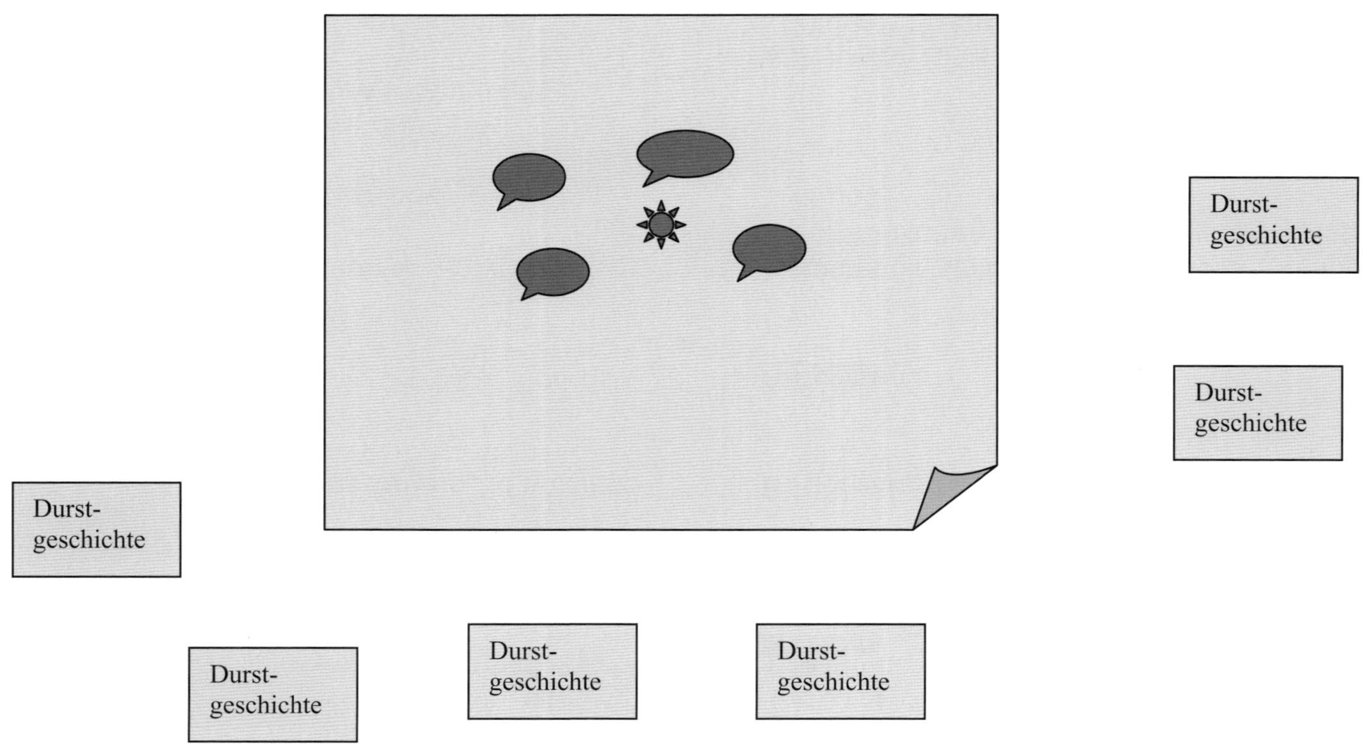

Bodenbild II

Ich habe Durst nach dir, mein Gott,

wie dürres Land ohne Wasser

Ps 63,2

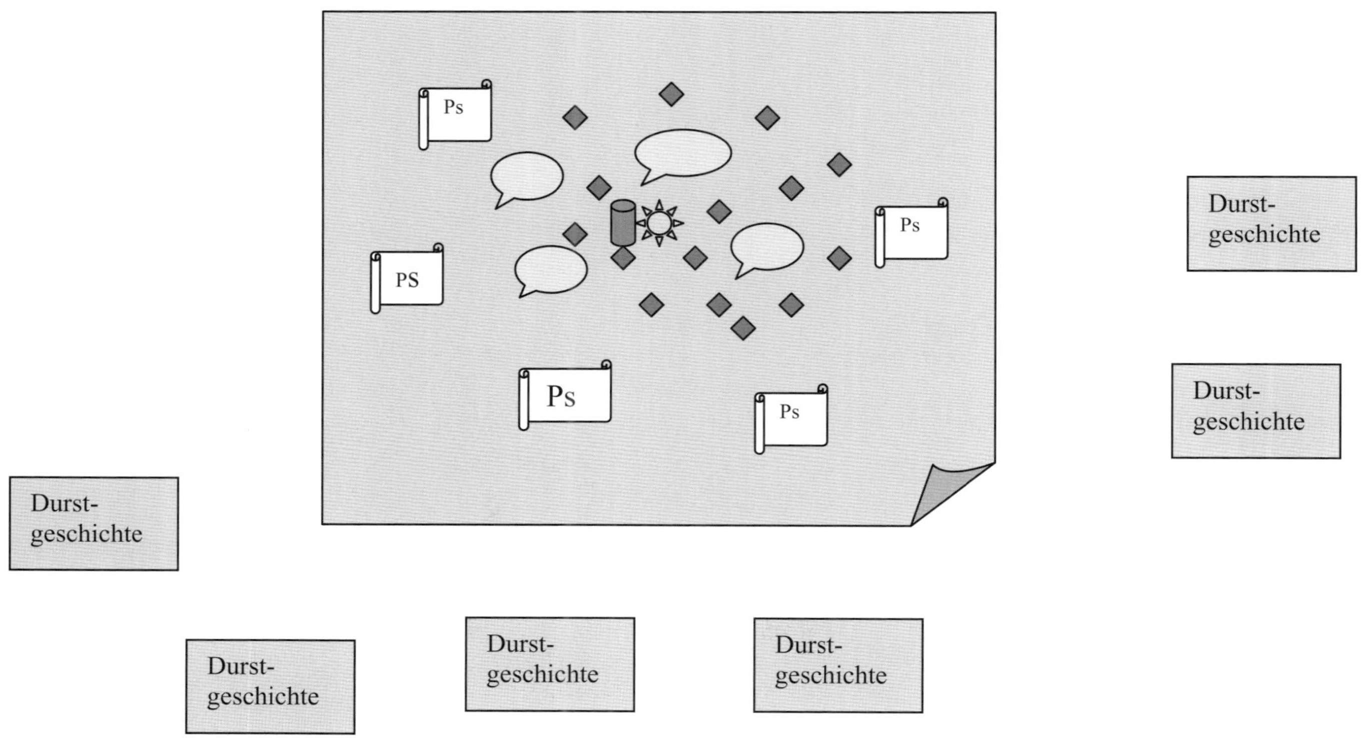

Möglicher Hefteintrag (Doppelseite)

Ich habe Durst

nach dir
wie dürres Land ohne Wasser.

Ps 63,2

Durstgeschichte

aus der 1. Artikulationsstufe „erleben“
einkleben

Arbeitsaufträge 1–3

aus der 3. Artikulationsstufe „deuten“
bearbeiten

Eigenen Psalmvers

einkleben

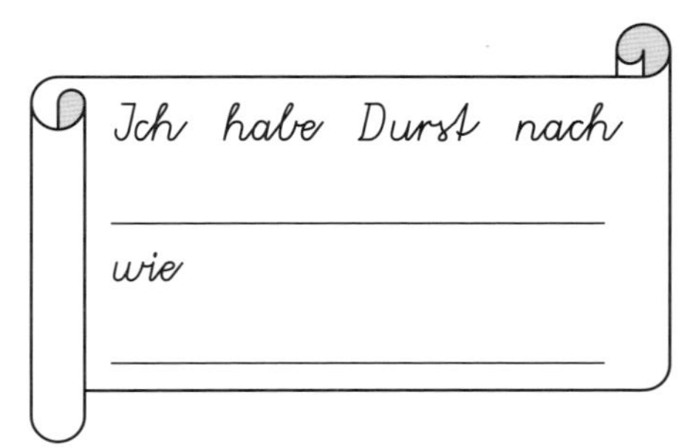

KAPITEL 9

Leistungsbeurteilung im Religionsunterricht

» **Lernzielstufen**

» **Allgemeine und inhaltsbezogene Kompetenzen**

» **Formen und Kriterien für eine schüler- und subjektorientierte Leistungsmessung**

» **Prüfliste für das Erstellen von Aufgaben**

» **Übungsaufgabe zum Thema**

» **Probe**

» **Klassenbeobachtungsbogen zu mündlichen Leistungen**

» **Lerntagebuch**

» **Beobachtungs- und Bewertungsbogen für Gruppenarbeiten**

» **Beobachtungs- und Bewertungsbogen für projektorientiertes Lernen**

---

9. Leistungsbeurteilung im Religionsunterricht

9.1 Lernzielstufen

Der Religionsunterricht gehört in der öffentlichen Schule zu den ordentlichen Lehrfächern (GG Art.7,3). Notengebung und Leistungsermittlung sollten hinsichtlich Inhalt, Form und Anforderungsniveau mit anderen Pflichtfächern vergleichbar sein.

Schriftliche Leistungsnachweise werden durch Probearbeiten (auch Klassenarbeiten, Lernzielkontrollen oder Schulaufgaben genannt) erbracht, die die Lerninhalte mehrerer Unterrichtsstunden oder einer gesamten Unterrichtseinheit aufgreifen. Die von Schüler/inne/n geforderte schulische Leistung wird durch Lernziele beschrieben und kann sich auf verschiedenen Anforderungsebenen bewegen. Damit nicht nur auswendig gelerntes Wissen reproduktiv abgefragt wird, hat bereits 1970 der Deutsche Bildungsrat im Strukturplan für das Bildungswesen vier Niveaustufen vorgeschlagen (Reproduktion – Reorganisation – Transfer – Problemlösen), die die Anforderungen nach dem Grad der Selbstständigkeit der Leistung differenzieren. Diese Niveaustufen fordern die Schüler/innen über das Reproduzieren von Gelerntem hinaus auf, erlerntes Wissen selbstständig anzuwenden, auf ähnliche Aufgabenstellungen bzw. ihre Lebenswelt zu übertragen sowie problemlösend weiterzuentwickeln.

Reproduktionsleistungen tragen kaum dazu bei, dass Schüler/innen sich in einem dialogischen Prozess mit Lebens- und Glaubensfragen auseinandersetzen, während sie auf der Stufe der Reorganisation das Gelernte durch Zuordnen oder Vergleichen immerhin anwenden. Transferleistungen, die einen Sachverhalt gliedern, darstellen oder auf ähnliche Situationen übertragen lassen sowie Aufgaben, die das problemlösende und kreative Denken fördern, werden einem Religionsunterricht gerecht, der in der Auseinandersetzung mit biblischer und christlich – kirchlicher Überlieferung den Schüler/inne/n Raum eröffnet, eigene Lebensorientierungen zu gewinnen.[87]

Was Schüler/innen bei entsprechender Aufgabenstellung dann schriftlich darlegen, kann miteinander verglichen und benotet werden.[88] Bei der Benotung ist es möglich, die Aufgaben mit einfachen Anforderungen (Reproduktion und Reorganisation) schwächer bzw. mit höheren Anforderungen (Transfer und Problemlösendes Denken) entsprechend stärker zu gewichten. Nicht zu beurteilen und zu benoten sind persönliche Einstellungen und Verhaltensweisen hinsichtlich Glaube und Kirche. Im vorliegenden Kapitel werden Möglichkeiten vorgestellt, wie die vier Lernzielniveaustufen in einer schriftlichen Leistungskontrolle der 3. Jahrgangsstufe praktisch angewandt und benotet werden können. Zuvor weist eine Prüfliste für das Erstellen von Aufgaben auf Kriterien hin, die es zu beachten gilt, um formalen und inhaltlichen Ansprüchen einer Probearbeit zu genügen.

87 *Vgl. Karin Eisbrenner, Leistungsbeurteilung im Religionsunterricht. Keine einfache Aufgabe, in: Grundschulmagazin 1/1998, 19.*

88 *Vgl. Gerd Birk, Leistungsmessung im RU der Hauptschule, in: Handreichungen. Der Lehrplan Katholische Religionslehre. Einführung und Grundlegung, München 1997, 117.*

9.2 Allgemeine und inhaltsbezogene Kompetenzen

Im RU geht es demnach weniger darum, eine Fülle von reproduzierbarem Wissen oder testbaren Fertigkeiten anzuhäufen, sondern darum, **Kompetenzen** zu fördern, um den unterschiedlichen Leistungspotentialen der Schüler/innen gerecht zu werden, Schwächen auszugleichen und Stärken zu fördern. So werden in jeglicher Leistungsbeurteilung sowohl **inhaltsbezogene Kompetenzen** wie Interreligiöse Kompetenz, Ethische Kompetenz und Biblisch-theologische Kompetenz als auch **allgemein-methodische Kompetenzen**, wie Wahrnehmungskompetenz, Fragekompetenz, Verstehens- und Deutekompetenz sowie Ausdruckskompetenz der Schüler/innen gemessen und gefördert.[89]

Allgemeine Kompetenzen	Inhaltsbezogene Kompetenzen
Wahrnehmungskompetenz	Interreligiöse Kompetenz
Fragekompetenz	Ethische Kompetenz
Verstehens- und Deutekompetenz	Biblisch – theologische Kompetenz
Ausdruckskompetenz	

Auf solchen Kompetenzen basierende Leistungskriterien dienen den Schüler/inne/n als transparente Rückmeldungen für ihren Lernprozess. Zugleich sind Leistungsbewertungen immer auch ein Feedback an die Religionslehrer/innen sowie ein Beitrag zur weiteren Planung der Lernprozesse.[90]

89 *Vgl. Kompetenzmodell, in: Lernen und Leisten im Religionsunterricht der Grundschule. Fördern – begleiten – bewerten, RPZ Heilsbronn und RPZ in Bayern (Hg.), Heilsbronn – München 2009, 31.*

90 *Vgl. Rainer Lemaire, Leistung und Leistungsbewertung im Religionsunterricht, unter: www.rpi-virtuell.net/workspace/users/832/Leistung/Leistung%20im%20RU.pdf (Stand: 21.11.2005).*

9.3 Formen und Kriterien für eine schüler- und subjektorientierte Leistungsmessung

Im Rahmen einer subjektorientierten Didaktik, die die Selbstständigkeit und die Verantwortung der Schüler/innen für den eigenen Lernprozess fördern möchte, erschließt sich die 4. These aus dem Vorstand des Deutschen Katecheten-Vereins e. V. zur Leistungsbewertung und Notengebung in Schule und Religionsunterricht (2003): „Neben den von außen geforderten Leistungen haben Schule und Unterricht auch ‚Räume' zu schaffen, in denen die SchülerInnen sich selber Ziele und Aufgaben setzen; die darin erbrachten Leistungen müssen wahrgenommen und gewürdigt werden."[91] Diese Forderung ergänzt und erweitert eine scheinbar objektive schriftliche Leistungsmessung durch subjektbezogene Elemente, die affektiv-emotionales, kreatives Lernen in stärkerem Umfang berücksichtigt. Vielfältige und kreative Aufgabenstellungen ermöglichen unterschiedlichen Lerntypen unter den Schüler/inne/n, die je individuellen Stärken einzubringen. Kinder und Jugendliche dürfen nicht einseitig festgelegt werden auf nur schriftsprachliche Leistungen.

Formen und Kriterien für eine schüler- und subjektorientierte Leistungsmessung sind beispielsweise:

- mündliche Leistungen, die das ganze Spektrum beobachtbarer Fertigkeiten aufzeigen *(s. Anlage 1)*
- mündliche oder schriftliche Reflexion der Lernprozesse *(s. Anlagen 2 und 3)*
- ein Portfolio, das vom/von der Schüler/in ausgewählte Arbeiten zeigt, die er/sie selbst für bedeutsam und vorzeigbar hält *(s. Kapitel 3)*
- ein Lerntagebuch mit Selbst-Einschätzungen der Schüler/innen und Rückmeldungen durch die Lehrer/innen in Dialogform *(s. Anlagen 4 und 5)*
- Würdigung eines Lernprodukts (z. B. Plakat einer Gruppenarbeit, Projekt oder Referat) aufgrund nicht nur inhaltsbezogener, sondern auch methodischer Kompetenzen, wie kreative Ausdruckskompetenz, eigenwillige Verstehens- und Deutekompetenz, individuelle Fragekompetenz ... *(s. Anlagen 6 und 7)*.

Wichtig ist, dass solch wertschätzenden Rückmeldungen, die die vielfältigen Leistungen des Schülers/der Schülerin individuell würdigen, nicht nur eindimensional mitgeteilt werden, sondern auch Gegenstand oder Grundlage eines Gesprächs über den Lernprozess, den Leistungsstand und die Lernfortschritte sind.[92]

Voraussetzung für die subjektbezogene, kompetenzorientierte Schülerbeobachtung- und bewertung ist grundsätzlich ein entsprechender Religionsunterricht im Sinne selbsttätigen Lernens aufgrund der vier Niveaustufen. Nur so lässt sich die 6. These aus dem Vorstand des Deutschen Katecheten-Vereins e. V. zur Leistungsbewertung und Notengebung in Schule und Religionsunterricht (2003) umsetzen: „Die Qualität der Lernleistungen hängt eng mit der Qualität des Unterrichts zusammen. Leistungsmessung und Unterrichtsevaluation sind deshalb aufeinander verwiesen."

91 Unter: www.katecheten-verein.de/relaunch.2011/pdf/stellungnahmen/sn_leistungsbewertungundnotengebung9thesen.pdf (Stand: 01.08.2011).
92 Vgl. Rainer Lemaire (Stand: 21.11.2005).

Probearbeiten im Fach Katholische Religionslehre

Prüfliste für das Erstellen von Aufgaben[93]

A) Aufgabenstellungen

1. Formale Kriterien

- Sind die erreichbaren Punkte in der Probearbeit angegeben?
- Ist für die zu erwartenden Schüler/innenantworten genügend Platz vorgesehen?
- Macht die Lehrkraft Angaben zur Ausführlichkeit der erwarteten Lösungen? (z. B. Schreibe ganze Sätze …; Nenne 5 Stichwörter ...)
- Sind die Fragen in der zur Verfügung stehenden Zeit zu beantworten?
- Ist der Aufgabenkatalog übersichtlich gestaltet? (z. B. Einbetten der Fragen in einen Kontext; Hervorheben von Schlüsselbegriffen durch Fett- oder Kursivdruck ...)
- Ist im Aufgabenkatalog eine Steigerung des Schwierigkeitsgrades zu erkennen?
- Ist der Aufgabenkatalog abwechslungsreich gestaltet? (verschiedene Aufgabenformen und -arten)
- Wurde ein zweiter Bogen mit einer Musterlösung erstellt?
- Rechtschreibefehler – Tippfehler – Kopierqualität der Vorlage?

2. Inhaltliche Kriterien

- Wird der Inhalt schwerpunktmäßig so abgeprüft, wie er im Unterricht behandelt wurde?
- Sind die Fragen aus fachwissenschaftlicher Sicht korrekt gestellt?
- Haben die Fragen einen erkennbaren Bezug zum Fach Kath. Religionslehre?
- Werden die verschiedenen Kompetenzbereiche einbezogen, ohne dass bei der Antwort die persönliche Einstellung oder Gesinnung des/der Schüler/in/s mitbewertet werden müsste?
- Ist eine unbeabsichtigte Lösungshilfe eingebaut?
- Werden Bilder, Texte, Grafiken, Karikaturen sachgemäß eingesetzt und adäquat ausgewertet?

93 *Vgl. Thomas Gandlau, Leistungsfeststellung (Quali) im Fach Katholische Religionslehre. Prüfliste für das Erstellen von Aufgaben, München 2000.*

3. Verständlichkeit der Fragen

- Sind die Fragen verständlich, präzise und so kurz wie möglich gestellt?
- Ist das Informations- und Aufgabenfeld (Statement/Frage) deutlich getrennt?
- Ist das Problem/die Frage eindeutig zu erkennen?
- Sind Lückentexte zu fragmentarisch, sodass beliebige Antworten eingetragen werden können?

B) Bewertung

- Ermöglicht die Aufgabenstellung eine eindeutige und konsequente Bewertung?
- Können die zu erwartenden Antworten als eindeutig richtig oder falsch klassifiziert werden?
- Werden alle vier Niveaustufen angemessen berücksichtigt?
- Werden Aufgaben mit höheren Anforderungsstufen durch mehr Punkte honoriert als einfache Aufgaben, die nur reproduktive Leistungen fordern?
- Sind die Gewichtungen der Punkte nachvollziehbar?
- Wird die Punkteverteilung differenziert vorgenommen (z. B. halbe Punkte)?
- Entspricht der Notenschlüssel in etwa dem anderer Sachfächer in der Schule?

Übungsaufgabe zum Thema: Leistungsbeurteilung im RU

Die Lernzielstufen[94]**:** Ansätze für die Bewertung von schriftlichen Leistungskontrollen

	Reproduktion	Reorganisation	Transfer	Problemlösendes Denken
Beschreibung	Schüler/in gibt gedächtnismäßig verankerte Sachverhalte wieder. Sämtliche Fragen stehen analog im Religionsheft.	Schüler/in verarbeitet selbstständig den vorher gelernten Stoff, wobei er/sie Kürzungen, Ergänzungen, Vergleiche und Akzentuierungen durchführt.	Schüler/in überträgt Grundprinzipien des Gelernten auf neue, wenn auch ähnliche Aufgabenstellungen.	Schüler/in löst in kreativer Weise Aufgaben mit relativ neuen (wenn auch ähnlichen) Strukturen.
Aufgabenstellungen	Nenne ... Gib an ... Beschreibe ...	Vergleiche ... Ordne zu ... Finde Unterschiede/Gemeinsamkeiten ...	Gliedere ... Erkläre ... Stelle dar ... Übertrage ...	Beurteile ... Begründe ...
Beispiele	„Nach der Begegnung mit Jesus ändert sich Zachäus. Er sagt: „…“	„Die Israeliten brechen in der Wüste den Bund mit Gott. Gegen welches Gebot verstoßen sie?“	„Menschen handeln wie der ‚gute Hirte‘, wenn …“	„Wie würdest du Ökumene bildnerisch darstellen?“

1. Ordnen Sie bei der Ihnen vorliegenden schriftlichen Leistungskontrolle die Aufgaben den **vier Lernzielstufen** zu.

2. Laut „Handreichung zur Leistungsermittlung und Leistungsbeurteilung“ kann bei der Verwendung mehrerer Lernzielstufen „eine stärkere Gewichtung der Aufgabe durch eine Zuordnung höherer Punktzahlen erfolgen.“[95]

   Wie viele **Punkte** würden Sie pro Aufgabe vergeben?

3. Welche allgemeinen und inhaltsbezogenen **Kompetenzen** können Sie bei den einzelnen Aufgaben entdecken?

94 *Vgl. Handreichung zur Ermittlung und Beschreibung von Schülerleistungen in der Grundschule, Staatsinstitut für Schulpädagogik und Bildungsforschung (ISB) München (Hg.), Donauwörth 1987, 36.*

95 *Erfassen von Schülerleistungen in den Sachfächern der Hauptschule. Handreichung zur Leistungsermittlung und Leistungsbeurteilung, Staatsinstitut für Schulpädagogik und Bildungsforschung (ISB) München (Hg.), Donauwörth 1995, 46.*

Kath. Religionslehre **Datum:** ____________________

3. Klasse **Name:** ____________________

Probe zum Thema: 3.3 *Vergebung erfahren und sich versöhnen*

1) **Streit** gibt es immer wieder.

a) Lies den folgenden Text und unterstreiche die Wörter, die **Gewalt** ausdrücken:

„Du bist schuld“, schreit Jürgen. – „Nein, du!“, brüllt Dominik zurück.
Jürgen schubst Dominik. – Dominik schlägt Jürgen gegen den Arm.

b) Die Geschichte endet mit den Sätzen:

Dominik hebt die Hand und – schlägt nicht zu. Jürgen guckt.

Mache einen Vorschlag, wie der Streit nun enden könnte. Schreibe zwei Sätze.

____

____

____

2) Zeichne ein Symbol auf, das „**SCHULD**“ ausdrückt und erkläre es!

____

____

____

3a) Erinnere dich an die **Geschichte vom barmherzigen Vater**. Worin bestand die **Schuld** des **jüngeren Sohnes**? Schreibe einen ganzen Satz!

____

____

3b) Als es dem **jüngeren Sohn** schlecht ging, könnte ihm ein Psalmwort eingefallen sein. Schreibe einen Psalmvers, wie er in der Bibel stehen könnte!

____

____

4a) Wie zeigt der **barmherzige Vater**, dass er seinem Sohn **verzeiht**? Schreibe 3 Sätze!

Er ____

Er ____

Er ____

4b) In der **Erzählung vom barmherzigen Vater** zeigt Jesus auf, wie **Gott mit Menschen umgeht**. [96]
Du findest sicher 3 **Eigenschaften Gottes**, die in der Erzählung deutlich werden:

Gott ist jemand, der ______________________________________

Gott ist jemand, der ______________________________________

Gott ist jemand, der ______________________________________

4c) Male drei **Zeichen der Versöhnung** und schreibe ihre Bedeutung dazu!

5) In der **Beichte** vergibt uns Gott unsere Sünden.
Nenne die **5 Schritte der Umkehr**! Ordne dann die Begriffe den Schritten des jüngeren Sohnes durch Pfeile zu.

5 Schritte der Umkehr	**Der jüngere Sohn**
____________________	Seine Fehler tun ihm leid.
____________________	Der Vater verzeiht ihm.
____________________	Er denkt darüber nach, was er falsch gemacht hat.
____________________	Er überlegt, wie er sein Verhalten wieder gut machen kann.
____________________	Er sagt dem Vater, was er falsch gemacht hat.

Punkte: Note: Unterschrift ____________________

96 *Aufgabe übernommen von: Lernen und Leisten im Religionsunterricht der Grundschule. Fördern – begleiten – bewerten, RPZ Heilsbronn und RPZ in Bayern (Hg.), Heilsbronn/München 2009, 83.*

Lösungsblatt zur Probe zum Thema: 3.3 Vergebung erfahren und sich versöhnen

Aufgabe	*Punktzahl*	*Lernzielstufe*	*Kompetenzen*
1a)	*2 (jeweils 4 halbe P.)*	*Reproduktion*	*Ausdruckskompetenz (sprachlich) Ethische Kompetenz (Empathiefähigkeit*
1b)	*2*	*Problemlösendes Denken*	*Ausdruckskompetenz (sprachlich) Ethische Kompetenz (Empathiefähigkeit*
2)	*3 (1 P. für das Bild, 2 P. für die Deutung)*	*Reorganisation*	*Ausdruckskompetenz (bildhaft-symbolisch und sprachlich) Ethische Kompetenz (Empathiefähigkeit)*
3a)	*1*	*Reproduktion*	*Ausdruckskompetenz (sprachlich) Biblisch-theologische Kompetenz*
3b)	*2*	*Transfer*	*Ausdruckskompetenz (sprachlich) Wahrnehmungskompetenz (Befindlichkeiten) Biblisch-theologische Kompetenz*
4a)	*3*	*Reproduktion*	*Ausdruckskompetenz (sprachlich) Biblisch-theologische Kompetenz*
4b)	*6*	*Transfer/ Problemlösendes Denken*	*Ausdruckskompetenz (sprachlich) Verstehens- und Deutekompetenz Biblisch-theologische Kompetenz*
4c)	*3*	*Reorganisation*	*Ausdruckskompetenz (bildhaft-symbolisch und sprachlich) Ethische Kompetenz (Empathiefähigkeit)*
5)	*5 (je einen halben P. für jeden Begriff „sich besinnen – bereuen – bekennen – Vergebung finden – neu beginnen“ sowie für die Zuordnung)*	*Reproduktion/ Reorganisation*	*Ausdruckskompetenz (sprachlich) Ethische Kompetenz (Empathiefähigkeit) Biblisch-theologische Kompetenz*

Der Notenschlüssel liegt grundsätzlich im pädagogischen Ermessen der Religionslehrkraft, jedoch sollten im Kollegium diesbezüglich Absprachen getroffen werden, um größere Abweichungen zu vermeiden.
Folgender Notenschlüssel für die Probe wäre denkbar:

Punkte	Note
27 – 25,5	1
25 – 21	2
20,5 – 16,5	3
16 – 12,5	4
12 – 5,5	5
5 – 0	6

Anlage 1

Klassenbeobachtungsbogen zu mündlichen Leistungen[97]

Name	Datum	Beobachtung	*	o	–	Bemerkung

97 Lernen und Leisten im Religionsunterricht der Grundschule. Fördern – begleiten – bewerten, RPZ Heilsbronn und RPZ in Bayern (Hg.), Heilsbronn/München 2009, 63.

Dabei gelten als[98]

Mündliche Leistungen mit einfachen Anforderungen:

- Vortragen von Memorierstoffen
- Beschreiben z. B. von eigenen Gestaltungen zu biblischen Geschichten
- Erklären bekannter Darstellungen, z. B. im Bodenbild
- Wiederholen von Bekanntem

Mündliche Leistungen mit gesteigertem Anforderungsgrad:

- Begründen einfacher Zusammenhänge
- Interpretieren von Bildern
- Argumentieren, z. B. bei ethischen Fragestellungen
- Darstellen eigenständiger gedanklicher Zusammenhänge
- Vortragen von Memorierstoffen
- Beschreiben z. B. von eigenen Gestaltungen zu biblischen Geschichten
- Erklären bekannter Darstellungen, z. B. im Bodenbild
- Wiederholen von Bekanntem.

Mündliche Leistungen mit hohem Anforderungsgrad:

- Vortragen von Kurzreferaten
- Erarbeiten von Fragen zur Thematik
- Selbstständiges Entwickeln philosophischer/theologischer Gedankengänge
- Selbstständiges Argumentieren, z. B. in Rollenspielen
- Selbstständiges Gestalten von Interviews

98 A. a. O., 61.

Anlage 2

Wie ist Gott für mich?[99]

1) Anfangs habe ich mir Gott so vorgestellt:

____

____

____

2) In der Bibel habe ich erfahren, dass Gott noch ganz anders ist.
Folgende Bibelverse drücken das aus:

a) Gott sprach zu Jakob: Ich bin mit dir. Ich begleite dich, wohin du gehst. Ich verlasse dich nicht. *(vgl. Gen 28,15)*

b) Danach kam ein sanfter Wind. Da hüllte Elia sein Gesicht in seinen Mantel. Denn er spürte: Gott war ihm nun ganz nah. *(vgl. 1 Kön 19,12f.)*

c) Mit dir springe ich über Mauern. *(Ps 18,30)*

3) In den Versen wird Gott so dargestellt:

Vers a)	Vers b)	Vers c)
Zeichne:	Zeichne:	Zeichne:

4) Die Frage: **„Wie ist Gott für mich?“** beantworte ich nun so:

____

____

____

____

99 *Vgl. Petra Freudenberger-Lötz, Der Beitrag des Konstruktivismus zur Qualitätssteigerung theologischer Gespräche mit Kindern im RU, in: Gerhard Büttner (Hg.), Lernwege im RU, Stuttgart 2006, 249f.*

Anlage 3

Wie ist Gott für mich?[100]

1) Anfangs habe ich mir Gott so vorgestellt:

___

___

___

2) In der Bibel habe ich erfahren, dass Gott noch ganz anders ist.
Folgende Bibelverse habe ich dazu gefunden:

a)	___
b)	___
c)	___

3) In den Versen wird Gott so dargestellt:

Vers a)	Vers b)	Vers c)
Zeichne:	Zeichne:	Zeichne:

4) Die Frage: **„Wie ist Gott für mich?“** beantworte ich nun so:

___

___

___

___

100 *Vgl. a. a. O., 249f.*

Anlage 4

Mein Lerntagebuch

Name: ____________________________ **Klasse:** ___________ **Datum:** ________

Thema der Stunde:____

1. Das habe ich heute gelernt – in folgenden Arbeitsschritten:

-
-
-
-

2. Das hat mir beim Lernen geholfen:

2. Das war schwierig! Ich muss noch darüber nachdenken, ob/wie …

3. Diese Fragen interessieren mich noch – daran will ich weiterarbeiten:

5. Das war für mich heute das Wichtigste:

Lerntagebuch

Das möchte ich dir zu deinem sagen:

Name: ________________________ **Klasse:** __________ **Datum:** ________

Themen: ____

Mir gefällt, dass du ____

____

____

Jetzt verstehe ich, warum du ____________________________________

____

____

Vielleicht möchtest du noch _____________________________________

____

____

Kann es sein, dass du ____

____

____

Ich schlage vor, dass du ____

____

____

____

Unterschrift des Lehrers/der Lehrerin

Anlage 6

Beobachtungs- und Bewertungsbogens für Gruppenarbeiten[101]

Gruppen	Namen	Individualleistungen							Gruppenleistungen			
		bringt eigene Ideen ein	arbeitet ordentlich und zuverlässig	kooperiert gut mit anderen	ist kompro- missbereit	kann Inhalte klar darstellen	reflektiert die Arbeit in der Gruppe	Note	Inhalt	Gestaltung	Präsentation	Rückmeldung für die Gruppe
Gruppe 1 Thema:	1											
	2											
	3											
	4											
	5											
Gruppe 2 Thema:	1											
	2											
	3											
	4											
	5											
Gruppe 3 Thema:	1											
	2											
	3											
	4											
	5											
Gruppe 4 Thema:	1											
	2											
	3											
	4											
	5											

Eintragungen können mit Symbolen (++, +, o, –) oder mit Noten erfolgen.

101 *Lernen und Leisten im Religionsunterricht der Grundschule. Fördern – begleiten – bewerten, RPZ Heilsbronn und RPZ In Bayern (Hg.), Heilsbronn/München 2009, 71.*

Anlage 7 **Beobachtungs- und Beurteilungsbogen für projektorientiertes Lernen**[102]

Thema:

Gruppenmitglied(er):

		Zielpunkte	*Erreichte Punkte*
Erarbeitung	**Informationen beschaffen:** eingehend – gründlich – selbstständig – konzentriertes Anlesen – oberflächlich – zwangsweise ...	1	
	Informationen verarbeiten: selbstständig – genau – sich um Hilfestellung bemühen – sich Notizen machen ...	1	
	Gemeinsame Planung: zielgerichtet – systematisch – kreativ – strukturiert – Ideen einbringen – Entwürfe anfertigen – kurzfristig – chaotisch ...	1	
	Arbeitsstil: motiviert – ausdauernd – engagiert – zielgerichtet – sich mit Ideen einbringen – den eigenen Standpunkt einbringen – mit Schwierigkeiten fertig werden – schwierige Arbeiten anderen zuschieben – Arbeitsbeginn verweigern ...	1	
	Zusammenarbeit: Motivation einbringen – andere einbeziehen – sie begeistern – anderen zuhören – andere unterstützen – nur die eigenen Ideen durchsetzen wollen – andere für sich arbeiten lassen – andere demotivieren – andere von der Arbeit abhalten ...	2	
	Raum für Notizen:	6	
Dokumentation	**Wissenszuwachs:** vertieft – fachwissenschaftlich korrekt – Zugewinn neuer Perspektiven – zeigt problemlösendes Denken – zeigt Transferleistungen – Wissenszuwachs nur in eigene Worte gefasst – Wissen nur reproduktiv aneinander gereiht – fachwissenschaftlich inkorrekt ...	2	
	Kompetenzzuwachs: Zugewinn neuer Kompetenzen/Anwendung von Kompetenzen: Wahrnehmungskompetenz – Fragekompetenz, Ausdruckskompetenz – Deute- und Verstehenskompetenz – Biblisch-theologische Kompetenz – Ethische Kompetenz – Interreligiöse Kompetenz ...	2	
	Produkt: kreativ dargestellt – ansprechend gestaltet – interessant – logisch – vielseitig verwendete Medien – Schwerpunkte sind gut ersichtlich – einfallslos dargestellt ...	1	
	Raum für Notizen:	5	
Präsentation	**Form und Gestaltung:** kreativ präsentiert – gut strukturiert – Zuhörer werden einbezogen – sinnvoller Medieneinsatz – ansprechend präsentiert – Visualisierungstechniken verwendet – zu wenig anschaulich – verwirrend ...	2	
	Inhalt: präzise – sachlich argumentieren – verständliche Erklärungen – differenziert begründet – einseitig – undifferenziert – diffus – unlogisch – ungenau – fehlerhaft ...	2	
	Raum für Notizen:	4	

102 *A. a. O., 73.*

KAPITEL 10

Nachbesprechung des Unterrichts

» **Unterricht strukturiert nachbesprechen**

» **Beobachtungen zu meinem Unterricht**

» **Situatives Lehrverhalten**

» **Beobachtungskriterien**

» **Protokoll zum Beobachtungsauftrag**

» **Checkliste**

10. Nachbesprechung des Unterrichts

Gerade zu Beginn der Übernahme des Unterrichts fällt es vielen Berufsanfänger/inne/n schwer, Kritik nicht auf die eigene Person zu beziehen. Schnell fühlen sie sich entmutigt und verlieren die Freude am Unterrichten, besonders wenn die Schüler/innen ihre anfänglichen Unsicherheiten ausnützen. Deshalb ist es für die Nachbesprechung einer Unterrichtsstunde von essentieller Bedeutung, dass einfühlsam auf problematische Besprechungspunkte eingegangen wird und vor allem gelungene Ansätze ausdrücklich angesprochen und positiv verstärkt werden.

Es gibt diverse Methoden, eine Unterrichtsstunde so nachzubesprechen, dass Berufsanfänger/innen daraus lernen und zum weiteren Arbeiten ermutigt werden. Für die anfängliche Nachbesprechung empfiehlt es sich, möglichst nur einen Beobachtungspunkt, der zudem vorher mit dem/der Lehrenden abgesprochen wurde, genauer zu analysieren. Von Zeit zu Zeit sollte freilich eine Unterrichtsstunde intensiver nachbereitet werden, um die Gesamtprozesse des Unterrichts nicht aus den Augen zu verlieren. Eine Anregung für ein strukturiertes Nachbesprechen wird in der Folge vorgestellt.

Eine weitere Möglichkeit, Unterricht zu reflektieren, ist einen Selbstbeobachtungsbogen von dem/der Lehrenden ausfüllen zu lassen und anschließend mit dem/der Berater/in nachzubesprechen. Dieses Verfahren stärkt Berufsanfänger/innen in ihrer Selbstwahrnehmungs- und Urteilskompetenz, indem sie lernen, sich mit ihren didaktisch-methodischen, theologischen sowie lehrerverhaltensbezogenen Fähigkeiten auseinanderzusetzen und diese rational einzuschätzen.
Hilfreich wäre es auch, dem/der Beobachter/in – sei es jetzt die bereits ausgebildete oder die noch auszubildende Lehrkraft – Beobachtungskriterien an die Hand zu geben, mit deren Vorlage einzelne Punkte des Unterrichts sachbezogen analysiert werden können.

Ausdrücklich verwiesen sei noch auf die Lernkartei **Qualität RU**[103], die Anregungen gibt, den hospitierten Unterricht systematisch anhand eines übersichtlichen Schemas zu überprüfen. Ebenso bietet die Lernkartei die Möglichkeit, den eigenen Unterricht im Sinne einer Qualitätskontrolle zu evaluieren. Demnach wird entweder die Verlaufsplanung vor dem Unterricht anhand der vorliegenden Kriterien überprüft bzw. der eigene Unterricht im Anschluss an die gehaltene Stunde auf bestimmte religionspädagogische Methoden bzw. fachspezifische Elemente hin untersucht. Dabei sind dreizehn Beobachtungsfelder in drei unterschiedlich farbige Themenblöcke aufgeteilt, die eine schnelle visuelle Orientierungshilfe bieten. Jedem Beobachtungsfeld sind mehrere Karteikärtchen zugeordnet, auf denen fachdidaktische und -methodische Fragen und Impulse zur entsprechenden Beobachtung (und evtl. Nachbesprechung) anregen.

Jede religionspädagogische Ausbildungszeit endet mit einer benoteten Lehrprobe oder einer Prüfungssituation, in der der didaktisch-methodische Lernzuwachs sowie die Entwicklung der Lehrer/innenpersönlichkeit begutachtet werden. Eine Checkliste mit entsprechenden Kriterien soll Berufsanfänger/innen trotz der mit einer Prüfung verbundenen Anspannung unterstützen, den nötigen Überblick zu behalten.

---

103 *Harriet Gandlau, Qualität RU. Lernkartei zur Qualitätskontrolle Ihres Religionsunterrichtes, Kath. Schulkommissariat in Bayern (Hg.), München 2004. Die Lernkartei ist als Zusatzmaterial auf der beigelegten CD-ROM enthalten.*

Unterricht strukturiert nachbesprechen

Der/die Lehrer/in erhält die Gelegenheit, sich spontan zu äußern, z. B. was ihm/ihr Besonderes aufgefallen ist, welche unvorhersehbaren Momente und Situationen aufgetaucht sind, ob die Schüler/innen sich anders verhalten haben als gewohnt oder erwartet, welche Alternativen sich gestellt hätten, in welchen Phasen er/sie sich besonders wohl oder unwohl gefühlt hat u. s. w.

Danach werden vom Berater/von der Beraterin gezielt Fragen gestellt, z. B. nach auffälligem Schülerverhalten, nach der Entwicklung einer bestimmten Unterrichtssituation, Verständnisfragen zum Ablauf oder zum Inhalt der Stunde, Fragen zur Vorbereitung der Stunde …

Der/die Lehrerin äußert sich zum Lernzuwachs der Schüler/innen, zur Einbindung der Unterrichtsstunde in die gesamte Sequenz, evtl. zum fächerübergreifenden Aspekt der Stunde.

Der/die Berater/in bringt die eigenen Beobachtungen und Wahrnehmungen des Unterrichts ein, wobei er diese ausschließlich beschreibend und nacherzählend – keinesfalls wertend oder beurteilend ausführt.[104]

Zu Beginn des eigentlichen Beratungsgesprächs äußert sich der/die Berater/in zunächst mit positiven Rückmeldungen, um der Lehrkraft eine „grundsätzliche Anerkennung und Wertschätzung sowie eines Würdigung ihres Engagements“[105] entgegenzubringen. Evtl. lassen sich beratende Aspekte mit den Worten einleiten: „Im Gegensatz zur letzten Stunde haben Sie …“.

Anschließend werden zwei bis drei didaktisch-methodische oder inhaltliche Schwerpunkte festgelegt, zu der sich der/die Lehrer/in äußern möchte – ebenso macht es der/die Berater/in. Möglicher Impuls: „Interpretieren Sie diesen Aspekt …“

Der/die Lehrer/in fasst zusammen, was er/sie aus der Unterrichtsstunde sowie der anschließenden Beratung gelernt hat bzw. welche neuen Erkenntnisse er/sie mitnimmt.

Gemeinsam werden Ziele vereinbart, die es bis zum nächsten Unterrichtsbesuch umzusetzen gilt – ein Ausblick auf die folgende Unterrichtsstunde schließt das Beratungsgespräch ab.

104 *Vgl. Hans Schmid, Ein Leitfaden für Unterrichtsberatung, in: KatBl 130 (2005), 322f.*
105 *A. a. O., 323.*

Beobachtungen zu meinem Unterricht[106]

am ____________ in Jgst. ___________ Thema: ______________________

		Das beobachte ich:	Das werde ich ändern:
Verlaufs-planung	Darstellung der Phasen, Zielangabe, Kernaussagen? Übereinstimmung mit der Durchführung oder schülergemäße Flexibilität?		
Kompetenzen	Berücksichtigung mehrerer allgemeiner Kompetenzbereiche?		
Motivation	erfahrungsorientierte, sensorische Zugänge? Motivierende, lebensweltlich relevante Lernaufgaben?		
Lehrer-Schüler-aktivitäten	Lehrerfragen oder offene Impulse? Lineare oder vernetzte Kommunikation? Differenzierende Lernwege; selbsttätiges, entdeckendes Lernen; Reflexion des eigenen Lernprozesses?		
Medien	Präsentation der Medien? Dosierung? Additive Aneinanderreihung oder lerneffektive Erschließung als dialogischer Prozess?		
Unterrichts-inhalte	Sach- und schülergemäße Erschließung der (theologischen) Kernaussage? Stimmige Korrelation? Lernergebnis?		
Sicherung	Teilschritte genügend gesichert? Methoden variiert? Einbeziehen der Schüler/innen in ein dynamisch entwickeltes, strukturiertes Tafelbild?		

106 Vgl. Klaus Huber, Arbeitshilfen für Schule und Seminar, 14 B 04 bis B 08, o. J., nicht mehr erhältlich.

Situatives Lehrerverhalten im Unterricht[107]

am ____________ in Jgst. ____________

	Das beobachte ich:	Das werde ich ändern:
Nonverbales Lehrerverhalten • **Blickkontakt**, z. B. erst blicken, dann sprechen; den Einzelnen bewusst wahrnehmen • **Körperstellung**, z. B. während des Platzwechsels den Blickkontakt verstärken; freies Stehen; keine Barrieren aufbauen • **proxemisches Verhalten**, z. B. in Blickhöhe zum Schüler gehen; Distanzzone einhalten; nicht von hinten anschleichen • **Körperhaltung**, z. B. keine negativen Signale, wie unruhiges Zappeln, rhythmisch wippende Bewegungen, Demutsgebärden • **Gestik, Mimik**, z. B. ruhige Kontaktgesten aus dem Oberarm; Hände auf Brusthöhe für eine positive Ausstrahlung • **Äußeres Erscheinen, Pünktlichkeit**		
Lehrersprache • **Pause** als rhetorisches Mittel mit der richtigen Dauer und als aktives Schweigen • **Sprachstil**, z. B. Lehrerfloskeln, Füllwörter und Schülerjargon vermeiden; Konjunktiv-Sätze und häufige Ich-Botschaften in klare eindeutige Appelle umwandeln • *s. ABs Lehrerfrage – Impuls – UG*		
Lehrer – Schüler – Interaktion • **Lob**, z. B. mechanischen oder übertriebenen Gebrauch vermeiden; nicht erwünschte Verhaltensweisen im negativen Sinne verstärken • **Führungsstil**, z. B. - **Lenkung**: Möglichkeiten zum Entdecken, aber Setzen von Grenzen - **Aktivität**: flexibles Verhalten - **Klarheit des Verhaltens**: Aufbau der Stunde; Sicherung; eindeutige Arbeitsaufträge		

107 Rudolf Heidemann, Körpersprache im Unterricht. Ein Ratgeber für Lehrende, Quelle & Meyer Verlag GmbH Co., Wiebelsheim [9]2009.

Beobachtungskriterien

Um Ihnen eine handliche und übersichtliche Arbeitshilfe zu verschaffen, sind die folgenden Beobachtungskriterien so zusammengestellt, dass Sie sie vergrößert kopieren und dann auf festes Kartonpapier im DIN-A5-Format (Karteikarten) kleben können.

Jedes Beobachtungsfeld kann einer Karte zugeordnet werden, wobei die einzelnen Impulse als **Anregung** zur Beobachtung und Nachbesprechung zu verstehen sind. Zu beachten ist, dass nach einer Unterrichtsstunde keinesfalls alle Punkte einer Karte besprochen werden sollen, sondern in Auswahl nur diejenigen, die auf die jeweilige klassenspezifische Situation bzw. die entsprechenden Unterrichtsinhalte, Methoden und Medien bezogen werden können *(s. Formular).*

Die einzelnen Beobachtungsfelder im Überblick:

KOMPETENZORIENTIERTE LERNAUFGABEN

UNTERRICHTSINHALTE

HINFÜHRUNG - MOTIVATION

ERSCHLIEßUNG

ERGEBNISSICHERUNG – TAFELBILD

AUSDRUCKS- UND GESTALTUNGSPHASE

KORRELATION

SOZIALFORMEN

LEHRERFRAGE – IMPULS – UNTERRICHTSGESPRÄCH

MEDIEN

LEHRER/INPERSÖNLICHKEIT

PÄDAGOGISCHES VORGEHEN

KLASSENBEOBACHTUNG

Selbstverständlich können Sie auch Ihre/n Lehramtsanwärter/in anhand dieser Vorlagen zur Beobachtung ausgewählter Aspekte in der Unterrichtsmitschau anhalten, damit das Verständnis für bestimmte didaktische und methodische Vorgehensweisen geschult wird. Darüber hinaus erweist es sich als sinnvoll, die auszubildende Lehrkraft auch im Rahmen der Hospitation aktiv in das Unterrichtsgeschehen miteinzubeziehen. Entsprechende Vorschläge enthält die Karte:

PRAXISBEZOGENE AUFTRÄGE IM RAHMEN DER UNTERRICHTSMITSCHAU

KOMPETENZORIENTIERTE LERNAUFGABEN

- Wann werden die Lernaufgaben präsentiert – gleich am Anfang – nach einer Erschließungsphase – zum Schluss? Ist gewährleistet, dass sich die Lernaufgaben sachlogisch – stringent in das Unterrichtsgeschehen einfügen?
- Achtet L darauf, dass alle Schüler/innen die Lernaufgaben in ihrer Komplexität verstehen? Sind die Lernaufgaben so offen formuliert, dass sie den Schüler/innen kreative Lösungsmöglichkeiten erlauben oder so vage gestellt, dass die Schüler/innen nicht wissen, was zu tun ist? Wie wird das Verständnis überprüft? (Ritual?)
- Gibt es unterschiedliche Aufgabenformate mit differenzierenden und selbstreflexiven Arbeitsaufträgen, in denen sich die Schüler/innen mit ihren individuellen Lernwegen auseinandersetzen?
- Werden den Lernaufgaben realistische lebensweltorientierte Anforderungssituationen zugrunde gelegt, die nicht konstruiert, sondern tatsächlich motivierend wirken?
- Dient die Aufgabenstellung dem angestrebten Kompetenzerwerb? Werden in der Aufgabenstellung unterschiedliche Kompetenzbereiche angesprochen?
- Berücksichtigen die Lernaufgaben die Lernausgangslage der Schüler/innen, bezogen auf ihr Wissen, Können und Wollen?

UNTERRICHTSINHALTE

- Ermöglichen die Inhalte den angestrebten Kompetenzerwerb?
- Sind die Inhalte sachlich (anthropologisch, theologisch) richtig dargestellt?
- Sind die Inhalte „elementarisiert“ im Sinne einer korrelativen Verschränkung zwischen Sache und Schüler/inne/n?
- Sind die Inhalte zu oberflächlich, verkürzt, verniedlicht ... ausgewählt und dargeboten?
- Stimmen Stundenthema, Kompetenzerwartungen und elementare Wahrheit inhaltlich überein, sodass es nur <u>einen</u> inhaltlichen Schwerpunkt gibt?
- Sind die anzueignenden Inhalte für die Lebens- und Erfahrungswelt der Schüler/innen relevant?
- Versucht L die Inhalte alters- und entwicklungsgemäß aufzubauen oder fehlen erforderliche Zwischenschritte?
- Ist die Sprache (Wortschatz, Sprachstil, religiöse Sprache) für die Vermittlung und Akzeptanz der Inhalte förderlich?

HINFÜHRUNG – MOTIVATION

- Erfolgt die Motivation von einem thematischen Zusammenhang her? Gibt L dabei eine Eingangsmotivation, die nur aus einer mündlichen Hinführung bzw. Wiederholung der letzten Unterrichtsstunde besteht?

- Bezieht sich die Motivation auf das Hauptmedium der Stunde? Weckt der Impuls, der sich aus dem Hauptmedium herauslösen lässt, Interesse am Stundenthema?

- Wird das Thema über sensorische Erfahrungszugänge (Ohr, Auge, Kinästhetik ...) aktualisiert? Wird den Schüler/inne/n Zeit eingeräumt, ein Symbol oder einen Gegenstand ganzheitlich wahrzunehmen?

- Inwieweit werden Erfahrungen und Erlebnisse der Schüler/innen berücksichtigt?

- Führt die Motivation in sachlogischer Weise zur Zielangabe – Zielfrage der Unterrichtsstunde hin? Wird dabei Gelegenheit zu (vorläufigen) Antworten (= Hypothesen) gegeben?

- Steht die Motivationsphase zeitlich in angemessenem Zusammenhang zu den folgenden Unterrichtsphasen?

- Nimmt die Schlussphase Bezug auf die Motivationsphase, indem sie den entsprechenden Impuls wieder aufgreift?

ERSCHLIEßUNG

- Erteilt L in der Erarbeitungsphase Arbeitsaufträge, die
  - für alle Schüler/innen akustisch verständlich sind?
  - sprachlich einfach und verständlich sind (kurze Sätze, keine Fremdwörter)?
  - zum besseren Verständnis von einzelnen Schüler/inne/n wiederholt werden?

- Wird eine Erzählung/ein (biblischer) Text von L unter Einsatz verschiedener stimmlicher Techniken (flüstern, trauriger oder fröhlicher Unterton ...) spannend vorgetragen?

- Wird den Schüler/inne/n nach dem Aufnahmeprozess eines Mediums Gelegenheit gegeben, ihre subjektiven Eindrücke zu äußern?
  Achtet L darauf, dass diese nicht bewertet werden dürfen?

- Werden zur Erschließung eines Mediums Elemente der Verlangsamung angewandt, z. B.
  - mehrmaliges Lesen und Nacherzählen bei einem Text?
  - entdeckendes Beschreiben bei einem Bild?
  - unterschiedliche musikalische Lernformen bei einem Lied?

- Greift L bei der Erschließung von Themen Fragen/Einwände der Schüler/innen in ausreichendem Maße auf oder kann er/sie sich von seinem/ihrem Konzept nicht lösen?

- Kann in der Interpretation eines Mediums eine Verbindung zu gegenwärtigen Lebenszusammenhängen bei den Schüler/inne/n erkannt werden?

ERGEBNISSICHERUNG – TAFELBILD

- Welche Form der Ergebnissicherung wird verwendet:

mündliche Form:
- Wächst sie organisch aus dem Unterrichtsthema heraus oder wird sie nur formal erfüllt?

schriftliche Form:
- Ist die TA (Folie) so deutlich geschrieben, dass die Schüler/innen sie ohne häufige Zwischenfragen abschreiben können?
- Spiegelt die Strukturierung der TA den Lernprozess der Schüler/innen innerhalb der Unterrichtsstunde wider oder beschränkt sie sich nur auf die Sicherung eines Endergebnisses?
- Gibt L den Schüler/inne/n die TA vor oder bezieht L sie flexibel in den Entstehungsprozess mit ein, indem er/sie ihre Terminologie aufgreift?
- Arbeitet L beim Aufbau des Tafelbildes mit Wortkarten, die den Denkprozess der Schüler/innen sichtbar machen?
- Dauert die Anschrift eines Tafelbildes so lange, dass sich Unruhe in der Lerngruppe ausbreitet?
- Wird die TA ausschließlich verbal oder auch graphisch gestaltet?
- Wird dem Abschreiben einer TA genügend Zeit eingeräumt?
- Achtet L auf ordentliche und saubere Heftführung? Nimmt er/sie sich die Zeit, die Hefte einzusammeln und schriftlich zu kommentieren?

- Kann L einen Wegfall der Ergebnissicherung begründen?

VERTIEFUNG

- Gibt es eine (schriftliche) Auseinandersetzung mit dem Hauptmedium unter einem weiteren Aspekt?

- Bietet sich eine affektive Verinnerlichung mit mehreren Sinnen an?

- Wird die Zielfrage von jedem Schüler/von jeder Schüler/in individuell beantwortet und gesichert?

- Werden die Hypothesen zur vorläufigen Beantwortung der Zielfrage aus der Hinführungsphase überprüft? Wird der Lernzuwachs reflektiert (So habe ich vorher gedacht – so denke ich jetzt!)?

- Werden eventuell neu gestellte Fragen aufgegriffen und für weitere Lernprozesse gesichert?

- Gibt es für die Schüler/innen Gelegenheit, sich bei diskursiven und multiperspektivischen Lernanlässen Stellung zu beziehen und ihre Position zu begründen?

AUSDRUCKS- UND GESTALTUNGSPHASE

- Dürfen die Schüler/innen die Arbeitsaufträge von L eigenständig weiter entwickeln oder müssen sie sich an dessen/deren Vorgaben halten?

- Besteht die bildnerische Gestaltungsphase nur im Ausmalen von Zeichenvorlagen oder werden die Schüler/innen angehalten, sich individuell in kreativer Weise einzubringen?

- Wird auf möglichst variationsreiche differenzierende Ausdrucksformen Wert gelegt wie kreatives Schreiben, spielerische bzw. szenisch-dramatische Darstellung, bastelnder bzw. handwerklicher Ausdruck, musikalische oder tänzerische Formen ...?

- Wird der Ausdrucks -und Gestaltungsphase genügend Zeit eingeräumt, sodass die Schüler/innen ihr gestaltetes Produkt ausführlich vorstellen und reflektieren können?

- Wird den Schüler/inne/n Gelegenheit gegeben, sich gegenseitig zu befragen und untereinander auszutauschen?

- Gesteht L einzelnen Schüler/inne/n die Freiheit zu, ihr Werk nicht präsentieren zu müssen?

- Können die Schüler/innen ihren individuellen Lernzuwachs evaluieren?

KORRELATION

- Wird eine Verbindung zwischen christlicher bzw. biblischer Botschaft und dem Leben der Schüler/innen intendiert?

- Versucht L die biblischen/christlichen Aussagen des RU vom Erlebnis-/Erfahrungsbereich der Schüler/innen her zu erschließen?

- Ist die Korrelation mit dem Leben der Schüler/innen ein moralisierendes Anhängsel oder durchzieht sie, wo es möglich ist, die Struktur der gesamten Unterrichtsstunde?

- Findet die biblische Aktualisierung im Sinne einer Identifikation statt? Besteht auch Möglichkeit zur Abgrenzung?

- Ist eine persönliche Aneignung vom gegenwärtigen Lehrer/in – Schüler/innenverhältnis her möglich?

- Welche religiöse Sprachfähigkeit ist bei den Schüler/inne/n vorhanden? Stellt sich L darauf ein?

- Werden die Inhalte eher intellektuell, persönlich distanziert behandelt oder teilen die Schüler/innen einander Erlebnisse und Anschauungen mit? Was wird von L mehr gefördert?

SOZIALFORMEN

- Ist der Einsatz der Sozialform (Frontalunterricht, Kreisform, Einzel-, Partner-, arbeitsgleiche oder arbeitsteilige Gruppenarbeit) zur Erreichung der intendierten Ziele geeignet?

- Wird die Arbeitsform von den Schüler/inne/n beherrscht bzw. welche Kriterien müssen bei ihrer Einführung beachtet werden?

- Ist ihr Einsatz/Wechsel so häufig, dass es zu keiner ruhigen Arbeit mehr kommt bzw. so selten, dass ihre motivierende Wirkung nicht ausreichend genutzt wird?

- Greift L bei auftretenden Schwierigkeiten im differenzierten Unterricht
  - zu früh ein, dass die Schüler/innen an der eigenständigen Erarbeitung gehindert werden?
  - zu spät ein, sodass sich Unruhe ausbreitet?

- Fördern die Arbeitshilfen oder -materialien die selbstständige Schüler/innenarbeit?

- Werden für Schüler/innen, die früher fertig sind, sinnvolle Zusatzaufgaben bereitgehalten?

- Bleibt genügend Zeit für das Vorstellen und Sichern der Ergebnisse?

- Gelingt es L, im Sitzkreis in meditativer Atmosphäre ausreichend auf Stille und Konzentration zu achten?

LEHRERFRAGE – IMPULS – UNTERRICHTSGESPRÄCH

- An welchen Stellen hätte ein verbaler oder nonverbaler Impuls die L-Frage ersetzen können?

- Sind die Lehrerfragen
  - dem Leistungsvermögen der Schüler/innen angemessen (zu leicht, zu schwierig)?
  - klar und präzise gestellt oder eher unbestimmt?

- Bleibt genügend Freiraum für eigenständiges Denken und Antworten der Schüler/innen? Gibt L ausreichend Zeit zum Nachdenken, kann er/sie warten, wenn eine Frage gestellt ist?

- Wie geht L mit der Aufruftechnik um?
  - Wie viele Schüler/innen werden zu <u>einer</u> Frage aufgerufen?
  - Nimmt L einzelne Schüler/innen bevorzugt dran?
  - Ruft er auch Schüler/innen auf, die sich selten oder nie melden?

- Wie reagiert L auf richtige bzw. falsche Schüler/innenantworten?

- Wiederholt L ständig die Antworten der Schüler/innen (Lehrerecho)?

- Verhält sich L flexibel beim Auftreten spontaner Schüler/innenbeiträge?

- Welche „Frageunarten" fallen auf: Entscheidungsfragen – Ergänzungsfragen – Suggestivfragen – Kettenfragen?

- Gibt L auch mal die Leitung des Unterrichtsgesprächs an die Schüler/innen ab?

MEDIEN

- Hat jeder Schüler/jede Schülerin Zugang zum Medium? Beherrschen die Schüler/innen den Umgang mit dem Medium bzw. werden sie fachgerecht eingeführt?

- Werden im Unterricht Medien wohl dosiert eingesetzt oder ist die Gefahr einer Reizüberflutung gegeben?

- Gibt es eine inhaltliche, weiterführende Verbindung zwischen den einzelnen Medieneinsätzen oder werden sie nur additiv aneinandergereiht?

- Werden die Medien in einem überlegten Wechsel eingesetzt oder stellt sich die Gefahr der Eintönigkeit ein (z. B. jede Stunde Tafelanschrift oder Folie)?

- Gelingt es L, die Schüler/innen zu einem intensiven Wahrnehmen und Entdecken anzuhalten, um so einen dialogischen, handlungsorientierten Prozess einzuleiten?

- Wird das Medium adressatengemäß eingesetzt, d. h. berücksichtigt es die spezifischen Erfahrungen sowie die Denk- und Sprachstrukturen der jeweiligen Altersstufe?

- Wird das Medium mit seinen Vermittlungsmöglichkeiten ausgenutzt oder nur als Anreiz/Motivation eingesetzt? Findet eine entsprechende Vertiefungs- und Gestaltungsphase statt?

- Kommt das Medium (Bild, Text ...) in seinem Eigengehalt zur Erschließung oder wird es für bestimmte Absichten verzweckt?

LEHRER/INNEN-PERSÖNLICHKEIT

- Trägt L zu einer guten Unterrichtsatmosphäre (durch Offenheit, Humor, Lebendigkeit) bei?

- Nutzt L bereits zu Beginn einer Unterrichtsstunde die Chance, zu erspüren, in welcher Verfassung sich der/die einzelne Schüler/in bzw. die Klasse befindet? Wie geht er/sie damit um?

- Lernt der/die auszubildende L in zunehmendem Maße, seine/ihre Lehrer/innen-Rolle anzunehmen und in sie hineinzuwachsen?

- Hat L eine festgefahrene Meinung über eine Schülerin/einen Schüler, eine Klasse, die Schulart?

- Ist zwischen L und den zu vermittelnden Inhalten eine Auseinandersetzung und persönliche Beziehung spürbar?

- Kann L mit frustrierenden Erlebnissen umgehen und bemüht sich daraus, fachliche Konsequenzen zu ziehen?

- Welche Fragen und Reaktionen der Schüler/innen haben L persönlich angegriffen, verletzt, in Frage gestellt?

- Ist L selbst glaubwürdig – in seinen/ihren Aussagen und in seiner/ihrer Persönlichkeit?

PÄDAGOGISCHES VORGEHEN

- Wie nimmt L Kontakt mit den Schüler/inne/n auf (außerhalb und während des Unterrichts)?

- Welche pädagogischen Mittel werden eingesetzt bzw. bevorzugt: Lob, Tadel, Ignorieren?

- Welchen Führungs- und Erziehungsstil praktiziert L und welche Auswirkungen auf die Schüler/innen sind festzustellen?

- Bietet L den Schüler/innen/n Rituale sowie klare Regeln an und sorgt für die gerechte und konsequente Durchführung?

- Erkennt L entwicklungsbedingte Verhaltensweisen und versucht adäquat damit umzugehen?

- Wie geht L mit den Prinzipien einer inklusiven Grundhaltung um? Ergreift er/sie evtl. differenzierende, individualisierende Maßnahmen?

- Geht L auf Problemsituationen ein, die die Schüler/innen in den Unterricht einbringen?

- Gelingt es ihm/ihr, angemessen auf Konfliktsituationen innerhalb der Klasse zu reagieren?

- Erkennt L rechtzeitig, wann die Schüler/innen auflockernde Maßnahmen benötigen?

- Gibt L ausreichend Gelegenheit zum Reflektieren, Verbalisieren von Gedanken, Gefühlen und eigenen Erfahrungen?

KLASSENBEOBACHTUNG

- Wie kann die Beziehung zwischen auszubildender Lehrkraft und der überwiegenden Mehrheit der Schüler/innen beschrieben werden?

- Gibt es Schüler/innen, mit denen sich die auszubildende Lehrkraft besonders schwer tut, und wie könnte sie einen Zugang zu ihnen finden?

- Lässt das Schüler/innen-Verhalten auf eine festgefahrene Einstellung gegenüber dem RU oder einem/r (Religions-)Lehrer/in schließen (Vorurteile, mangelnde Flexibilität …)?

- Hat die Lerngruppe das erforderliche Vertrauen für ein offenes Gespräch zwischen L und Schüler/inne/n, das Vertrauen, sich vor den Mitschüler/inne/n zu öffnen?

- Melden sich besonders viele Mädchen/Jungen oder immer die gleichen Schüler/innen?

- In welchem religiösen Umfeld sind die Schüler/innen aufgewachsen.Welche religiöse, kirchliche, pfarrgemeindliche Bindung ist vorhanden?

- Entwickeln die Schüler/innen ein „Religionsstunden-Ich“-Verhalten?

- Wie wirkt sich die Klassengemeinschaft (Cliquen, Rivalität, Außenseiter ...) auf den RU aus?

- Welche Atmosphäre überwiegt während des Unterrichts: Konkurrenzdenken, Angst …?

PRAXISBEZOGENE AUFTRÄGE IM RAHMEN DER HOSPITATION

- Kompetenzerwartungen:
  - Kompetenzen der hospitierten Unterrichtsstunde aus der Sicht der auszubildenden Lehrkraft
  - Vergleich mit den von L intendierten Kompetenzen

- Miteinbeziehung der auszubildenden Lehrkraft in die Unterrichtsplanung (Entwurf von Alternativen zu einzelnen Unterrichtsphasen)

- Übernahme einzelner Unterrichtsphasen (Unterrichtsbeginn oder -ende mit Gebet, Lied bzw. Meditation; Motivations- oder Gestaltungsphase ...) durch die auszubildende Lehrkraft

- Beratung einer Gruppe während der Gruppenarbeit

- Betreuung einzelner Schüler/innen bei differenzierenden Maßnahmen

- Sichten und Bereitstellen von Medien und Unterrichtsmaterialien

- Übernahme von Korrekturarbeiten bei Hefteinträgen

PROTOKOLL

zum Beobachtungsauftrag

Thema ____________________ Jgst. __________ Datum/Zeit ____________________

Beobachtungsaspekte	Beobachtung in der Unterrichtsstunde/im Entwurf	Vorschläge/Alternativen

Checkliste

für einen (benoteten) Unterrichtsbesuch oder eine Lehrprobe

✓

Vorher:

- ☐ Schulleitung nochmals informieren
- ☐ Klassenleitung(en) und Kolleg/inn/en nochmals informieren
- ☐ Aufsicht bzw. Übergabe der Schüler/innen nach der Lehrprobe organisieren (lassen)
- ☐ (geheizten) Besprechungsraum reservieren
- ☐ Unterrichtsvorbereitung (in mehrfacher Ausfertigung) mit unterschriebener Erklärung kopieren
- ☐ Klassenzimmer (Religionszimmer) überprüfen: Tische in gewünschter Anordnung; aufgeräumtes Pult; ordentliche Tische; Platz für Sitzkreis
- ☐ OHP sowie Folienstifte überprüfen
- ☐ funktionierende Streichhölzer für die Kerze bereitlegen
- ☐ (erwachsenengerechte) Tische und Stühle für die Seminarleitung bzw. Prüfer/innen bereitstellen
- ☐ Steckdose für den Laptop freimachen, evtl. für Verlängerungskabel sorgen
- ☐ Schild vorbereiten für die Klassenzimmertür: Prüfung – Bitte nicht stören!
- ☐ Arbeitsblätter für Schüler/innen kopieren
- ☐ für geputzte Tafel sorgen
- ☐ Bestand der weißen und farbigen Kreide überprüfen
- ☐ Lineal bereitlegen für die Überschrift
- ☐ Bestand der Magnete für Wortkarten überprüfen
- ☐ Leere Wortkarten mitbringen für zusätzliche Wortbeiträge, Fragen oder Anmerkungen der Schüler/innen
- ☐ Schüler/inne/n mitteilen, welche Materialien sie benötigen (z. B. gespitzte Stifte, Malutensilien, Kleber, Schere ...), Ersatzmaterial bereithalten!
- ☐ Schüler/innen zwar über die Prüfung informieren, aber nicht übertrieben vorbereiten – Achtung: Sie trauen sich sonst nicht mehr mitzuarbeiten!
- ☐ ...

Am Tag selbst:

- ☐ Ruhe bewahren – Prüfer/innen kennen Prüfungssituationen und versuchen alles, um Ihnen die Nervosität zu nehmen!
- ☐ Materialien für die Einstimmung vorbereiten (Buch mit Gebeten, Kerze, Streichhölzer ...)
- ☐ Prüfungsunterlagen auf die Tische der Prüfungskommission legen
- ☐ Arbeitsblätter und Materialien so bereit legen (auf oder neben dem Pult), dass sie mit einem Griff zu finden sind
- ☐ OHP aufbauen, Folie(n) und Stifte in Reichweite legen
- ☐ Unterrichtsentwurf auf das Pult legen
- ☐ auf vollständig geputzte, saubere Tafel, Schwamm, Kreide, Lineal achten
- ☐ evtl. Markierungen oder Linien an der Tafel anbringen
- ☐ Hefte bzw. Arbeitsmappen und Bücher der Schüler/innen bereitlegen
- ☐ Schüler/innen die benötigten Arbeitsmaterialien bereitlegen lassen
- ☐ Seminarleitung bzw. Prüfungskommission vorstellen und begrüßen lassen
- ☐ ...

Literaturverzeichnis

Harriet Gandlau

Wie Religion unterrichten?

Literaturverzeichnis

Altenburg, Erika, Zum Schreiben ermutigen, in: Fördermagazin 1/2010, 23–27.

Berg, Sigrid, Mit Engeln durchs Jahr, München und Stuttgart 1998.

Birk, Gerd, Leistungsmessung im Religionsunterricht in der Hauptschule, in: Handreichungen. Der Lehrplan Katholische Religionslehre. Einführung und Grundlegung. Arbeitshilfen zum Lehrplan Katholische Religionslehre an der Hauptschule, Kath. Schulkommissariat in Bayern (Hg.), München 1997, 114–118.

Bönsch, Manfred, Pädagogik als Balanceakt. Verantwortbare, aber notwendige Interventionen gegen Fehlverhalten, in: Schulmagazin 5 bis 10, 9/2002, 51–54.

Born, Julia; Brunner, Dr. Ilse, Portfolios im Religionsunterricht. November 2005, 2–7, unter: www.rpi-virtuell.net/index.php?p=home_cms4&id=3901 (Stand: 07.07.2011).

Büchl, Andreas; Fuchs, Rebecca; Gandlau, Harriet; Sigl, Christian, „Verstehst du auch, was du liest?" (Apg 8,30), in: Informationen für den Religionsunterricht (IfR) 63/2009, 29–43.

Bürgermeister, Konrad u. a., Bei Sinnen sein. Zu sich und zu Gott finden. Ganzheitliche Wege persönlichen Betens in Schule und Gemeinde. Ein Praxisbuch, Verlag Josef Duschl, www.verlag-duschl.de, Winzer 1998.

Burkhardt, Hans, Skript zur Fortbildung der Konferenz der rel.päd. Mitarbeiter in den Schulabteilungen der bayerischen (Erz-)diözesen zur Frage nach den Aufgaben im neuen LehrplanPlus. Heilsbronn 2013.

Ders., Eggerl, Hans-Peter; Glück, Theresia; Lentner, Rudolf, Mittendrin statt nur dabei. Identifikation im Bibelunterricht, in: PRISMA RU. Impulse für den Religionsunterricht, Passau 2005, ISBN 3-937438-29-7, 17–25.

Dichtl, Johanna, „Philosophieren" im Religionsunterricht der Grundschule, in: Handreichung zum Lehrplan Katholische Religionslehre, Katholisches Schulkommissariat in Bayern (Hg.), München 2002, 76–80.

Die deutschen Bischöfe 80. Der Religionsunterricht vor neuen Herausforderungen, Sekretariat der Deutschen Bischofskonferenz (Hg.), Bonn 16. Februar 2005.

Englert, Rudolf, Ein Lehrer, der lehrt – schockierend?, in: KatBl 135 (2010), 330–336.

Eisbrenner, Karin, Leistungsbeurteilung im Religionsunterricht. Keine einfache Aufgabe, in: Grundschulmagazin 1/1998, 19–21.

Erfassen von Schülerleistungen in den Sachfächern der Hauptschule. Handreichung zur Leistungsermittlung und Leistungsbeurteilung, Staatsinstitut für Schulpädagogik und Bildungsforschung München (Hg.), Donauwörth 1995.

Fleckenstein, Wolfgang, Die Funktion des Tafelbildes im (Religions-)Unterricht, in: KatBl 120 (1995), 198–205.

fragen – suchen – entdecken. Religion in der Grundschule 1, Barbara Ort und Ludwig Rendle (Hg.). München – Donauwörth 2002.

fragen – suchen – entdecken. Religion in der Grundschule 3, Barbara Ort und Ludwig Rendle (Hg.). München – Donauwörth 2004.

Freudenberger-Lötz, Petra, Der Beitrag des Konstruktivismus zur Qualitätssteigerung theologischer Gespräche mit Kindern im Religionsunterricht, in: Lernwege im Religionsunterricht. Konstruktivistische Perspektiven, Gerhard Büttner (Hg.), Stuttgart 2006, 236–254.

Dies, Petra; **Zeeh**, Silva Brigitte, Mit Religion anfangen im Religionsunterricht der Grundschule, in: KatBl 134 (2009), 254–259.

Gandlau, Harriet, Qualität RU. Lernkartei zur Qualitätskontrolle Ihres Religionsunterrichtes, Kath. Schulkommissariat in Bayern (Hg.), München 2004.

Gandlau, Thomas, Leistungsfeststellung (Quali) im Fach Katholische Religionslehre. Prüfliste für das Erstellen von Aufgaben. München 2000.

Ders., Leistungsfeststellung (Quali) im Fach Katholische Religionslehre. Prüfliste für das Erstellen von Aufgaben, München 2000.

Ders., Didaktische Orientierung: Ziele und Inhalte, in: Handreichung zum Lehrplan Katholische Religionslehre, Kath. Schulkommissariat in Bayern (Hg.), München 2002, 132.

Ders., Woller, Elfriede, Anregungen zu ausgewählten neuen Themen des Lehrplans. Thema 4.6 „In Bildern und Symbolen sprechen", in: Handreichung zum Lehrplan Katholische Religionslehre, Katholisches Schulkommissariat in Bayern (Hg.), München 2002, 187–195.

Gnilka, Joachim, Das Evangelium nach Markus. Entnommen aus EKK zum NT II/1 und 2, Josef Blank u. a. (Hg.), Leipzig 1980.

Gottschaller, Renate, Bei Texten verweilen – mit Texten kommunizieren, in: Religionsunterricht mit Profil. Festschrift Prälat Konrad Ernst, RPS Passau (Hg.), 2002, 69–71.

Grundlagenplan für den katholischen Religionsunterricht in der Grundschule, Zentralstelle Bildung der Deutschen Bischofskonferenz (Hg.), München 1998.

Handreichung zur Ermittlung und Beschreibung von Schülerleistungen in der Grundschule, Staatsinstitut für Schulpädagogik und Bildungsforschung München (Hg.), Donauwörth 1987.

Heidemann, Rudolf, Körpersprache im Unterricht. Ein Ratgeber für Lehrende, Wiebelsheim [9]2009.

Herion, Horst, Methodische Aspekte des Religionsunterrichts. Ein Kompendium zu Grundsatzfragen, Planung und Gestaltung des Unterrichts, KEG (Hg.), Donauwörth 1990.

Hilger, Georg, Prinzipielle religionsdidaktische Grundregeln I, in: Engelbert Groß, Klaus König (Hg.), Religionsdidaktik in Grundregeln, Regensburg 1996, 9–19.

Hörsken, Ralf, „Putzt mal bitte jemand die Tafel!“, in: Schulmagazin 5 bis 10, 6/1998, 13–15.

Hüdepohl, Gabriele, Anfänge in der Schule, in: KatBl 134 (2009), 248–253.

Huber, Klaus, Arbeitshilfen für Schule und Seminar, München, o.J.

Jansen, Peter, Visualisierung im Unterricht: Tafelbild und Folie, in: Schulmagazin 5 bis 10 9/2004, 8–12

Klippert, Heinz u. a., Methoden lernen in der Grundschule: Bausteine für den Unterricht. Weinheim [4]2009.

Kuld, Lothar, Entwicklungspsychologisch-elementarisierende Didaktik nach dem Tübinger Projekt (K. E. Nipkow, F. Schweitzer), in: Ökumenisches Arbeitsbuch Religionspädagogik, Harry Noormann, Ulrich Becker, Bernd Trocholepczy (Hg.), Stuttgart 2004, 177–180.

Kraus, Josef u. a., Wege in die Tiefe. Möglichkeiten, Schüler im Religionsunterricht zu einer tieferen Sicht der Wirklichkeit anzuleiten, Kath. Schulkommissariat in Bayern (Hg.), München 1993.

Ders., Entwicklungspsychologische Fragestellungen – Impulse und Neuansätze, in: Handreichung zum Lehrplan Katholische Religionslehre, Kath. Schulkommissariat in Bayern (Hg.), München 2002, 60–74.

Ders., Ein Teil von Gott steckt in uns allen …“ Theologisch denken mit Grundschulkindern, in: RU-Notizen 2/2007, 24–29.

Lange, Günter, Zum Umgang mit Bildern der Kunst im Religionsunterricht, unter: www.uni-leipzig.de/ru/lange/rukunst.htm (Stand: 07.07.2011).

Lehrplan für Katholische Religionslehre an den bayerischen Grundschulen, Katholisches Schulkommissariat in Bayern (Hg.), München 2000.

Leimgruber, Stephan, Elementarisierung als religionsdidaktische Kategorie, in: Religionsdidaktik. Ein Leitfaden für Studium, Ausbildung und Beruf, G. Hilger, S. Leimgruber, H.-G. Ziebertz (Hg.), München 2010, 61–63.

Leisen, Josef, Leitmedium Tafel, in: KatBl 136 (2011), 275–277.

Lemaire, Rainer, Leistung und Leistungsbewertung im Religionsunterricht, unter: www.rpi-virtuell.net/workspace/users/832/Leistung/Leistung%20im%20RU.pdf (Stand: 21.11.2011).

Lernen und Leisten im Religionsunterricht der Grundschule. Fördern – begleiten – bewerten, RPZ Heilsbronn, RPZ in Bayern (Hg.), Heilsbronn, München 2009.

Maras, Rainer, Das Tafelbild: Das Ordnen unterrichtlichen Tuns, in: Schulmagazin 5 bis 10, 6/1998, 8–11.

Mendl, Hans, Warum Instruktion nicht unanständig ist, in: KatBl 135 (2010), 316–321.

Max Bill, Retrospektive. Skulpturen, Gemälde, Graphik 1928–1987. Kat. Ausst., Frankfurt 1987.

Mendl, Hans, Im Mittelpunkt der Mensch. Prinzipien, Möglichkeiten und Grenzen eines schülerorientierten Religionsunterrichts. Winzer 2004.

Miederer, Gertrud, **Pfeufer**, Matthias, Theologische Gespräche mit Kindern, Materialbrief RU Primar 1/2011, hrsg. vom dkv beim Kösel-Verlag, München 2011.

Müller-Friese, Anita, Fragebogen, in: Peter Müller, „Da mussten die Leute erst nachdenken ...". Kinder als Exegeten – Kinder als Interpreten biblischer Texte, in: „Im Himmelreich ist keiner sauer". Kinder als Exegeten. Jahrbuch für Kindertheologie Bd 2, Anton A. Bucher u. a. (Hg.), Stuttgart 2003, 19–30.

Niehl, Franz W., Thömmes, Arthur, 212 Methoden für den Religionsunterricht, München 1998.

Nolting, Hans Peter, Störungen in der Schulklasse. Ein Leitfaden zur Vorbeugung und Konfliktlösung, (Beltz-Taschenbuch) Weinheim 2002.

Oberthür, Rainer, Kinder fragen nach Leid und Gott. Lernen mit der Bibel im Religionsunterricht, München 1998.

Orth, Peter, Kriterien für die Gestaltung ästhetischer Lernwege, in: KatBl 128 (2003), 278–279.

Petermann, Hans-Bernhard, Ein Zeichen geben – Skizzen zur Erschließung religiöser Bilderbücher am Beispiel der Noah-Geschichte, in: „Im Himmelreich ist keiner sauer". Kinder als Exegeten, Anton A. Bucher u. a. (Hg.); Jahrbuch für Kindertheologie Bd 2, Stuttgart 2003, 140–156.

Pfeiffer, Silke, Ende des Lebens? Mit Kindern über Sterben, Tod und Trauer nachdenken, in: Grundschulmagazin 5/2005, 33–36.

Reese-Schnitker, Annegret; Schimmel, Alexander, Mit zeitgenössischer Kunst lernen, in: KatBl 135 (2010), 365–370.

Religionspädagogische Praxis. Handreichungen für eine elementare Religionspädagogik. Welt entdecken – schauen – deuten – gestalten, Landshut, Heft II/1995.

Sauter, Ludwig, Kreatives Schreiben, in: Ludwig Rendle (Hg.), Ganzheitliche Methoden im RU, München 2007, 149–164.

Ders., Kreatives Schreiben im Religionsunterricht, Stuttgart 2007.

Schelander, Robert, Arbeitsblätter, in: Methodisches Kompendium für den Religionsunterricht 2. Aufbaukurs, Gottfried Adam, Rainer Lachmann (Hg.), Göttingen 2002, 285–293.

Schick, Diana, Methodik des Philosophierens. Philosophieren mit Kindern (Teil 3), in: Grundschulmagazin 6/2011, 53–55.

Schmid, Hans, Die Kunst des Unterrichtens, 2012, Kösel-Verlag, München, in der Verlagsgruppe Random House GmbH.

Ders., Ein Leitfaden für Unterrichtsberatung, in: KatBl 130 (2005), 319–324.

Schweiger, Roland, Ich will wissen, wie ich bin. Möglichkeiten der Rückmeldung – erzieherisches Wirken als Unterrichtsprinzip, in: Schulmagazin 5–10 3/2011, 15–18.

Schweitzer, Friedrich, Elementarisierung als religionspädagogische Aufgabe: Erfahrungen und Perspektiven, in: Pädagogik und Theologie 52/2000, 240–252.

Ders., Elementarisierung im Religionsunterricht, Neukirchen-Vluyn 2003.

Ders., Simojoki, Henrik, Moderne Religionspädagogik. Ihre Entwicklung und Identität,. Gütersloh, Freiburg 2005.

Seitz, Stefan, Umgang mit unterschiedlichen Lerntypen. Individualisierung durch Förderpläne, Lerntagebuch, Lernportfolio, in: Schulmagazin 5–10, 5/2011, 11–13.

Weidinger, Norbert, Sich religiöse Ausdrucksmöglichkeiten aneignen – Symbolisierungsdidaktik in der Grundschule, in: Handreichung zum Lehrplan Katholische Religionslehre, Katholisches Schulkommissariat in Bayern (Hg.), München 2002, 96–106.

Winkler-Theiß, Vera, Lesen mit System. Eine Übungssequenz zur Leseförderung, in: Schulmagazin 9/2009, 13–18.

Woyke, Johannes, Elementarisierung als Kern der Unterrichtsvorbereitung. Hinweise für den evangelischen Religionsunterricht, unter: www.fb1.uni-siegen.de/evantheo/mitarbeiter/woyke/downloads/tagespraktikum/tagespraktikum.html?lang=de (Stand: 27.10.2010).